秩序之上

在不斷變動的世界
找出隱藏邏輯
{生存的另外十二條法則}

喬登·彼得森
著

劉思潔
譯

BEYOND ORDER

12 More Rules For Life

JORDAN B. PETERSON

獻給愛妻譚美・莫琳・羅伯茲・彼得森，我五十年來的摯愛，
在我心目中，她在每個方面都極其美妙，簡直不可思議。

目錄

圖片說明

1 愚者：出自萊德偉特（Rider-Waite）塔羅牌（Rider & Son, 1910），靈感來自帕梅拉・史密斯（Pamela Colman Smith）的作品《愚者》（*The Fool*）。

2 第一原質：靈感來自赫米斯・崔斯莫吉斯堤斯（Hermes Trismegistus，意為「偉大無比的赫米斯」）的作品《神祕哲學》（*Occulta philosophia*, 1613）。也出自諾流斯（H. Nollius）的著作《赫米斯哲學理論》（*Theoria philosophiae hermeticae*, Hanoviae: Apud P. Antonium, 1617）。

3 聖喬治屠龍：靈感來自保羅・烏切洛（Paolo Uccello）的作品《聖喬治屠龍》（*Saint George and the Dragon*, ca. 1458）。

4 亞特拉斯和海絲佩莉蒂姊妹：靈感來自約翰・辛格・薩金特（John Singer Sargent）的作品《亞特拉斯和海絲佩莉蒂》（*Atlas and the Hesperides*, ca. 1922-1925）。

5 墮落天使：靈感來自卡貝奈（Alexandre Cabanel）的作品《墮落天使》（*Fallen Angel*, 1847）。

6 在我們的集體農場：靈感來自德肯（B. Deykin）的作品《在我們的集體農場，神甫和富農並無一席之地》（*In Our Communal Farm, There Is No Place for Priests and Kulaks*, 1932）。

7 學徒：靈感來自艾登（Louis-Emile Adan）的作品《學徒》（*Apprentice*, 1994）。

8 鳶尾花：靈感來自梵谷的《鳶尾花》（*Iris*, 1890）。

9 聖安東尼被引誘：靈感來自紹恩豪爾（Martin Schongauer）的作品《聖安東尼被引誘》（*The Temptation of Saint Anthony*, ca. 1470-1475）。

10 愛情靈藥：靈感來自奧勃里・比亞茲萊（Aubrey Beardsley）的作品《崔斯坦如何飲用愛情靈藥》（*How Sir Tristram Drank of the Love Drink*, 1893）。

11 撒但：靈感來自古斯塔夫・多雷（Gustave Doré）的作品《撒但》（*Satan*），摘自米爾頓的《失樂園》，加上多雷的插圖（London: Cassell & Company, Ltd., 1905）。

12 聖薩巴斯提安：靈感來自紹恩豪爾的作品《聖薩巴斯提安》（*Saint Sebastian*, ca. 1480）。

寫於疫情期間的按語

二〇一九年的新冠肺炎疫情造成全球危機，在這種時候要產出非小說類的書籍，是個很複雜的任務。從某個角度來說，在這麼難熬的時候，彷彿連思考新冠肺炎以外的事都很荒謬。不過，若把現有任何書籍裡的思想全跟疫情的存在綁在一起（疫情也是會過去的），似乎是一種錯誤，因為人生的常態性問題會在某個時間點重新返回最重要的位置（幸虧如此）。這表示現在的作者無可避免會犯下一個錯誤（太專注在疫情上，而疫情的期限是不確定的，導致產出的書籍會立刻過時）或另一個錯誤（忽略疫情，這就像成語所言：不去注意藏在地毯下的大象）。

經過上述思索，並與出版商討論這些問題之後，我決定按照幾年前所安排的計畫，撰寫《秩序之上：在不斷變動的世界找出隱藏邏輯（生存的另外十二條法則）》（*Beyond Order: 12 More Rules for Life*），集中探討一些並非此時獨有的問題（就是冒著第二種錯誤的危險，而非第一種）。我想，選擇閱讀這本書的人，將注意力放在新冠病毒和它帶來的災損以外的事情上，或許可以稍微鬆一口氣。

序曲

二〇二〇年二月五日，我居然在莫斯科的一處加護病房醒來，身上有幾條大約十幾公分寬的繫繩綁在床沿，因為我在失去意識時很躁動，試圖剝掉手臂上的導管、離開加護病房。我既困惑又沮喪，不知身在何處，旁邊的人都講著某種外語。我女兒米凱拉和她丈夫安德瑞都不在，她們被規定只能短時間探訪，而我醒來的當下她們並未被准許待在我身邊。我也對於身在此處很不高興，等到幾小時之後，我女兒來了，我對她大發雷霆。我覺得被出賣了，雖然事實完全相反。許多人一直非常殷勤地照顧我的各種需求，而且這整個過程緊接在極為艱鉅的後勤挑戰之後，因為我是在完全陌生的國家尋求醫療照護。在此之前的幾星期發生了什麼事，我沒有絲毫的記憶，而從我在十二月中旬住進多倫多一家醫院到我醒來的那一刻，之間的經過，我也幾乎想不起來了。回顧那一年更早先的時候，我只想得起幾件事，其中之一就是我用來寫這本書的時光。

寫作和修訂《秩序之上》這本書大半內容的同時，我的家人遭逢一連串健康問題，病情相當嚴重而且發生的時間重疊，其中大部分還成為大家公然討論的話題，因此我需要說明一點細節。首先是二〇一九年一月，米凱拉需要動手術更換大約十年前置入的大部分人工踝關節，因為當初安裝得並不完善，導致她移動相當不便且伴隨嚴重疼痛，後來幾乎完全失去行走能力。

我在瑞士蘇黎士的一家醫院陪她住了一個星期，度過那次的手術和初期復原。

三月初，內人譚美因為一種常見而且在很大程度上可以治療的腎臟癌，在多倫多接受了常規手術，切除患側腎臟的三分之一。術後一個半月，我們才得知她其實是得了一種極罕見的惡性腫瘤，一年死亡率接近百分之百。

兩個星期後，照顧她的外科醫師為她切除了患側腎臟剩餘的三分之二，再加上一大部分相連的腹部淋巴系統。手術似乎止住了癌症的惡化，但這造成受損的淋巴系統發生滲漏（高達每天四公升，或一加侖），這種情形稱為乳糜腹水，危險性與原本的病情不相上下。我們長途跋涉去找費城的醫療團隊，然後開始注射一種罌粟籽油造影劑（實際目的就是提升正子攝影或磁震造影掃描的影像），注射後九十六小時以內，譚美的滲漏便完全停止。這個突破發生在我們結婚三十週年紀念日當天。她恢復得很快，看起來也完全沒問題，這證明每個人要活下去就不能沒有幸運，也證明她擁有令人敬佩的體力和耐力。

不幸的是，這些事件接踵而至的同時，我的健康垮掉了。二〇一六年聖誕長假期間，我吃下了某個東西引發自體免疫反應[i]，然後我從二〇一七年初便開始服用抗焦慮藥物。食物引發的反應令我持續不斷嚴重焦慮，身體極度發冷，不管穿多少衣服或包幾層毛毯都一樣。而且我的血壓急速降低，每次要站起來的時候就眼前一片昏黑，必須彎下腰休息，重複六、七次之後才能再試著起身。我也有失眠問題，幾乎完全無法入睡。家庭醫師開始給我苯二氮平類藥物[ii]和助眠劑。我只吃了幾次助眠劑就完全停用了；之前那些可怕的症狀，包括失眠，幾乎都立刻被苯二氮平類藥物治癒，不需要用到助眠劑。我持續服用苯二氮平類藥物幾乎整整三年之久，因為那段時間裡我的生活似乎壓力異常沈重（就在那段期間，我的人生驟然改變，從大學教授和臨床心理師的平靜日子，突然變成公眾人物混亂騷動的現實生活），也因為我相信苯二氮平類藥物是（它往往被如是宣稱）相對無害的物質。

二〇一九年三月，就在內人開始進入醫療戰期間，一切都變了。米凱拉經歷前述的住院、手術和復原之後，我的焦慮明顯飆高，於是我請家庭醫師增加我的苯二氮平類藥物劑量，以免自己或他人因為我的焦慮而操心。不幸的是，藥量調整之後，我的負面情緒顯著增加。我請醫師再次加重劑量（此時我們正試圖應付譚美的第二次手術和其併發症，我將自己更嚴重的焦慮歸因於這個問題），但焦慮益發強烈。我並未把這一切都歸因於服藥的逆向反應（後來診斷確是如此），而是認為困擾我多年的憂鬱傾向復發了。[iii]總之我在該年五月完全停用苯二氮平類藥物，嘗試每週服用兩劑氯胺酮[iv]，這是我去看診的一位精神科醫師建議的。氯胺酮是一種非標準麻醉藥／致幻劑，有時候會對憂鬱症帶來極強大又迅速的正面效果，但它只帶給我九十分鐘的地獄之旅，所有事情都讓我打從骨子裡感到無盡的內疚和羞愧，絲毫沒有從正面經驗中獲益。

第二次體驗氯胺酮過後幾天，我開始感覺到嚴重的苯二氮平類藥物戒斷症狀，真的是難以忍受：嚴重焦慮的程度遠超過從前；無法控制的焦躁不安、需要動來動去（正式名稱是「靜坐

i 造成米凱拉腳踝和髖部受到破壞而必須換置換踝關節的疾病，也與免疫有關，而內人也有一些關節的症狀與米凱拉類似。我提及此事是為了說明，為何會忽然想接受免疫反應試驗，我這樣做是有原因的。作者注

ii 鎮靜藥物的一種，有安眠、抗焦慮之效。編注

iii 將近二十年當中，我服用諸如舒憂（celexa）等血清素回收抑制劑，得到很大的助益，後來才在二〇一六年初停藥，因為大幅改變飲食後似乎不必服用了。作者注

iv 氯胺酮（ketamine），即K他命。譯注

不能v」)；排山倒海而來的自毀意念；完全沒有任何快樂的感受。經過一位家族友人（一位內科醫師）的開導，我才得知突然戒斷苯二氮平類藥物的危險，因此我開始再服一劑苯二氮平類藥物，但劑量比先前小一些，許多（並非全部）症狀就減輕了。為了處理剩下的問題，我也開始服用過去曾經對我很有幫助的抗憂鬱藥物，但這些藥物只導致我疲憊至極，以至於每天需要增加四小時以上的睡眠（此事在譚美的健康嚴重出問題期間並無助益），而且害我食量變大兩、三倍。

歷經三個月的極度焦慮、無法控制的嗜睡症、猛烈折磨的靜坐不能、變得極大的食慾之後，我到美國一家號稱主治苯二氮平類藥物快速戒斷症狀的診所就醫。雖然這家診所的多位精神科醫師採用的療法立意良善，但他們只是設法慢慢停止或減少我的苯二氮平類藥物劑量，我已經在承受這些藥物的負面作用了，住院治療並沒有、也無法帶來多大程度的控制。

然而，我從八月中旬就住在那家診所——當時譚美剛從術後的併發症恢復不到幾天。我一直住到十一月下旬才回到多倫多的家，整個人疲憊不堪。那時我的靜坐不能（前面提到過這個病症，就是控制不住動作）已經加劇到一個程度，無論以任何姿勢或坐或臥、無論多久，都感到強烈的痛苦。十二月時我住進多倫多一家醫院，而我在莫斯科清醒過來時，對於在此之前的事情有意識的部分就到此為止。後來才得知，米凱拉和安德瑞在二〇二〇年一月初幫我轉出多倫多的醫院，她們認為我在那邊接受的治療是弊多於利（後來我知悉狀況時也完全同意這個看法）。

在俄羅斯恢復意識後，我的狀況又因為另一個問題而更形複雜：我在加拿大得了雙側肺炎，雖然送到莫斯科的加護病房之前並沒有發現也沒做治療。但我之所以會在莫斯科，主要是為了讓那家診所幫我戒除苯二氮平類藥物，用的是一種北美醫療界不知道或認為太危險的療程。我先前無法忍受藥劑有任何減量——除了幾個月前剛開始減藥時，因為如此，那間診所就使我處於一種藥物引致的昏迷中，目的是在最嚴重的戒斷症狀發生時，我可以處在沒有知覺的狀況。那個療程開始於一月五日，持續進行九天，在這期間我被放在一組儀器裡，我的呼吸由機器進行調節。到了一月十四日，我脫離麻醉並且拔管，醒來了幾小時，在這段時間，我曾告訴米凱拉我沒有靜坐不能的症狀了，但現在我對這件事完全沒有記憶。

一月二十三日，我被移到另一處主治神經復健的加護病房。我記得在二十六日當天醒過一小段時間，如前面所說的，後來才在二月五日那天完全恢復意識——這十天當中，我一度陷入嚴重譫妄。在那之後，我搬進莫斯科郊區一處比較家庭式的復健中心，在那裡我得重新學習怎麼走路和上下樓梯、扣鈕釦、自己躺上床睡覺、把兩隻手放在電腦鍵盤上正確的位置來打字。我好像無法看得很清楚；更準確的說法是，無法弄清楚怎麼用四肢與我感知到的事物互動。幾星期後，知覺和協調的問題基本上減輕了，米凱拉夫婦和孩子還有我就搬到佛羅里達，希望能在暖陽下度過一段寧靜的恢復期（經過莫斯科隆冬冰冷的灰暗，我們非常期盼陽光）。當時，正值新冠肺炎疫情爆發引起全球關切的前夕。

待在佛羅里達期間，我試圖逐漸擺脫莫斯科的診所開立的藥物，雖然左手左腳仍然沒有感覺又會發抖，額頭的肌肉也會抖動，此外還有癲癇和嚴重的焦慮。就在我減藥的同時，這些

v 靜坐不能（Akathisia），一種運動障礙，主要表現為內心煩躁不安和無法保持靜止，坐立不安，來回搖擺，踱步。或可能只是感到不安。譯注

症狀全部明顯增強了，於是約在兩個月後，我就回到原先在莫斯科開立的劑量。這是個重大的挫敗，因為支撐這段減藥過程的樂觀想法最終就這樣被粉碎了，而且又把我打回原先付出沈重代價試圖消除的用藥狀態。幸好那段時間有家人和好友陪伴，在這些症狀愈發令人無法忍受時（早晨特別嚴重），幫我保有繼續努力的動力。

離開俄羅斯三個月後，到了五月底，我的症狀明顯惡化而非有所進步，若要依賴我所愛也愛我的人來照顧，會是一件辦不到又不公平的事。米凱拉和安德瑞原本就與塞爾維亞的一間診所有聯絡，那間診所以一種新穎的方法治療苯二氮平類藥物戒斷症，於是米凱拉和安德瑞安排讓我過去就診，而塞爾維亞在疫情期間關閉國界，當時是重新開放過後二天。

我不是要聲稱，在我們夫妻和所有密切照顧內人的人身上所發生的事情，加總起來終歸成就了某種更大的善。她遭遇的情況是真的糟糕透頂。在半年多當中，她每兩三天就面臨嚴重到幾乎致命的健康危機，還必須面對我的生病和不在家。我自己也飽受折磨，因為有可能失去彼此扶持五十年、結髮三十年的妻子；我也注意到這會對她的家人和我們的孩子造成何等惡劣的後果；還有，我無意間墜入藥物依賴的問題，導致如此可怕危急的慘狀。我不會將其中任何一項輕描淡寫，宣稱我們因熬過苦難而變得更好了。不過我可以說，內人與死神擦身而過之後得到激勵，她比平時更加即時且堅持不懈地關注自身在靈性和創造力發展方面的議題；這段經歷也促使我在修訂本書時，只寫下或保留即使在極度的苦難中仍保有其重要意義的字句。確實，多虧了家人親友們（在本書的終章會特別提名致謝），我們才得以倖存，但同樣真確的是，雖然這些苦難在我所提到的整段時間裡（除了在俄羅斯失去意識的那個月）都持續不歇，但陷入我所描述的苦難中，給了我活下去的理由，也帶給我一個方法，可以測試我奮力苦思的想法是否具可行性。

我並不認為上一本書或這一本書曾經聲稱，遵循我所提出的法則必然使生活游刃有餘。我認為我所宣稱的，或我希望自己所宣稱的是：當混亂找上門來並吞沒了你，當大自然的力量以疾病摧殘你或你所愛之人，當殘暴專橫的事件撕碎你所打造的貴重事物，在這些時候，明白故事其餘的內情會有幫助。那些不幸都只是生命的故事中痛苦難堪的那一半，並沒有留意到救贖的英勇元素或人類心靈的高尚品質要求我們肩負一定的責任。我們若是忽視故事附加的這部分，就會承擔巨大的風險，因為人生實為艱難，忽略生命也有英勇的一面可能會令我們失去一切。我們不希望發生這種情形，所以需要振作起來、打起精神，審慎且正確看待周遭的事物，過著能夠過的生活。

你擁有力量之源供你汲取，即使成果不是太好，或許還算夠用。如果你能接受自己的過錯，就會擁有自己能學到的教訓。你擁有藥物和醫院，還有醫師與護理師，他們真誠而勇敢地想要把你扶起來，助你度過每一天。而且你有自己的品格和勇氣，假使這些都被攻擊到遍體鱗傷，使你打算放棄，你還擁有你所在乎也在乎你的人的品格和勇氣。或許，只是或許，有了這些，你就可以撐過去。我可以告訴你，到目前為止是什麼救了我：是我對家人的愛，和家人對我的愛；是他們加上好友給我的鼓勵；是我在萬丈深淵中還擁有深具意義的工作可以讓我奮力前行。我必須強迫自己坐在電腦前，必須強迫自己專注、呼吸，必須強迫自己在恐懼驚駭盤據而看不到盡頭的那幾個月，不說出「管他的，我放棄了」或做出這種打算。而我非常勉強才做到。大部分時候，我認為自己會死在我住過的眾多醫院的其中一間，而且我相信，假使當時我被怨天尤人所攫獲，我就會萬劫不復——所幸我躲過了這樣的命運。

難道沒有可能（即使不是每次都會把我們從可怕景況救出來），假使我們比現在更好、更有勇氣，就更能夠應付不確定、大自然的恐怖、文化的暴虐，以及自己和別人的歹毒？假如我們奮力追求更崇高的價值呢？假如我們更真誠坦率呢？經驗中的有利元素，豈不更有可能現身在我們身邊？難道沒有可能，假如你的目標夠高尚、你的勇氣夠充分、你鎖定的真理準確無誤，於是由此產生的善就……不會證明那些恐怖有正當性？這並不完全正確，但還算接近。這樣的態度和行動至少帶給我們充分的意義，足以使我們遭逢恐怖驚駭時也不會墮落、把周遭世界變得幾乎等同地獄。

為何要在**秩序之上**？從某方面看，答案很簡單。秩序是探索過的領域。當我們視為恰當的行動產生出我們致力於達成的結果，我們就很有秩序。我們正面看待這些結果，彷彿它們指出，第一，我們更靠近渴望的目標了，第二，我們關於世界如何運作的理論，仍具有可接受的準確度。然而，一切的秩序狀態無論如何穩當舒適，都會有瑕疵。關於如何在世界上行事，我們的所知仍永無完善之日——一部分是因為我們對於浩瀚的未知全然愚昧無知，一部分是因為我們故意盲目，還有一部分是因為世界持續按照熵的亂度發生意料外的變化。此外，我們拚命加諸世界的秩序可能會僵化，這是無腦地試圖將所有未知根除於考量之外所造成的。當這種企圖發展過度時，極權主義便形成威脅，因為渴望在連基本上都不可能完全掌控之處施行完全的掌控。這就代表冒著危險去限制所有心理上和社會上的改變，然而若要持續適應不斷變化的世界，這些改變卻是必要的。於是，我們逃無可逃地面對一個需要：必須走入秩序以外的世界，進入其對立面，也就是混亂。

如果秩序是我們所要的東西出現之處（當我們按照得來不易的智慧行事時），混亂就是我們預料外或沒看見的東西從我們周圍的可能性一躍而出之處。某個事物在過去多次出現，這個事實並不保證它會以同一個方式繼續發生。[1]永遠會有一個領域是超出我們所知、超出我們所能預測。混亂就是反常、新穎、不可預測、轉變、中斷，多半也是衰落，就如我們認為理所當然的事物暴露出自身的不可靠時。有時它會溫柔地展露出來，在令我們好奇、折服、感興趣的經驗中顯示出它的奧妙。當我們以謹慎的預備和鍛鍊，自願接近我們不了解的事物時，尤其有這個可能，儘管不是必然會發生。在其他時候，意外事物的展現相當可怕、突然，而且是偶發事件，於是我們完蛋了、垮掉了，只能極為艱難地把自己收拾起來——假如能夠的話。

無論秩序狀態或混亂狀態，本質上都並沒有勝過對方一籌。那樣的看法是錯的。不過我的上一本書《生存的十二條法則》是把焦點偏重在太過混亂的後果要如何補救。[2]我們在生理和心理上準備好面對最糟的情形，以此回應突如其來而無可預料的改變，而又因為只有上帝知道最糟的情形會如何，我們必須在無知狀態下為所有的可能性做準備。那種持續在準備的狀態會帶來問題，亦即準備過度時會耗盡我們的心神氣力。但這絲毫不意味著混亂應該被消滅（再怎樣都不可能做到），雖然未知需要小心照管，如我的上一本書一再強調的。凡是沒有被新元素碰觸到的一切都會變得淤塞沈滯，而一個沒有好奇心的生命肯定會是一種嚴重削弱的存在形式，因為是好奇的本能推著我們向未知挺進。新事物也是令人激動、難以抗拒、啟發思考的，假如它們被引進的速度並不會侵蝕或動搖我們的存在狀態到令人無法忍受的程度。

本書和《生存的十二條法則》一樣，是將原本發表在Quara這個問答網站上的四十二個條目，摘取一些法則加以解說。不同的是，《秩序之上》的主旨在於探討如何有效避免過度安穩和過度控制造成危害。因為我們的了解並不充分（當我們努力控制的事物竟然出錯時，就會有此發現），我們需要一隻腳站在秩序之內、同時也試探性地將另一腳伸到秩序之外。於是我們只好去探索並發現站在邊疆領域最深層的意義，這樣的穩當足以讓我們的恐懼受到控制，而在面對自己尚未與其和平共處或適應的事物時，也能有所學習並持續學習。正是這種對於意義的直覺會正確導引我們的生活，它遠比純粹僅是想法更深刻許多，讓我們不會被超出我們的東西壓倒，或陷入同樣危險的絕境：因為陳舊、狹隘或太過自傲地標榜出的價值和信仰體系，而顯得呆滯或受到阻礙。

具體來說，我寫了些什麼呢？法則一描寫穩定且可預料的社會結構，與個人心理健康的關係，並主張這些結構若要保持活力，就需要由具創造力的人加以更新。法則二以幾個或古或今的故事，剖析一個流傳數百年的煉金術意象，闡明完整的人格本質和發展。法則三則提出警示：當痛苦、焦慮、懼怕等負面情緒出現時，迴避當中發出的訊息（這是心靈持續煥發生機所必不可少的）會有怎樣的危險。

法則四主張，支持人們熬過艱困時刻的意義，主要不在於轉瞬即逝的快樂，而在於自願為自我和他人承擔成熟的責任感。法則五從我身為臨床心理學家的經驗中舉出一個實例，闡明個人和社會有必要致力於良知的要求。法則六描述將複雜的個人和社會問題歸因於性別、階級、權力等單一變項時，會有怎樣的危險。

法則七概述了接受訓練朝單一方向奮鬥，與鍛鍊出在逆境中保有復原能力的性格特質，二者之間有至關重要的關係。法則八的焦點在於以美感經驗指引人類經驗界中的真實、美善、持久有效，是極重要的。法則九則主張，至今回想時仍滿載痛苦和懼怕的過往經驗，可透過自願的言語探索和再三深思去除恐懼。

法則十指出，以明確的協商維護善意、互敬和真誠的合作，這是讓真正的浪漫愛情得以持續存在所不可少的重要元素。法則十一描述人類經驗世界的方式，可說明三種常見卻極危險的心理反應模式由什麼所引發，並勾勒出如果受制於其中任一種或全部，會導致相當慘烈的後果，然後再提出一條可供替代的路徑。法則十二主張，在人生無可避免的悲劇中心懷感恩，應該可說是繼續攀爬這條艱辛的路程所需要且極其可佩的道德勇氣最大的展現。[vi]

希望我為這第二組十二條法則所做的解說，比四年前寫下第一組法則時更加明智——其中有一個重要原因就是，我很努力當面或用 YouTube 或透過播客和部落格，[vii] 向世界各地的觀眾闡述我的想法，在這個過程中，收到了增廣見聞的回饋。因此我希望自己已能澄清前一本書裡沒有達到最佳闡述的問題，此外也發表許多原創性的內容。最後，我希望這本書對讀者個人能有所幫助，如同第一組的十二條法則。有非常多人回報說，他們從我有幸提出來分享的那些想法和故事汲取到力量，這真是最令人滿足的喜悅了。

vi 值得注意的是，本書和它的前身雖然各自獨立，也被聯合設計為代表這兩本書都努力描述的平衡狀態。因此（至少在英文版）前一本書是白色，這第二本書則是黑色，兩本書組合成一套書，就像道家思想中的陰與陽。作者注

vii 我的 YouTube 頻道網址是 www.youtube.com/user/JordanPetersonVideos。我的播客和部落格可從 jordanpeterson.com 進入。作者注

THE FOOL.

RULE ·1·

不可隨便詆毀社會體制或創意成就的價值

我為一個獨居的個案[i]諮商了很多年。除了一個人生活外，他在許多方面也很孤立。他與家人的聯繫極少，兩個女兒都移居國外、不常聯絡，他除了感情疏離的父親和姊姊，沒有別的親人。他的妻子（也就是兩個女兒的母親）幾年前去世了。我為他諮商超過十五年，這段期間他只努力建立過唯一一段關係，但卻因為這位新伴侶車禍喪生，劃下悲傷的句點。

剛開始諮商時，我們的交談明顯很尷尬。他並不習慣社交互動的細微之處，所以在口語和非口語的表現方面，他都欠缺嫻熟社交者那種舞蹈般的節奏與和諧。當他還小的時候，他的父母對他完全視而不見，還會主動打擊他——父親（多半時候都缺席）忽視他又有施虐傾向，母親則長期酗酒。他在學校也常被欺負、騷擾，從小到大不曾有任何一位老師給予絲毫真誠的關注。這些經驗令他有憂鬱傾向，或者至少導致憂鬱的生理傾向更為惡化。於是他變得魯莽易怒，如果覺得被人誤解，或交談時意外被打斷，怒氣就會炸開。這些反應更令他成年後穩居被霸凌者的位置，尤其是在工作場域。

但我不久便發現，如果我在會談時多半沈默不語，就可以進行得很不錯。他每週或每兩週就會來訪，談談之前七到十四天裡發生了哪些盤據他心思的事。在一小時的會談中，如果我用前五十分鐘保持沈默、專注聆聽，那麼剩下的十分鐘我們就可以用相對正常、有來有往的方式交談。這個模式持續了十年以上，我漸漸學到要少講話，而這對我而言並不容易。但是年復一年之後，我發現他跟我討論負面議題的時間比例減少了，我們的談話（其實是他的獨白）以前總是以他的困擾為開頭，很少向前進展。但他在會談的時間以外也相當努力，會結交朋友，參加藝文活動和音樂節，重新喚醒沈寂許久的才華，像是創作歌曲和彈吉他。隨著他愈來愈善於社交，他開始針對他告訴過我的問題想出一些解決方式，還會在會談的後半段跟我討論他生命中比較正面的部分。他的進步很緩慢，但持續在遞增。他最初來找我時，我們如果一起坐在咖啡店的桌前（其實是任何公共場所）進行任何如同真實世界的交談，他一定會全身僵硬、不發一語。而我們結束這段諮商關係時，他已經持續在小團體前面朗讀自己創作的詩歌一陣子了，甚至還嘗試過演出脫口秀。

我從事心理治療二十多年，得到一些重要的領悟，而他正是最佳的個人實際範例：人類要讓心智保持條理，仰賴的是持續與他人溝通。我們都需要思考來保持正確與條理，但我們多半藉由講話來思考。我們需要談論往事，才能將那些瑣碎、浮誇卻困住我們的擔憂掛念，與真正重要的經驗區分開來。我們需要談論當下的自然性質和將來的計畫，以便知道自己身在何處、要去向何處，又為何要去。我們必須將自己構想的策略和戰術交由他人評判，確保其效能和彈性。我們也需要聆聽自己講話，才能把最初步的身體反應、動機和情緒整理成明確清晰，有條

i 我修改了臨床工作中的記述，足以確保個案繼續保有隱私，同時也盡力讓我所講述的內容保有必要的敘述事實。作者注

有理的內容，擺脫誇大又不理性的擔憂。我們需要講話，既是為了記得，也是為了遺忘。

我的個案迫切需要有人聆聽他說話，也需要完全成為其他更大、更複雜的社會群體中的一分子——這是他在我們進行會談時就有的計畫，然後他靠自己加以實現。假使他因為過往遭人孤立和惡劣對待而落入引誘，為此貶低人際互動和人際關係的價值，要重拾健康安寧的機會就微乎其微了。但他摸到了訣竅，走進了世界。

❖心智健全是一種社會制度

佛洛伊德和榮格這兩位深度心理學大師認為，心智健全是個體心智的一個特點。他們的看法是，當一個人裡面的各種次人格（subpersonality）表現都恰當整合而平衡時，這個人就會適應良好。本我（id）是心靈裡的天生本能（取自德文，意思是「它」，代表人裡面的本性和其力量及陌生性）；超我（superego）是社會秩序內化後的代表，有時具壓迫性；自我（ego）就是人格，被擠壓而碎裂在上述兩個必要的暴君之間。佛洛伊德正是最早將這三者的存在概念化的人，對他而言，這三者各有專門的功能。本我、自我和超我彼此互相作用，如同現代政府的行政、立法、司法部門。榮格雖深受佛洛伊德影響，卻用不同的方式解析心靈的複雜性，他認為個體的自我必須找到相對於陰影（人格中的黑暗面）、阿尼瑪（anima）或阿尼瑪斯（animus，人格中與性別相反因而經常被壓抑的面向），以及自我（理想可能性的內在生命）的正確位置。不過，榮格和佛洛伊德提出的次實體（subentities）雖然各有不同，但它們有一個共同點：都存在於個人的內部，無論周遭環境如何。然而人類是典型的社會動物，在我們自己以外，有不少智慧和指引深嵌在社群世界中。當我們能夠依賴別人費盡苦心安插的記號和指標時，又何必靠著自己有限的資源來記住道路，或在新的活動範圍確定方位呢？佛洛伊德與榮格都高度關注獨立自主的個體心靈，卻太少注意到社群在維護個人心理健康上扮演的角色。

正因如此，每當我開始接新的臨床個案時，我會依循幾個主要取決於社群世界的層面，來評估他們的境況，像是個案本人的教育程度是否趕得上其智性能力或追求的目標？閒暇時間的運用是否有吸引力、有意義、有成效性？是否為將來規劃了堅實明確的計畫？本人（以及與其關係密切的人）是否毫無任何嚴重的健康或經濟問題？是否擁有好友和社交生活？是否擁有穩定又滿足的親密伴侶關係？是否擁有緊密又有功能的家庭關係？事業（或至少是一份工作）是否穩定又有充足收入，還可能成為滿足與機會的來源？上述問題的答案若有三個以上是否定的，我便會認為這名新個案在人際世界的嵌入不足，因而在心理上有陷入惡性循環的危險。每個人都存在於其他人之間，並非只是純粹單一個體的心智。一個人只要言行舉止至少維持在他人能接受的最低限度，就不必非得要整合得非常好。簡言之，我們會把心智健全的問題外包出去。人們保持心理健康不僅是因為心智完整健全，還因為身邊一直有人提醒該如何思考、行事及發言。

如果你開始偏離那條筆直的仄徑，開始有不當的舉止，大家會在你的過錯變得太大之前做出反應，以勸誘、嘲笑、輕敲、批評要你回歸正軌。他們會挑眉、微笑（或不笑）、注意（或不注意）。換言之，別人如果可以忍受你這個人的出現，他們就會不斷提醒你別亂來，也會持續請你好好表現，你要做的只是觀察、聆聽、適當回應這些信號，然後便可保有積極性，能夠維持正常，不會步上每況愈下的漫漫長路。這個理由就足以肯定你沈浸於他人世界中的價值，無論是好友、家人、仇家，儘管社群的互動經常帶來焦慮和挫折也一樣。

不過，人類如何發展出針對社會行為的普遍共識，來鞏固我們的心理穩定性？面對不斷迎面而來的複雜問題，這似乎是令人卻步的任務，甚至看來不可能達成。「我們要追求這樣還是那樣？」「比起那項工作的價值，這項工作的價值如何？」「誰的能力更強、更有創意、更自信堅定，因而該被讓予權威？」這類問題的答案多半是密集協商後制定的結果，這些口語及非口語上的協商規定了個體的行動、合作與競爭。我們視為有價值、值得注意的事物就變成社會契約的一部分，且分別針對順從與不順從，部分給予酬賞、部分施加懲罰，還有不斷指示加上提醒：「這很受看重，要仔細去看（察覺），不要看別的。要追求這個（向該目標採取行動），而非其他。」在很大程度上，順從那些指示和提醒就是心智健全，這也是每個人從生命早期就被要求的事。如果沒有社群世界的中介調解，我們就不可能整理自己的心神理智，只會被世界淹沒。

❖ 指向定點的目的

外孫女思嘉在二〇一七年八月出生，我覺得自己非常有福份。我仔細觀察她的成長和發展，試圖了解她要什麼並加以配合。她在大約一歲半時，做盡了各種可愛到不行的事：被手指輕戳就會咯咯笑、會跟人擊掌、會跟人玩頭碰頭和鼻子碰鼻子。但是在我看來，她那時最值得一提的動作就是伸出手指去指。

當時她已發現自己的食指，就用來具體指明她覺得有意思的每一樣東西，而且樂此不疲，特別是會用手指來喚起身旁大人的注意。這個動作以一種無法複製的方式，表現出她的動作和意圖是有含義的，這個含義至少有一部分可以定義為一種行為傾向或心態傾向，也就是要強迫別人注意她。她精通此道，這沒什麼好奇怪。我們都會競逐他人的注目，包括個人方面、社會關係方面、經濟方面。沒有哪一種流通貨幣的價值比它更高了。如果欠缺這個部分，兒童、成年人或整個社會都會逐漸枯槁。要別人關注你認為重要或有趣的事物，首先就是要確認你所關注的事物是否重要，再來，更關鍵的重點是，確認你是被尊重的意識經驗中心、是對集體世界有貢獻的人。用手去指的動作也是語言發展的重要前導。說出事物的名稱、使用代表某個事物的字詞，這基本上就是指向的動作，明確說明了這個東西不同於其他一切，在個體層面或社群層面將它隔離出來加以運用。

我外孫女會公開用手指做出指的動作，她指著某個東西時，就能立刻觀察她身邊的人有何反應。可以這麼說吧，指著沒人在乎的事物是沒有什麼意義的。於是她用食指指向她覺得有意思的東西，然後環顧四周，看看是否有人在意。她還小小年紀就在學習一個重要的功課：如果你所傳達的內容並不會引起別人的興趣，那你溝通的價值，甚至是你本人在場的價值就有可能降到最低點。她以這種方式開始更深刻地探索複雜的價值階級，而這個階級體系形成了她的家庭和身邊的整個社會。

思嘉目前正在學講話，這是一種更複雜精密的指向（及探索）方式。每個字彙都是一種指針，也是一種簡化或概括。說出某物的名稱，不但使它從可能叫得出名稱的無限背景中脫穎而出，也同時將它與許多其他具有概括用途或意義的現象進行分組或歸類。例如，我們使用「地板」（floor）這個英文字，但通常不會以一個單獨的字來稱呼我們可能會遇到的所有地板（水泥地板、木地板、土製地板、玻璃地板），更不會使用無數種顏色、質地和光影的變化所形成的細節，來稱呼承載我們重量的地板。我們使用一種低解析度的表述：如果它支撐我們，我們可以走在它上面，而它又位於建築物內，它就是「地板」，這樣講就夠精確了。這個字彙讓地板與牆壁等事物有所區隔，也把世界上所有不同的地板限制在單一概念裡：扁平、穩定、可以走在上面的室內地面。

我們使用的字彙就是我們組織經驗的工具，這既主觀又私密，但也是由社會決定的。我們不會全都認識並使用「地板」這個字彙，除非大家全都同意地板有充分的重要性，足以證明用一個字彙來描述它是正當的。所以，光是稱呼某個東西（當然，還包括大家都要同意如此稱呼）的事實，就是把無窮複雜的現象和事實世界縮減成實用的價值世界，是這段縮減過程中很重要的一部分。正是因為持續與社會制度相互作用，才讓這種縮減、這份具體說明，有可能辦到。

❖ 我們該指向什麼？

社群世界為我們收窄並具體指明這個世界，標示出重要的事物。不過，「重要」是什麼意思？又如何決定？個體是由社群世界形塑的，但社會制度也是被組成社會的個體需求所形塑。一定要安排好人類生活基本條件的供應。人類要能活下去，就需要食物、飲水、乾淨的空氣、遮風蔽雨之處。比較沒那麼明顯的是，我們還需要同伴、遊戲、碰觸、親密，這些都是生理上和心理上的必需品，而且絕不僅止於這區區幾項。我們必須明確指出世上能夠為我們提供這些必需品的元素，並加以運用。人類具有深植在生命裡的社會性，這個事實又為整體情況增加了一些限制：我們理解和行事的方式必須符合生理和心理的需求，但由於沒有任何人的生活是完全孤立或能夠如此的，於是我們滿足這些需求的方式就必須被別人認可才行。這意味著，我們解決基本生理問題的方法，在社會上也必須是可接受和可實行的。

生活必需品會怎樣限制可行的解決辦法和可實行計畫的範圍，這件事很值得我們深思。首先，前面提過，原則上，計畫必須解決某些真實的問題；其次，計畫必須迎合別人的興趣（往往也會有其他計畫與之競爭），否則別人就不會配合，還可能反對。所以如果我很看重某個事物，就必須決定要如何給予重視，好讓別人有可能受惠，不能只對我有益，還必須對我和周圍的人都有益。而這樣甚至還不夠好，意思就是，關於必須如何理解世界、在世界上活動，還有其他的限制。我看待和重視世界的方式本身就與我要做的計畫緊密相關，它必須對我、我的家人、整個社群有效，此外，它不僅需要適用於今天，還要能不把明天、下星期、下個月還有下一年（甚至十年後或下個世紀）搞得一團糟。對於和人類苦難有關的問題，好的解決方法必須可以重複實行，而且不會在重複時惡化，也就是歷經不同人、不同時間，可以迭代（iterable）。

這些普世皆然的限制會以生物性的方式呈現，並由社會強加於人，將世界的複雜性縮減成某種大致能被普遍理解的價值領域。此事格外重要，因為世上的問題有無限多，而假設可能的解決方法也有無限多，但是同時在實踐上、心理上和社群上可行的解決方法數量就相對有限了。解決方法有限，意味著有某種類似自然倫理（natural ethic）的東西存在，它很可能就像人類的語言一樣多變，但仍具有某種特徵，是以某種穩固且普遍可受辨識的元素為基礎。正是因為自然倫理真實存在，才令那種輕率詆毀社會制度的態度既錯誤又危險，因為制度的逐步形成是為了解決那些非解決不可的問題，如此一來生命才能延續。這些制度絕不完美，而要使它們變得更好、而非更糟，確實是個棘手的問題。

所以，我必須考慮世事的複雜性，將其簡化成單一的一點，這樣我才能有所行動，同時還能把其他人和他們的將來納入考量。要怎麼做？透過溝通和協商。透過將這個極為複雜的認知問題外包給更廣闊的世界資源來處理。每個社會都由個體所組成，他們以語言彼此合作、競爭，雖然語言上的互動絕對不是合作和競爭的唯一手段。文字是集體制定的，大家都必須對文字的使用有共識。幫我們界定世界的語言框架是一種結果，由價值的地景所造成，而價值是由社會建構的，也被現實本身粗暴的必要性所限制。這為地景賦予樣貌，而且不只是任何舊有的樣貌。價值階級，也就是說，實用性、有成效的階層體系——正是在這裡更為明確地進入了整體局勢的畫面裡。

重要事物必須完成，否則就會餓死、渴死或曬死，或者死於孤單寂寞、與世隔絕。該做的事必須具體指明並加以計畫，因此必須發展出所需的技能。具體指明、做好計畫、發展技能，再加上執行有所依據的計畫，這些都必須在社會中進行，並且與他人合作，以及面對他們的競爭。結果是，有些人更擅長解決手邊的問題，有些人則更不擅長。能力的差異（以及現有問題的多樣性，還有不可能讓每個人在所有的技術領域都受到訓練）必然產生出一個階層結構，在理想情況下，它是以和目標有關的真實能力為基礎。這個階層結構在本質上是一種社會建構的工具，必須被應用於有效達成必要又值得的任務上。它也是一種社會體制，使進步與和平能同時並存。

❖ 由下而上

我們的社會有清楚言明及心照不宣的價值預設，構成這些預設的共識由來已久，歷經好幾億年的發展軌跡。畢竟「你應如何行事」只是短期、立即的版本，根本的長期問題是「你該怎麼生存」。因此，深入檢視遙遠的過去、甚至追本溯源遠及演化鏈，並仔細思忖重要事物建立的過程，將會帶來啟發。在種系親緣上，最古老的多細胞生物（以我們的目的而言，已經夠古老了）往往是由相對未分化的感覺運動細胞所組成[1]，這些細胞能測繪環境中的某些事實或特點，並將感覺訊息直接轉換為運動訊息輸出。A刺激物帶來A反應，僅止於此，而B刺激物則帶來B反應。在分化較多而複雜的生物當中（牠們在自然界裡較為大型、通常可以辨識），感覺和運動功能會分離並特化，專責感覺功能的細胞察覺世界的各態各樣，專責運動的細胞則產生各種樣式的運動輸出。這樣的分化使生物能辨認和測繪更大範圍的模式，也可以採取更大範圍的行動和反應。第三種細胞是神經細胞，它有時也會出現，作為前兩種細胞之間的計算中介。凡是已經建立神經運作等級的物種，「相同」的輸入樣式有可能產生不同的輸出樣式，例如會取決於動物的環境變動或內在心理物理狀態的變化。

隨著神經系統日益精密、出現愈來愈多層神經中介，單純的事實和運動輸出之間的關係就變得更為錯綜複雜、無法預測且微妙精細。被公認是相同的事物或情況可以從多方面來理解，而當兩件事以同一種方式理解，還是可能引發非常不同的行為表現。例如，連被隔離的實驗室動物也極難徹底約束，好讓牠們在盡量設計得很相似的試驗中，做出一如預測的表現。在感覺和行動之間作為中介的神經組織層以倍數增加的同時，也會發生分化。基本的動機系統此時會出現，通常被稱為驅動力（飢餓、口渴、敵對情緒等），增加額外的感覺與行為之中的特異性與變異性。於是，取而代之的動機（其中並沒有清楚的分界線）就是情緒系統。認知系統晚了許多才出現，一開始可以說是以想像力為形式，後來只有在人類中成為充分發展的語言。如此，在最複雜的生物裡便有一種內在的結構階級，從反射到驅動力，再到以語言為中介的行動（以人類作為案例），必須先加以組織，然後才能統一運作、鎖定一個目標。[2]

這種階級制，這個大半由下而上、歷經浩瀚漫長的演化時間才出現的結構，是怎麼組織起來的？我們回到前面提過的答案：透過不斷的合作和競爭，持續以各種手段謀取資源和地位，這就是生存與繁衍之爭的定義。在漫長到無法想像的演化歲月中，以及短暫得多的個體生命裡，這隨時都在發生。針對地位進行的協商，將生物體分類到無處不在的階級制裡，而這個階級制管理著必不可少的資源，像是掩蔽處、食物養料和同伴配偶的取得。凡是稍具複雜度的動物，即使只有最低限度的社會性，都有自己特定的地位，而且牠們對此心裡有數。所有的社會動物也都了解群體中的其他成員認為哪些東西有價值，然後從此處出發，再加上牠們對自身地位的認識，衍生出對於價值本身的細膩理解，無論是否言明。一言以蔽之：內在階級制將事實轉譯成行動，反映了外在社會組織的階層體系。例如，很明顯的，群體中的黑猩猩對於自己的社會世界和階級層次了解得非常細緻，牠們知道什麼東西重要、誰有取用的特權，彷彿自己的存活和繁衍取決於這些認識，而事實也確是如此。[3]

初生嬰兒所具備的反射動作，像是吸吮、哭泣、驚嚇，是相對被決定的。這些反射動作是極多行動技能的起始點，隨著長大成熟都會發展出來。到了兩歲時（許多技能通常會更早），幼童便可以用所有的感官來定向，可以直立行走，可以運用具有對向性姆指的雙手來達成各種目的，可以用口語及非口語來傳達自己想要和需要什麼，當然還可以做更多事。多不勝數的行為能力整合進各種各樣複雜混合的情緒與動機驅力（憤怒、哀傷、害怕、歡樂、驚訝等），然後組織起來，達成當下那一刻驅動了孩子的小範圍特定目的，而接著時段會逐漸拉長。

發展中的嬰兒也必須鍛鍊和精進自己當時首要的動機狀態的運作，與別的內在動機狀態（例如，飲食、睡眠、遊戲等個別慾望必須學習共存，讓每種慾望能有最佳展現）調和，並符合社會環境的要求、慣例和機會。鍛鍊與精進的過程開始於孩子與母親的關係裡，以及在那個受限但仍在社群脈絡下的自發性遊戲行為之內。然後，當孩子長大成熟，內在的情緒和動機功能的位階層級，可以被納入或暫時納入一個有意識且可溝通的抽象目標所提供的框架（「我們來玩扮家家酒」），這個孩子就可以和別人一起玩耍，而且隨著時間過去，會玩得愈來愈複雜、高明。[4]

要跟別人一起玩耍，有賴於（正如發展心理學大師皮亞傑的觀察[5]）與玩伴共同建立一個共有的目標。共同建立一個共有的目標（遊戲的重點），並結合一些規則來支配與此目標或重點有關的合作及競爭，便形成了真實的社會縮影。所有的社會都可被視為這場玩耍／遊戲的變奏，主題是「合眾為一」（E pluribus unum）[ii]；凡是功能正常又像樣的社會，在各種情況與時間下都要基於互惠性，公平競爭的基本規則都必定適用。遊戲，就和問題的解答一樣，要持久存在就必須可以迭代，而且擁有一些適用並支撐可迭代性的原則。例如，皮亞傑猜想，自願進行的遊戲將勝過武力脅迫下強制進行的遊戲，因為某些可以用在遊戲本身的能量（無論是什麼性質）

ii 英語為 Out of Many, One。作者注

必須被浪費在強制執行上。有證據顯示，即使是在我們的非人類親屬中，也出現了這種如同遊戲的自願性協議。[6]

公平競爭是普世通用的法則，當中包含在遊戲期間為了達成目標而合作和競爭時，要具備調節情緒和動機的能力（這是能夠進行遊戲的基本要件），也要有能力和意願在各種情況與時間下建立互惠性的有利互動，如之前的討論。人生不只是一場遊戲，而是一連串的遊戲，每場遊戲都有某些共同點（這就是遊戲的定義）和獨特之處（否則就沒有理由存在多種多樣的遊戲）。至少，會有一個需要加以改進的起點（幼兒園、零比零、第一次約會、入門級的工作）；會有一個步驟來實施改進；還會有一個理想目標（高中畢業、比數勝出、持久的戀情、享有聲望的事業）。因為有共通性，就會有一種倫理——更正確地說，應該是後設倫理，它會由下而上地出現，遍及所有遊戲。因此，最好的玩家並不是任何一場遊戲的優勝者，而是受到最多人邀約、參加最大規模遊戲系列的人。正因如此，即使你當時或許還沒清楚理解這個道理，但你會這樣告訴兒女：「重點不在於輸贏，而是你如何玩這場遊戲[iii]！」要成為最理想的玩家，你該怎麼參與？在你心裡要形成什麼結構，才能出現那樣的遊戲？這兩個問題彼此相關，因為會讓你玩得好（而且自動化的精確度或習慣性的精確度會愈漸增加）的結構，只有在不斷練習正確的遊戲藝術的過程中，才會出現。你會在哪裡學習如何玩遊戲？到處都可……只要你夠幸運、夠清醒。

❖ 愚者的效用

你可以讓自己處在階級底層的位置，這會有助於培養感恩和謙遜。感恩：有些人的專長勝

iii 連老鼠也了解這一點。雅克・潘克賽普（Jaak Panksepp）是情感神經科學這個心理學次領域的建立者之一，他是一位極有創意、勇氣和天賦的研究者，花費了多年心血分析在大鼠的發展和社會化過程中，遊戲所扮演的角色（見J. Panksepp, *Affective Neuroscience: The Foundations of Human and Animal Emotions* [New York: Oxford University Press, 1998], particularly the chapter on play, 280-99）。大鼠很喜歡遊戲，尤其喜愛亂七八糟的玩法，特別是尚未成熟的雄性，熱愛的程度甚至令牠們自願工作，例如反覆拉扯控制桿，以便獲得機會進入有另一隻未成熟大鼠等著一起遊戲的活動場所。當兩隻陌生的未成年大鼠在這種情況下初次相遇，牠們會彼此打量身形，然後建立主控權。如果其中一隻大鼠只比另一隻的體積大百分之十，牠差不多可以在所有的身體競賽和扭打中獲勝，但牠們仍會彼此角力來得到結果，而體型較大的大鼠幾乎都會壓制住較小的大鼠。如果你要把階級制的建立視為相當於強權統治，那就沒戲唱了，體型較大、比較有力的大鼠獲勝，然後結束。但那完全不是真正的結局，除非兩隻大鼠只相遇一次。大鼠生活在社群環境中，牠們一再與同樣的個體相遇，因此遊戲開始了就會持續進行，而規則必須控制一再重複的遊戲，而非單一遊戲。一旦建立了統治優勢，大鼠便可進行遊戲，牠們進行的方式非常不同於真實的打鬥，就像人假裝在跟寵物犬玩的情況完全不同於被狗攻擊。體型較大的大鼠每次都可以壓制較小的大鼠，但那樣就違背規則了（其實是後設規則：一再重複遊戲的過程才觀察得到的規則）。重複多次的遊戲並不是以統治優勢為目的，而是為了持續玩下去。這並不表示最初的統治優勢毫無重要性。它的重要性確實存在，尤其在以下方面：當兩隻大鼠第二次相遇時，雙方都會各自扮演獨特的角色。較小的大鼠現在有責任邀請較大的大鼠一起玩了，而較大的大鼠有責任接受邀請。較小的大鼠會嬉戲般地跳來跳去，表明自己的意圖；較大的大鼠則猶豫不決，表現得很冷靜又有點不屑一顧（現在牠有這個特權）。但如果牠有分寸，就會加入這場嬉戲，因為牠內心真的很想玩。然而，有一點非常關鍵：如果體型較大的大鼠在一再重複的角力比賽中，沒有撥出相當的比例讓體型較小的大鼠獲勝（潘克賽普的估計是百分之三十到四十的時間），較小的大鼠就不會再表現出一起玩耍的邀約姿態，因為根本沒有樂趣可言。於是，如果較大的大鼠以武力支配局面（如同惡霸），只因為牠有能力如此，那麼，牠就會輸掉最高層次（盡量讓樂趣持續愈久愈好），即便牠比較常在較低的層次「獲勝」。這代表什麼？最重要的就是，要建構一個為了使重複的互動得到最佳管理的階級制，武力並不是穩固的基礎。而這不僅適用於大鼠。至少有一部分靈長類的雄性統治者，親社會性遠勝過那些比較次要的夥伴，武力對牠們也不適用。（see F. B. M. de Waal and M. Suchak, “Prosocial Primates: Selfish and Unself Motivations,” *Philosophical Transactions of the Royal Society of London: Biological Science* 365 [2010]: 2711-22. See also F. de Waal, *The Surprising Science of Alpha Males*, TEDMED 2017, bit.ly/primate_ethic）作者注

過你，你應該明智地為此高興。由於人類必須解決許多複雜又嚴重的問題，所以有許多很有價值的位置或職務空缺要填補。有些人用可靠的技藝和經驗補進這些位置，這個事實是我們要真心感謝的。**謙遜**：自認無知並樂意學習，總好過自認知識充足而落入盲目的危險。與自己不認識的人事物為友，遠勝過結交自己所認識的人事物，因為前者取之不盡、用之不竭，而後者存量有限。當你被牢牢禁錮在狹小的空間或陷於絕境，往往是因為你自己頑強地固守著某些不自覺信奉的假設，唯有你還沒學會的內容能幫助你。

身為一名新手並以某些方式保持下去，這很有必要，也很有幫助。正因如此，在直覺派、浪漫派、算命師、流氓惡棍都同樣喜愛的塔羅牌當中，裡面的愚者就是一張具有正面意義的牌，本章開頭就是一幅愚者的插圖。愚者年輕英俊，雙眼向上望，在山間遊歷，被陽光照耀，正要漫不經心地跨過一道懸崖（是真是假？）。但他的力量正是在於他願意冒著失足的危險，願意冒著再次墜入底層的風險。若不願意當個愚笨的新手，就不可能學習。正因如此，再加上其他因素，榮格將愚者視為同為原型的救贖者前身，也就是完美個體的前身。

新手或愚者會一直需要耐心和寬容，對自己或對別人皆然。他展露的無知、不諳世事、欠缺技能，有時仍會被別人合理歸因於不負責任，因而承受他該承受的譴責。然而愚者的不足往往更應該被視為一種無可避免的後果，是每個個體根本的弱點所造成，而非真正的道德敗壞。許多偉大傑出的事物一開始都很微小、無知、無用，這個教訓遍布在流行文化以及古典或傳統文化中，例如迪士尼卡通的主角小木偶皮諾丘和獅子王辛巴，還有J．K．羅琳的哈利波特。皮諾丘起初是個蠢笨的懸絲木偶，一切都被別人決定。獅子王辛巴起初是個幼稚的小獅仔，被狡詐腹黑的叔叔玩弄而渾然不知。魔法世界的學生哈利波特則是個無人疼愛的孤兒，睡在布滿灰塵的壁櫥裡，佛地魔、也可能就是撒但本身——則是他的死敵。同樣的，神話中的偉大英雄來到世間時，往往處在最貧乏的環境中（例如以色列奴隸之子，或是在卑微的馬槽裡出生），並落入極大的危險（法老決定殺死以色列所有頭胎的男嬰，而很久之後的希律王也下達了類似命令）。不過，今日的新手卻是明日的大師，因此即便是最功成名就（但仍希望擁有更多成就）的人，也必須保有對尚未成功者的認同，必須體會奮鬥不懈以求勝任的努力，必須謹慎且真心謙充地臣服於當前的遊戲，並培養踏出下一步所必需的知識、自制和紀律。

最近我和妻兒一起去過多倫多的某家餐館，正要入座時，一位年輕侍者詢問是否可以跟我講幾句話。他對我說，他看過我的影片、聽過我的播客、讀過我的書，因而改變了他對於這份社會地位相對較低（但仍很有用又必要）的工作的態度，不再挑剔自己的工作、不再批判自己做這份工作，而是決定心存感恩地尋找出現在自己面前的機會。他決心變得更勤奮、更可靠，想看看自己盡全力打拚會發生什麼事。他帶著誠懇的微笑告訴我，六個月內他被晉級了三次。

這個年輕人開始體會到，自己所處的每個地方，都比起他第一眼會看到的（尤其是當自己站在靠近底層的位置，眼界因怨天尤人、憤世嫉俗而有所損傷時）更有可能性。畢竟，餐館並非就是個不重要的地方——這家餐館是大型全國性機構的一部分，是很有品質的大型連鎖店。服務生要在這樣的餐館把工作做好，必須與廚師相處融洽，而舉世公認，廚師都是極麻煩又難搞的。服務生也必須對顧客彬彬有禮又熱情貼心，必須持續不斷注意顧客的需要，還必須適應變動很大的工作量——服務生的生活一定都有尖峰時段和離峰時段。而且他們必須準時上班，頭腦冷靜，完全清醒；必須尊敬上司，也尊敬在權威結構中職位比他們低的人，例如洗碗工。如果做到以上所有事項，又剛好在一家功能正常的機構工作，很快就會讓自己變得難以取代。

顧客、同事、上司都會開始用愈來愈正面的態度對待他們。原本向他們關閉甚至隱形的大門，便會向他們敞開。此外，他們所獲得的技能將會非常方便隨身攜帶，無論他們是繼續在餐館的階級位置中往上爬，還是決定繼續求學進修，或是徹底轉換生涯跑道（他們離開時將帶著前雇主的讚賞和稱許，大大增加找到下一個好機會的可能性）。

可以想見，那個跟我講話的年輕人對於自己的際遇非常興奮，他迅速升職，在現實上扎實地解決了他對於社會地位的擔憂，而收入變高更不是壞事。他接受了新手的角色，並加以超越。他不再隨便以冷嘲熱諷對待自己在世界上的位置及身邊的人，也接受他所得到的結構和位置。他開始看到可能性和機會，而過去他基本上是抱著驕傲的心態，所以對此視若無睹。他不再貶低自己身為其中一員的社會制度，開始合宜地扮演自己的角色，而變得更謙遜則帶來大量成功的果實。

❖ 旗鼓相當的必要性

身為新手是件好事，與旗鼓相當的人們相處則是另一種好事。大家都說，真正的溝通只會發生在同儕之間，這話很有道理，因為在階級制中要讓資訊向上移動極為困難。社會地位高的人（而這是向上移動的一大危險）運用自己此刻的能力，包括他們所抱持的意見、現有的知識、目前的技能，以道德宣示自己對地位的所有權。結果，他們只有微乎其微的動機來承認錯誤、從中學習或改變，而且有許多理由不這樣做。如果下屬揭發某位上司的無知，就是冒著使這位上司蒙羞受辱的危險，就是質疑上司的影響力和地位的正當性，就是暴露這位上司的不適任、落伍、謬誤。正因如此，要拿問題請教上司時，明智之舉是謹言慎行並私下為之（或許最好手邊已經有解決方法，而非輕率提出）。

真實的資訊要在階級制中向下流動，也會有阻礙。例如，位居指揮系統中較低位階的人，可能對於自己設想中較低的地位覺得怨恨，因而收到上面傳來的資訊時並不願意採取高效的行動，甚至在最糟的情況下，可能促使他們純粹因為惡意，而做出與自己所知相反的事。此外，缺乏經驗或教育程度較低的人，或是剛得到低階職位因而對周遭環境欠缺認識的人，可能比較容易被相對地位和權力的行使所影響，而不是被立論的品質和能力的觀察所影響。對照之下，同儕基本上是必須被說服的，他們的照料一定要仔細報答。被同儕圍繞就是在一種平等狀態，並且表現出維持那種平等所必要的互相遷就。因此，站在階級制的中間位置是好事。

友誼的重要性有一部分即是在此，友誼形成於人生早期的部分原因也是在此。一般的兩歲幼童都只顧自己，不過也能有簡單的互惠行為。前面提到的小外孫女思嘉，當我要求她時，就會開心地把她最喜歡的絨毛玩具（上面連著安撫奶嘴）一起交給我，然後我再還給她或拋回去給她，有時候她也會拋給我，或至少丟到比較靠近我的地方。她很愛這樣玩，她剛開始能夠掌握的用品是小湯匙，我們也會拿小湯匙玩。她和她的母親及外婆也是這樣玩，任何人只要剛好在這個玩法的距離之內、如果她覺得夠熟悉而不會害羞，都可以跟她玩。這就是一些行為表現的起點，這些表現在年紀較長的兒童之間會轉變為發展成熟的分享行為。

我女兒米凱拉、也就是思嘉的母親，前幾天帶思嘉去了她們在市區公寓頂樓的戶外休閒空間，那裡有很多玩具，有一些孩子正在玩，年紀多半比思嘉大。思嘉一直把玩具堆到她媽媽的椅子旁邊，如果有別的孩子過來偷拿玩具，她顯然是無感的；她甚至直接拿走另一個孩子的球，放進自己的玩具堆中。這是兩歲以下的孩子典型的行為，她們雖然不是完全沒有與人禮尚往來的能力（而且能夠用極可愛的方式表現出來），只是在發展上還相當有限。

但是到了三歲，大部分的孩子就能夠真正分享。他們在參與一些不可能每個人同時上場的遊戲時，可以延遲滿足一段時間，等著輪到自己上場。他們可以開始了解多人參賽的遊戲特點並遵守規則，雖然他們或許無法用語言有條有理地描述規則內容。他們重複與其他的孩子接觸、成功協商出互惠遊戲的關係，然後開始建立友誼，其中的一些友誼會成為在家人之外最早的強烈關係。這些友誼關係極可能在同年齡（或至少在相同發展階段）的兒童之間形成，讓孩子以此為背景，學著與一個同儕緊密連結，也開始學習如何正確待人，同時要求相同的回報。

這種彼此連結的情誼非常重要。一個孩子若是連一個特別的親密好友都沒有，日後發生心理問題的風險會高出許多，可能會是憂鬱／焦慮或反社會問題[7]，而朋友較少的孩子長大後也比較有可能失業或不婚[8]。沒有證據顯示友誼的重要性會隨著年紀增長而有任何下降[iv]——成年人如果有高品質的社交網絡，所有造成死亡的原因似乎都會減少，即便將整體健康狀態列入考量也是如此。對於有高血壓、糖尿病、肺氣腫、關節炎等疾病的老年人，情況同樣成立，而患有心臟病的年輕或年長成年人也是一樣。很有意思的是，有證據顯示，提供社會支持就與接受支持一樣會帶來具有防護作用的裨益，甚至更有好處，而多付出的人往往會得到更多，這也不足為奇[9]。如此看來，確實是施比受更有福。

同儕友伴會分擔生活的負荷和樂趣。最近我們夫妻都有嚴重的健康問題，幸好有家人（包括姻親和兄弟姊妹、我自己的母親和妹妹，以及我們的兒女）和摯友們始終不離不棄，長期提供協助。當我們遭逢危機，他們願意將自己的生活暫時擱在一旁、對我們伸出援手。在此之前，我那本《生存的十二條法則》相當暢銷，之後便是大量的巡迴演講行程，我們夫妻和許多人變得親近，分享我們的幸運和順遂，而這些親朋好友真心為我們高興，熱切地關注我們的生活，樂意與我們討論讀者大眾會有如何排山倒海般的回應，令我們所做一切的重要性和意義大大提升，也減少生活環境遭遇了如此戲劇性的變動（無論好壞）可能造成的孤立。

與職場上位階相似的同事建立關係，會形成友誼之外另一個重要的同儕規範來源。要與同事維持良好關係，意味著要在該稱讚時給予稱讚；有些工作是大家都不愛卻必須完成的，你也得把自己份內的工作承擔起來；與別人同組一個團隊時，要準時交出優質的成果；該出現的時候就要出現；而且大致上要讓人相信，你能完成的東西比自己份內的工作更多。同事對你的認可或非難，會回報並增強這種持續的平等互惠，這就如同友誼必然含有的互惠關係，有助於維持穩定的心理功能。能被別人信賴就更好了，當你落入困境時，你曾共事過的人就會願意且能夠介入，伸出援手。

透過友誼和同事關係，我們會修正自私的傾向，學著不要老把自己放在第一位。還有一點比較不明顯，卻同樣重要，就是當同儕勸告或鼓勵我們挺身捍衛自己時，我們也可以學會克服自己天真無邪、過度同理的傾向（很容易不恰當又不合理地淪為掠奪成性者的祭品）。因此我們若是有幸，就會開始練習真正的互惠行為，這樣至少會獲得大詩人羅伯特・彭斯（Robert Burns）的名言中提到的好處：

iv 這樣看來，YouGove在二〇一九年七月三十日的市調〈千禧世代是最寂寞孤單的一代〉（Millennials Are the Loneliest Generation）（bit.ly.2TVVMLn）指出，百分之二十五的人沒有相熟的人、百分之二十二的人沒有朋友，如果是事實的話，就特別值得擔心了。作者注

啊，但願上天賦予我們一種本領，
能從別人的眼光看到自己！
就可免除許多蠢事，
和愚昧的觀念，
以為哪些衣著和姿勢會抬高身分，
甚至受人膜拜！

❖ 優勝者

身為當權者相當吃香。人都很脆弱，因此生活並不容易，常常會受苦。要改善受苦的情形，首先就要確保大家都有食物、乾淨飲水、衛生的設備、遮風避雨的處所等等，而這需要積極主動、勞心勞力，加上專門技能。如果有問題尚待解決，又有許多人投入，那就必定會形成一個階級系統，有能力的人著手解決問題，力有未逮的人則盡力追隨，而他們往往在這段過程中學習，變得勝任。如果問題真實存在，最擅長解決這個問題的人就會高升到頂端，這並不是權力，而是適當伴隨著能力而來的權威。

如果勝任的當權者正在解決必要的問題，那麼，把權力賦予他們顯然是很恰當的；當手上有個令人費解的問題，能夠的話就要成為勝任的當權者之一，這也是同樣恰當的事。這可以說是一種責任的哲學。負責的人會決定把問題當作自己的問題，然後以能力所及最有效率的方式，辛勤、甚至熱切地努力與別人一起解決。之所以要有效率，因為還有別的問題尚待解決，而有效率才能保留資源，以使用於其他重要之處。

企圖心經常（而且往往是故意）被誤認為等同於權力慾而受到明褒暗貶，被詆毀與懲罰。雖然企圖心有時確實是想對別人產生過度的影響，不過，有時和總是之間有天壤之別。權威不僅是權力而已，將這兩者混淆毫無益處，甚至還有危險。一個人對別人運用權力時，會強力壓迫別人，運用剝奪或處罰的威脅，讓地位較低的人無可選擇，只能做出違背個人需要、渴望、價值的事。相反的，當一個人使用權威，是因為他們有能力——這份能力被別人自動自發地認可和肯定，而且通常會願意遵循且覺得鬆了一口氣，感覺正義得以伸張。

渴求權力的人專橫又殘酷，甚至是病態人格，他們渴望控制別人，目的是立刻滿足自己所有追求享樂的自私念頭、讓嫉妒毀掉它的攻擊目標、將怨懟表現出來。不過，好人會有企圖心（而且勤奮、誠實、持續鎖定焦點）則是因為他們衷心渴望解決真正嚴重的問題。這樣的企圖心需要從各種方面加以鼓勵，正是基於這個原因和其他因素，年輕和成年男性奮勇求勝的舉動，卻愈來愈被反過來等同於「父權專制」（「父權專制」正是我們這個現代、多產、相對自由的社會在假設上的特點），後果真是適得其反到令人瞠目結舌的地步（而且一定要指出其中的殘酷：把奮力提升能力的人當作暴君，幾乎可說是最糟糕的事）。以首要且對社會最重要的面向來看，「勝利」就是為全體社會大眾的利益克服阻礙。老練的贏家會以一種為所有玩家改進遊戲本身的方式獲勝。以天真無知的心態或刻意盲目的憤世嫉俗看待這件事，或公然否認其真實性，就是讓自己與實際去改善苦難的這件事為敵。而這或許是故意為之，因為人有許多黑暗的動機。我想不出還有哪些更虐待狂的態度了。

權力可能會伴隨權威而至，或許一定會。但更重要的是，**真正的權威會約束權力的任意行**

使。在權威的代理人在乎自己可能施加權力的對象，並對其負起責任時，這份約束就會彰顯。排行老大的孩子可能要對弟妹的表現負責，而不是作威作福地欺負他們、為難他們，這樣就能學習如何行使權威，減少濫用權力。即使是排行老么的孩子也可以對家裡的小狗行使適當的權威。要使用權威，就要了解權力必須要有關心和能力，而這包含了名副其實的代價。剛被擢升到管理位階的人很快便了解到，底下有多名部屬往往為自己帶來了更大的壓力，相比之下，部屬從單一管理者那裡承受的壓力則比較小。這個經驗帶來調和的效果，否則人們原本可能對權力的吸引力懷著浪漫卻危險的幻想，而這也有助於消除無限擴張權力的慾望。真實世界中，在有功能的階級制裡占據權威位置的人，通常要為自己所監督、聘雇和指導的人承擔責任，並因而心力交瘁。

當然，並非每個人都感覺負擔很重。當一個人確立了權威人士的地位後，便可能會忘記自己的出身，漸漸對那些剛起步的人產生一種造成負面效果的蔑視。這樣就錯了，部分是因為，這表示地位已然穩固的人無法冒險做新的嘗試（因為那就得扮演被鄙視的愚者角色），也因為傲慢自大會阻礙通往學習的途徑。短視、故意視而不見、狹隘自私的暴君當然存在，但至少在具有功能的社會中絕非多數，否則一切都無法運作。

相反的，權威人士若記得當初自願身為新手時的短暫時光，就可保有對於初學者的認同，保有對於潛在可能的希望，並且以那段記憶作為約束權力慾所必要的個人資訊來源。有一件事常令我大感驚奇，就是有些正派人士能夠提供機會給他們正在施加權威的對象，並為此感到喜悅。我也屢次有此體會，無論是在身為大學教授和研究工作者的親身經驗裡（我看過許多相同處境的人在做同樣的事），或者是在我所熟稔的行業和其他專業背景中。幫助原本就很能幹又值得稱讚的年輕人，使他們變成更老練、對社會更有價值、自律自主、認真負責的專業人才，這本身就是一大樂事，就像是教養子女過程中帶來的喜悅，也是正當企圖心的基本動力之一。因此，正正當當地擁有優勝者的位置有一種主要的吸引力，就是有機會發現在專業生涯上剛起步或起步不久、值得幫助的人，並為他們提供順利前進的方法。

❖ 社會制度的必要與不足

心智健全就是明瞭社會遊戲的規則，並將之內化和遵守。地位有差別是難免的，因為所有值得進行的努力都有一個目標，追求該目標的人各有不同能力。無論當下位居底層、中層或頂層，接受這個不平衡的事實並依然奮力向前，是心理健康的重要元素。但是有一個弔詭的問題：昨日與今日的解決方法是現行階級制的依據，卻不見得一定可以作為明日的解方。因此，當整個世界的變化已使得局部的改變成為必須，卻不假思索地重複從前夠用的作法，或更糟，專制獨裁地堅持所有問題都已永遠解決，就等於引進極大的危險。於是，對於創造性轉變的尊重，一定要加上對於解決問題的階級結構給予適當的重視，這是過往歷史的贈予。這既非武斷的道德主張，亦非一種相對的道德宣示，而是比較類似認識現實結構內建的雙重自然法則。像人類這樣高度社會性的動物，必須遵從這些法則，才能保持心智正常，並將不必要的不確定、苦難、爭鬥減到最少。然而，隨著周遭環境改變，我們必須小心謹慎地修正這些規則。

這也表示，理想人格不可能一直反映社會現狀，毫不質疑。在正常狀況下，或許可以說，**有能力**毫不質疑地服從，總勝過沒**有能力**服從。但是當社會環境變得病態，例如不完整、太過時、故意視而不見，或是很腐敗時，拒絕服從就具有更高的價值，有能力提供有創意又正當合理的其他選擇也是。這為我們所有人帶來一個永恆的道德難題：何時要單純遵循成規，執行別人的請求或要求？何時要依賴自己帶有限制和偏見的個人判斷，拒絕集體的要求？換言之，我們如何在合理的保守主義與帶來振興的創造力之間達到平衡？

在心理面向，最重要的就是氣質稟賦的問題。有些人的氣質就是偏向保守，也有些人會偏向比較自由開明的創造性感受和行動。[11] 這並不表示社會化無法改變那種天生的氣質傾向，人類是可塑性非常強的生物，有一段漫長的成人前發展期，而周遭的環境也會使我們發生劇烈的改變。但不變的事實是，人類生活環境裡有一些相對固定的位置，而不同的氣質類型會適應其中，各就其位。

政治光譜上偏右翼的人堅定地護衛過去行得通的一切。在大部分時間裡，他們這樣做是正確的，因為能帶來個人成就、社會和諧及長期安定的路徑有限。但有時他們就錯了：第一，因為現在和未來不同於從前；第二，因為即使是曾經有功能的階級制，通常（難免？）會成為內部權謀的犧牲品，因而造成這個階級制的瓦解。爬上頂端的人可以操控並行使不正當的權力，至少在短時間內做一些只顧自己的事，而那樣的權勢便破壞了他們名義上身為一分子的階級制的正確功能。這種人通常不了解或不在乎自己所寄生的組織是為了達成什麼功能而設計的，他們只是恣意榨取眼前的財富和資源，最後留下一堆爛攤子。

政治光譜左翼／自由派人士強烈反對的就是這種權力的腐化，而且正該如此。但是，有功能也有生產力的階級制（和造就這個成績的人），與光芒散盡只剩變質軀殼的制度是不同的，將兩者做出區分極為重要。要加以分辨，就必須有能力和意願做觀察及鑑別，不能不假思索地依賴意識型態的傾向。我們必須知道，我們必然生活在社會階級裡，而它有光明面和黑暗面；我們需要了解，只專注其一而排除另一面向，會是很危險的偏見。而我們也要明白，比較激進、有創意的面向（要使不道德又過時的東西脫胎換骨、重獲新生，這是必要的源頭）同樣潛藏著巨大的危險。部分危險在於，想法比較自由開明的人傾向於只看到這些有憑有據的制度中有哪些負面元素。更進一步的危險在於，與腐敗卻守舊的過程相對應的激進派，會顛覆和破壞正在運作的階級制。因為不顧道德的激進分子是存在的，就好比不正派的行政官員、管理人員、業務主管是存在的，這些人往往對現狀的複雜實情極度無知，但他們既沒有意識到自己的無知，又不感激過往歷史的遺贈。這樣的無知和不懂感恩，還經常伴隨著愛說一些憤世嫉俗的陳腔濫調，將自己的行為全部都合理化，既不肯努力遵守乏味卻必要的嚴格常規，也拒絕投身於真正有生產力卻危險艱難的嘗試。創造性轉變就是因為有這樣的腐化墮落，使得保守派（他們不是唯一）對於改變保持適當的戒慎恐懼。

幾年前，我與一位二十出頭的年輕女性進行了一次討論，因為有位觀眾看了我的線上演講後寫電子郵件給我，這個女孩是她的姪女。她看來非常不快樂，還說她過去半年中大部分的時間都躺在床上。她來找我，是因為她已經走投無路了，對她來說，沒去自殺只是因為她還對自己養的寵物有責任，那是一隻非洲藪貓。這是她曾經熱愛生物學的僅存象徵，自從高中輟學後，她就放棄了這份興趣，如今為她帶來相當大的遺憾。她小時候父母疏於照顧，讓她四處飄泊，導致之後好幾年都過得很不如意。

雖然身心狀況衰弱，但她還是訂出一點點計畫。她說自己想報名一個兩年制課程，完成高中學業，這是申請獸醫學院的先決條件。不過，她還沒詢問必要的細節，還不了解要將這個目標付諸實踐需要做哪些事情。她欠缺一位導師，也沒有好友，她太容易停在原地不動、消失在與世隔絕中了。我們聊得很愉快，大約有四十五分鐘，她是個滿不錯的孩子。我答應她，如果她願意完成由我和同事設計的線上規劃課程[v]，我會更仔細跟她討論下一步。

會談原本進行得很順利，後來卻岔題聊到政治。她講完自己的情況，開始發表對全世界狀況的不滿：在她看來，人類活動對環境的影響已導致大禍臨頭。基本上，表達對於全球議題的關切並不是不好，問題不在這裡。問題是，當你才二十幾歲，生活裡沒有任何正面進展，而且連起床都大有困難的時候，你高估了自己在這些方面的知識，或許甚至是思考。在這種情況下，你需要的是把自己的輕重緩急安排好，而建立必要的謙遜來照顧、解決自己的問題，才是做到上述這點最關鍵的一步。

在我們繼續交談的同時，我發現自己不再是跟一個來找我討論的迷失女孩進行真正的談話。我變成一個假設性的對等夥伴，正在與一個意識型態思想家辯論，她知道整個世界的問題出在哪裡，知道這些全球性的問題是誰造成的，知道表現出任何個人慾望而參與繼續摧毀地球的惡行是不道德的，而最終，她相信我們都有罪而該死。在那種情況下還繼續交談，就表示我（1）不是在跟這個女孩談話，而是在跟掌控她的人事物交談，並落入籠統、無關個人、憤世嫉俗的想法的控制，而且（2）暗示在這種狀況下，討論這些主題既可接受又有成效。

這兩個結果都沒有意義，所以我停了下來（這並不表示整場會談都是浪費力氣）。我很難不作下一個結論：她這幾個月以來處在道德癱瘓狀態，主要原因並不是因為想到人類在世界上奮力求生所導致的負面影響，自己可能也是幫凶，並因此感到內疚，而是關注這些問題所帶給她的道德優越感（儘管對人類的可能性抱持這種陰暗的看法，會有另外的心理危險）。請容我講一句老生常談：要先會走路才能跑步，甚至要先會爬才能走路。這就是所謂的接受自己是個新手，待在你以隨意、傲慢、自私的心態所鄙視的階級制底部位置。此外，因為環境惡化、人類彼此相殘而流下的淚水，經常伴隨著強烈的反人類立場，而這只會對一個人與自身關係的心理態度造成明顯的影響。

自古以來，人類在生物上和社會上一直都有具備功能的階級制度組織，它明確指出了我們的感知和行為，界定我們與自然界和社會的互動。對於這樣的天賦異稟，唯有深切的感激才是正確回應。這個將所有人一網打盡的結構確實有其黑暗面，而自然界或每個個體亦同。但這並不表示隨意針對現狀丟出馬虎、一般性又自私自利的批判是恰當之舉，正如不假思索地反對可能必要的改變也並不合適。

❖ 平衡的必要

跟著群眾的腳步做事，並始終採用同一套作法，往往是行得通的。但有時候，激進的行動也能夠產生無與倫比的成功。因此，保守派和創意派的立場和行動總是在自我傳播與繁衍。一個有功能的社會制度，例如一個致力於創造價值、不只是確保自身存活的階級制，面對經得起考驗的價值時，可以利用保守型的人來審慎地執行步驟，利用創意型和自由型的人來決定陳舊

v 這是「自我書寫計畫」(Self-Authoring Suite)這套課程的一部分內容，這個課程的目的是幫助人寫下自己從前遭遇的困難(撰寫從前)、目前人格上的優缺點(撰寫現在，分成兩個部分)，以及對未來的渴望和心願(撰寫將來)。我尤其推薦後者。作者注

過時的部分如何以更有價值的新事物取代。於是，保守主義與原創性得以在社會上達到適當的平衡，方法就是將這兩型的人集合起來。但必須有人決定要如何做到最好，而這需要一種超越氣質傾向的智慧。因為，與創造力有關的特點和安於現狀往往彼此互斥，很少有人可以平衡二者、自在地與這兩型的人共事，還可以不帶成見地關注到利用這兩類才華和傾向的必要性。要培養這種能力，至少可從擴展有意識的智慧做起：明確認知到守舊的好處（及相關的危險），並認知到創造性的轉變即使激進也有好處（及相關的危險）。深入學習此事，真切地肯定這兩種觀點都有需要，便意味著至少有可能看重迥然不同的人能提供的一切，而若天平向某一方擺動太大時，也能夠辨識出來。認識兩者的陰暗面同樣很重要。要把複雜的事情處理好，必須有冷靜的眼光，分清楚權力慾及自私地假裝擁護現狀並不是真正的保守派，也要分辨得出自欺、不負責任的無端反叛者並不是真正的創造力。要做到這一點，就要把自己（和別人）心靈裡的這些要素區分清楚。

要怎樣才做得到這件事？第一，我們可以有意識地理解這兩種存在模式本身就是互賴相依，缺一不可，雖然彼此關係緊張。首先這就表示，舉例來說，規訓（亦即以某種形式從屬於現狀）需要被理解成創造性轉變必要的先兆，而非其大敵。所以，正如組成社會和個人觀念結構、具有各種假定前提的階級制是由一些限制所塑造，且完全取決於這些限制，創造性轉變亦是如此。它必須使勁地抵抗限制，若不努力對抗某樣東西，它就毫無用處，也無法被喚起。正因如此，讓一切心願成真的偉大精靈、上帝的縮影，在原型中就是受困於神燈的小小範圍裡，而且受制於眼前主人的意志。精靈（genie）代表了天賦才華（genius），是可能性、潛力以及極度約束的綜合體。

因此，限制、約束、武斷的界線（亦即規則、令人畏懼的規定本身）不僅保障社會和諧與心理穩定度，還讓更新秩序的創造力有可能存在。於是，在明確表達追求完全自由的渴望，像是無政府主義者或虛無主義者的表現時，在那之下潛藏的並不是一種積極的渴望，就如同將藝術家浪漫化的諷刺漫畫所呈現的，拚命增強創造性的表達；與此相反，它是一種負面的渴望，渴望完全沒有責任，而這根本不符合真正的自由，是為了反對規則而說謊。但是，「放下責任」不會成為令人信服的口號，因為它自戀到明顯地取消自我，不會被世人接納，但與此對應的「打倒規條」就可以被精心打扮成一具英雄的遺體。

真正保守派的智慧伴隨一種危險，就是現狀可能會腐化，而腐化可能會被自私地用來自肥。創造性任務的光輝則伴隨另一種東西，亦即怨天尤人的意識型態帶來的偽英雄氣概，它披著原創性反叛者的外衣，雖然不配、卻自稱擁有道德優勢，又拋棄所有真正的責任。明智又謹慎的保守派加上審慎而機敏的改變，會令世界井然有序，但兩者各有自己的黑暗面。一旦對此有所領悟，問自己這件事就變得非常重要：你是貨真價實的英雄，還是相反？而答案必然是：你身兼兩者，或許你的黑暗面遠多於你想意識到的程度。這些都是在了解自己內心複雜性的一部分。

❖人格的階級制，與轉變的能力

該如何了解將尊重社會制度與尊重創造性改變加以平衡的人格呢？這個問題很複雜，不容易決定，所以我們要看幾個故事。故事為我們提供概括性的模板，勾勒出具體明確的樣式，具有極大的價值，只要我們加以仿效。故事也具有普遍性（不像某個規定或整套規定），連新的狀況也足以適用。在故事中，我們獲得針對理想人格的觀察。我們講述在冒險經歷和浪漫愛情中成功和失敗的故事。在廣大的敘事宇宙中，成功推著我們走向更佳境界，走向應許之地；失敗令我們和與我們有牽扯的人落入萬丈深淵。良善將我們向上推、向前推，邪惡則把我們向後拉、向下拉。偉大的故事會講述人物的行動，這些故事反映出一些沒有意識到的結構和步驟，幫助我們將毫不妥協的現實世界，轉換成可持續、有功能、互惠性的社群性價值世界。[vi]

適當體現的價值階級，包括保守的價值及其孿生兄弟創造性轉變的價值，在敘事裡會表現於一個人物、也就是一個理想人格身上。每個階級制都有最高點，正因如此，一則故事（描述一個人物的行為）裡會有一位英雄主角。即使主角是反派英雄也無妨，反派英雄的功用是藉由反差對比來辨識正派英雄，因為正派英雄就代表了與反派英雄相反的特質。正派英雄位居最頂端，是勝利者、優勝者、機智聰穎；從失敗的弱者最後達到功成名就並實至名歸；在險惡處境下仍吐露實情，諸如此類。我們創造、觀看、聆聽、記得的這些故事，主軸就是我們覺得有意思、打動人心、值得傳播的行為和心態，這是由於我們親身體會過可佩和可憎的人（或他們具體行為態度的片段），或是因為我們傾向於與周遭的人分享那些吸引我們注意力的事。有時我們會直接汲取自己與某些人相處的經驗，描繪出引人入勝的敘事；有時我們會創造出多種人格的混合體，而且往往呼應那些組成我們社群團體的人。

前面提到的那位個案，他的生活就可成為一個實例，闡明了參與社交的必要性。但那段故事並未訴盡他改變心態與行動的重要意義。他在重新建構社交生活、積極參與一些團體活動的同時，他也養成某些具有創造性的專長，這是他始料未及的。他未曾得到高中以上的正規教育，個性也不會令旁觀者感受到顯著的創造力，但是那些吸引了他、對他個人而言相當新鮮的社交活動，主要是以審美工作為導向。

他先培養了身為攝影師對於外形、對稱、新穎、美感的眼光。追尋這些東西所帶來的社交好處有很多種：他加入一個社團，社員每兩週有一次攝影行腳，他們以二十人左右的小組為單位，前往當地附近優美的地點，諸如自然美景或獨特的風光，或是很有吸引力的工業地景。由於參加這個社團，他在攝影器材的技術方面學了不少。小組成員也會彼此評論作品，而且是用有建設性的方式進行，每個人都會指出作品所犯的錯誤，也會提出作品中有哪些很有價值的特點。

這些都幫助我的個案學習，如何以有效的方法溝通一些原本在心理上難以處理的話題（這些話題涉及批評，由於與創意的眼光相關，很容易會產生敏感的過度反應，進而適得其反），並且愈來愈能分辨平庸乏味、墨守成規的視覺影像如何不同於真正有質感的影像。幾個月後，他的洞察力有長足的進步，於是開始在當地的比賽中獲獎，得到小型的專業委託案。一開始我就相信，他加入攝影社團從人格發展角度來看是明智的決定，但他在視覺上和技術上的能力都迅速發展，實在令我驚訝，我非常喜歡在跟他會談的時候討論他的作品。

這位個案在攝影方面努力了好幾個月，然後開始產出作品，也給我看他創作的其他畫面

vi 例如，美國福音派基督徒就是具體的實例，他們面對新的存在問題時，喜歡這樣問：「耶穌會怎麼做？」我們很容易戲謔地為文諷刺，但這正指出故事的價值：一旦一段敘事被內化，就可以當成模板來產生新的感受和行為。要想像原型的救主本人在日常生活的限制中可能會採取什麼行動，這似乎很幼稚又放肆，但這段宗教敘事的根本目的其實就是鼓勵效法耶穌。作者注

——這些畫面才剛成形，都是用筆畫下笨拙的抽象線條，基本上是在一張紙上畫出各種大小的環狀物連結：其實就是隨手亂畫，雖然比亂畫多了點控制，而且顯然自有他的目的。正如我對那些照片（及攝影社團）的看法，我認為這些都有心理上的意義，是創作能力的延伸，但本身並不是具有真實價值的藝術工作。但他堅持不輟，每星期產出好幾張畫，還會把他的創作帶來跟我會談。很快地，他的作品變得愈來愈細膩且愈來愈美，不久後他開始畫複雜、對稱、相當戲劇性的黑白鋼筆畫，畫風之美，足以作為商業上的T恤設計圖樣。

我也從另外兩位個案身上清楚看到這樣的發展，他們本身都具有創造性的氣質（其中一人深藏不露，另一個人較有發展和培育，也比較明顯）。此外，我讀過榮格所記錄的臨床個案和人格發展，他指出，製作愈來愈整齊且複雜的幾何圖形（通常是方形裡有圓形，或與之相反）經常會讓性格更有組織條理。當然這不只在我的個案身上成立（他快速成長的攝影專才與身為平面藝術家的技藝發展，都清楚顯示了這點），此外，也發生在我擔任臨床治療師而有幸服務的另外兩位個案身上。因此，我一再觀察到，心靈重建會因為加深社會化（以及看重社會制度）而發生，而內心的歷程也有類似變化，會有感受力明顯增加的表現，更能創造出精緻、美麗、被社會看重的作品。我的幾位個案不但學會了適度服從社群世界有時很武斷卻仍有所必要的要求，也明白了應該要對世界有所貢獻、提供只能從他們個人的創意作品獲得的資產。

我的外孫女思嘉也有一些行為，從中呈現的即使不是她的創造力，也至少是她對創造力的鑑賞，以及她經由社會化而成為社會上重視的指向的行為者。當人們討論一則故事時，無論它是以一部電影、一齣戲，還是一本書的形式呈現，通常都會試圖對其中的重點達成一個精緻細膩的共識。之所以精緻細膩，是因為一群人提出的觀點往往比單一個人的觀點更多；能達成共識，是因為討論通常會持續進行，直到這個主題達成某種概括的協定。一則故事就是一種溝通和消遣的形式，這個概念是乍看不證自明的事實之一，但愈加思索，就變得愈是詭祕。如果一則故事確實有一個重點，那麼顯然是指向某件事，但那會是什麼，又是怎麼做到的？當指向的動作具體指明某個特定人事物時，構成指向的元素很明顯；然而當指明的東西代表一則故事裡某個人物累積的行為，構成指向的元素就比較不明顯了。

J．K．羅琳筆下主角們的行動和態度，同樣為這個過程提供了通俗範例。哈利波特、榮恩和妙麗主要是代表有意願和能力遵守規定（表示他們具備初學者的專門技能），同時又有意願和能力超越規定。督導他們的人，同樣傾向於對這兩種顯然相悖的行為類型做出酬賞或懲罰。連這些年輕魔法師在學徒階段所運用的技術也有這樣的二元性。例如，劫盜地圖使持有者得到已探勘範圍的精確圖像，呈現出霍格華茲魔法學校和其中所有居民出現場所的具體配置或地形地勢，這份地圖要得以啟動、成為有用的工具，就必須先說出一段看似表現出與道德行為完全相反的文字：「我鄭重發誓，我一無是處。」之後再以「惡作劇完成」這句話加以撤銷，讓這個功能保持隱密。

我們並不容易了解，一個要有這種聲明才會有效的人為產品，怎麼可能不是「一無是處」——它顯然是邪惡目的的工具。但正如哈利和幾個朋友所經歷的，他們經常小心謹慎地違規，也經常因小心謹慎地違規而得到獎賞，劫盜地圖會因使用者的意念而有不同的道德期許。這個系列故事從頭到尾都有一個強烈的意涵，就是：美善不能被壓縮在無腦或僵硬的遵守規定裡，無論這樣的遵守是如何訓練有素，或者要以如此形式去遵守的規定是多麼攸關生死。箇中涵義就是，《哈利波特》系列並不是指向渾渾厄厄地屈從社會秩序，視其為最高尚的美德。替代那種服從的特質並沒有明顯到可以輕易地清晰表達，而是像「要守規矩，除非這樣做會損害這些規定的用意——萬一如此，請冒險做出與公認的道德行為背道而馳的事」。要傳授這個教訓，將落實教訓的行為表現出來還比較容易，透過死記硬背或不同的規定來傳達，反而是比較困難的。後設規則（可以視為關於規定的規定，而非規定本身）的傳達方法，未必與傳遞單純的規定本身一樣。

思嘉很看重指向，在她掌握了這種相對直接的身體動作後不久，便理解了比較複雜的敘事重點。她一歲半時就可以用食指示意，到了兩歲半時，她就能夠了解和模仿故事中更錯綜複雜許多的重點。在接下來的差不多半年裡，如果有人問她，她會堅稱自己是寶嘉康蒂[vii]，而不是艾莉（她父親比較喜歡的名字）或思嘉（她母親比較喜歡的名字）。在我看來，這是個驚人的動作，背後是高度發展的複雜想法。她曾得到一個寶嘉康蒂洋娃娃，這變成她最喜歡的玩具，此外她還有另一個她非常喜愛的洋娃娃，她給娃娃取了她外婆、我內人的名字譚美。她在玩這個小嬰兒洋娃娃時，艾莉是媽媽；但是在玩寶嘉康蒂時，情況就不一樣了，那個洋娃娃不是嬰兒，艾莉也不是她的母親。我外孫女把自己當作長大的寶嘉康蒂，她模仿這個外表是年輕女性的洋娃娃，以及在這齣迪士尼動畫中的女主角，她曾看過這部影片兩次，兩次都非常痴迷。

迪士尼動畫《風中奇緣》的女主角寶嘉康蒂，與哈利波特系列的主角們有明顯的相似點。她的父親將她許配給高剛（Kocoum）這位英勇的武士，高剛代表他部落的美德，但他的舉動與立場太墨守成規，而他未來的新娘性情則比較豪爽。寶嘉康蒂與一艘歐洲船隻的船長莊邁斯（John Smith）墜入情網，他代表在已知的領域之外而（有可能）有重大價值的事物。矛盾的是，寶嘉康蒂為了莊邁斯而拒絕高剛，就是在追求更高的道德秩序，她違反了一條極為重要的規定

（看重現行文化的規則階層中最重視的部分），與《哈利波特》的電影主角們非常類似。這兩篇故事的寓意就是：服從規定，直到你能身為規定所代表的重點的耀眼模範；當這些規定對於落實其核心品德形成最可怕的阻礙時，就要違反規定。思嘉還不滿三歲時就有自身的智慧，可以看出這是她看的影片（迪士尼電影）的重點，並且作為角色扮演的輔助（寶嘉康蒂洋娃娃）[vii]，她在這方面的天資聰慧可謂難以限量。

以下也是同樣的想法：尊重規定，除非遵守這些規定代表漠視、忽略或無視於一種更高的道德原則。這種想法在兩段福音書的敘事中發聾振聵地清楚呈現出來（無論你有什麼看法，這兩段敘事可以成為核心的傳統或古典故事，描繪一個人格，目的是引起仿效）。第一段敘事記載，基督年紀還小時，就身為猶太傳統的大師，因而他完全知悉過往的價值，並且他身上帶有真正保守派典型的尊重。《路加福音》第二章第四十二節至五十二節記載[viii]，耶穌全家人每年都在猶太人的逾越節期間前往耶路撒冷：

> 當他十二歲的時候，他們按著節期的規矩上去。守滿了節期，他們回去，孩童耶穌仍舊在耶路撒冷。他的父母並不知道，以為他在同行的人中間，走了一天的路程，就在親族和熟識的人中找他，既找不著，就回耶路撒冷去找他。

vii 寶嘉康蒂（Pocahontas），迪士尼動畫《風中奇緣》女主角。譯注

viii 本書引用的英文聖經經文都出自King James Version，除非另加說明。作者注

過了三天，就遇見他在殿裏，坐在教師中間，一面聽，一面問。凡聽見他的，都希奇他的聰明和他的應對。他父母看見就很希奇。他母親對他說：「我兒！為甚麼向我們這樣行呢？看哪，你父親和我傷心來找你！」耶穌說：「為甚麼找我呢？豈不知我應當以我父的事為念嗎？」他所說的這話，他們不明白。他就同他們下去，回到拿撒勒，並且順從他們。他母親把這一切的事都存在心裏。耶穌的智慧和身量，並上帝和人喜愛他的心，都一齊增長。

不過，如果考慮福音書記載內容的整體性，就會出現一個弔詭，與尊重傳統和必要的創造性轉型之間的緊張關係十分密切。即便基督顯然很早就徹底了解也肯定規條，但成年的基督一再違背安息日的傳統，因而令人愕然——至少在當時社群裡的傳統派眼中是如此，而這就惹禍上身了。例如，他帶著門徒走過一片麥田，就摘麥子來吃（《路加福音》第六章第一節）。他向指控他的法利賽人辯駁時，引用的記載是大衛王也做過類似的事，在有必要的時候拿取專為祭司保留的餅給隨從吃（《路加福音》第六章第四節）。基督很清楚地告訴與他對談的人：「人子是安息日的主。」（《路加福音》第六章第五節）

有一份名為《伯撒抄本》（*Codex Bezae*）的古卷[ix]，是《新約聖經》一部分內容的非正典版本，在上述《路加福音》段落的後面又插入一段經文，對這個主題提供了深刻的闡釋，更深入地洞悉尊重規則和必要又令人嚮往的創造性道德行為之間，有著複雜又弔詭的關係，雖然後者看似明顯與前者對立。這段經文記載基督向某個跟他一樣違背某條宗教法規的人講的話：「當天，〔耶穌〕看見有人在安息日工作，便對他說：世人啊，你若知道自己所做的事，就有福了；若不知道，就有禍了，是干犯律法的。」[12]

這樣講是什麼意思？這段話完美地總結了本書第一條法則的重點。你如果了解這些規則，了解它們的必要性、神聖性、它們所阻止的混亂、它們如何將遵守的社群聯合起來、為了建立它們而付上的代價、違反它們會有什麼危險——卻願意完全負起破例的責任，因為你知道這樣才符合更高的美善（而且如果你的人品足以駕馭這之間的區別），那麼你服膺的就是精義，而不是只有守法，這就是崇高的道德行為。但你如果拒絕了解你所違背的規定有何重要，只是自我中心、便宜行事，那麼你難逃惡果也是應該的。你魯莽草率地對待自己的傳統，假以時日，就會對自己造成徹底又痛苦的傷害，或許還會殃及旁人。

這也很符合福音書其他地方所記載的基督觀點和表現。《馬太福音》第十二章第十一節記載：「耶穌說：你們中間誰有一隻羊，當安息日掉在坑裡，不把牠抓住、拉上來呢？」《路加福音》第六章說，他在另一個安息日治好一個右手枯乾的人，還這樣說：「我問你們，在安息日行善行惡，救命害命，哪樣是可以的呢？」（《路加福音》第六章第九節）將兩種道德立場並陳，也就是將遵守安息日相對於行善的命令，這在心理上和概念上都很令人為難，屢次激怒法利賽人，也是最後導致基督被逮捕並釘死在十字架上的一連串事件之一。這些故事描寫了人生經常

ix 抄本（codex）是以羊皮或牛皮紙、紙莎草紙或紙張為材質的書，後者最為常見。現在這個詞彙通常只用來指手抄文件，《伯撒抄本》就是一例。《伯撒抄本》包含希臘文和拉丁文的《使徒行傳》，以及四福音書的大半內容，當中額外納入與略過的經文和寫作風格都相當獨特。作者注

出現的存在困境：我們必須服從，必須受規訓，必須遵守規定，必須謙遜地與別人一致行動。但是當規條會帶來不良結果時，我們也必須運用判斷力和洞察力，以及指引良知、分辨是非的真理。能夠結合這兩者，才是真正發展完全的人格，真正的英雄人物。

為了讓這個世界和所有居民和睦相處，就必須忍受某個數量的武斷規條，或是樂見其成——這取決於你的觀點。為了保持革新與再生，也必須忍受某個數量的創意和反抗，或是樂見其成——這也取決於你的觀點。每條規定都曾經是創造性的舉動，打破別的規則。每個創造性的舉動就算含有真實的創造力，也都有可能隨著時間變成一種好用的規定。正因為社會制度和創造性成就之間有活潑的相互作用，世界才能在過度秩序與過度混亂之間的狹窄界線上保持平衡。這是個沈重的難題，是有關存在的真實重負。我們必須支持並重視過去，要以感恩和敬重的態度去實行。但與此同時，我們既然是有真知卓見的人類，就必須小心警惕，在這些帶給我們安定與支持的古老機制功能衰退時，加以修補。我們需要禁得起這種弔詭，不但尊重那堵保護我們安危的高牆，也容許加入足夠的新穎和改變，讓我們的制度保持活力和健康。世界的安定與活力，有賴於將我們所有的努力納入這種雙重能力的完備性，也就是神聖性。

不可隨便詆毀社會體制或創意成就的價值。

REBIS

RULE ·2·

想像自己可以成為什麼樣的人，然後專一鎖定目標

❖ 你是誰？你可以成為什麼樣的人？

要如何知道自己是誰？畢竟你的複雜超出自己的理解，除了其他人以外，你比一切事物都更複雜，你複雜到令人無法置信。把「你是誰」和「你可以成為什麼樣的人」混合起來，你的無知就更複雜難懂了。你不只是此刻存在的某個事物，你也正在變成某個事物，而你可能「變」到什麼程度，也超出你的理解。我相信，每個人都有這種感覺：你的境遇並不只是你自己允許它成真的。健康不佳、遭逢不幸或碰上人生常有的悲劇與災難，往往令那份潛在的可能性變得晦暗不明，此外，它也可能隱匿消失，因為你不願充分運用人生提供的機會，再加上各種令人遺憾的錯誤，諸如紀律廢弛、喪失信心、缺乏想像力和無法負責地守住承諾。你是誰？還有，更重要的是，你可以成為什麼樣的人——假使你想成為什麼人便能成為什麼人？

這些是無法回答的問題嗎？還是說，我們可以得到一些根據，從中獲得指導？畢竟人類在成功和失敗經驗裡觀察自己的表現已有好幾萬年或好幾十萬年了。在這段歲月中，人類有薩滿、先知、祕教人士、藝術家、詩人、吟遊詩人，從這類的觀察中提煉出極為重要的東西，某

些濃縮的本質——是這些東西使我們在現實和可能中成為真正的人。他們為我們再現了那至關重要的本質，展示本質中不容忽視或遺忘之物。這些極富創造力的人撰寫並演出戲劇，述說一些吸引我們想像力的故事，使我們的夢想充滿可能的願景。其中最深刻、最深奧的故事會被人記得、討論，此外也經過集體的打磨，成為宗教儀式的焦點，將世世代代的人類聯合起來，形成人類文化的根基。這些故事正是儀式、宗教和哲學體系賴以建立的基礎，成就高度發展、人口眾多的繁榮社會。

我們無法忽視或忘懷的故事之所以令人難忘，原因之一即是在此：它們提到了我們雖然知道卻不曉得自己知道的重點。古希臘哲學家蘇格拉底相信，所有的學習都是某種形式的想起。蘇格拉底主張靈魂的本質不朽，嬰兒在重新出生之前就知道一切，只是在出生的那一刻，先前知道的都會忘掉，必須藉著生活經驗重新回想。這個假設在如今看來頗為奇怪，卻有不少值得探討的地方。在我們可以做的事情當中，有很多（我們的身心能做的事情）仍在休眠，深藏在基因裡。接觸新的經驗會活化這份休眠中的潛力，釋放出漫長的演化史為我們置入的能力。[1]這或許是人類身體記住過往的智慧，並在必要時加以運用的最基本方式。藉此，再加上其他方法，人類的可能性方得以存在。可見所謂的學習即想起，這概念確實有深奧的道理。

很顯然，我們除了「想起」（就是打開與生俱來卻隱匿的可能性），還可以學習很多新的內容。這正是人類不同於其他動物的主因之一。即使像黑猩猩或海豚這麼複雜又聰明的哺乳動物，也會一代一代重複其自身物種的典型行為，幾乎很少改變。相較之下，人類既有能力、也確實持續在追尋並面對新事物，並加以調查、適應，使其成為人類的一部分。我們也可以將某個在表述層次已知的事物轉移成另一種層次的知識。我們可以觀看某個動物或人的動作，然後加以模仿，將我們對這些動作的感知轉化成自己的新動作。我們甚至可以歸納這種模仿行為，理解我們所觀察的人事物的「精神」，然後產生出某方面與那種精神相似的、新的觀看與行動方式。[i]這構成了深層固有知識的一部分基礎，而這種固有知識則形成了人類真實理解之事的大部分基礎。我們也可以觀察某人的動作或某事發生的過程，然後寫下自己所見，將動作轉化為比口語表達存在得更為久遠的語言，於是，當被描述的人事物不復存在，這些事仍可以傳遞出去。最後一件事也是最難以理解的：我們能夠想像並表現出以前根本沒見過、完全原創的事物，還能夠在講述我們所景仰及痛恨之人的故事中，將那種能力（也就是適應的行為以及其中的轉化）編碼和再現出來。我們正是用這個方法確定自己是誰、自己或許可以成為誰。

故事傳達出細膩複雜的存有模式時（它有複雜的問題，還有同樣複雜的解答），就會變得令人難以忘懷，而我們有意識地、片斷而零碎地感知到這些存有模式，只是無法完整表達清楚。正因如此，《聖經》上記載的摩西和以色列百姓出埃及，對於在美國追求解放的黑奴而言，就變成一種極為強大的檢驗標準：

> 去吧，摩西，下去埃及地
> 去告訴法老
> 讓我的百姓出去。[2]

精神分析家和宗教思想家都將《聖經》中的《出埃及記》視為一種原型（或範式、基礎），因為裡面呈現出一種無法被超越的心理和社會轉型實例。它最初是想像出來的創作，透過持續不斷的集體重述和修訂改寫，轉化成一種極有意義的形式，可同時適用於政治、經濟、歷史、個人與心靈層次。文學的深度就是這樣定義的：以古老、傳統故事的特定形式達到最高頂點的某種東西。那樣的深度代表這類記述可以有各種不同的運用，在任何個體或社會所經歷的深刻變化（穩定狀態、落入混亂、重建安定）過程中，作為一種有意義的框架，而且為那段過程帶來多重層面的現實、脈絡，以及強大的意義與動力。

❖ 出現難忘的事蹟

難忘的故事是怎麼產生的？在披露之前可能會有些什麼？最起碼，它是一段漫長觀察過程的結果。想像一下科學家監測狼群或一群黑猩猩的行為，或任何一種複雜的社群動物，試圖辨識出個體和群體行為中的規律性（也就是模式），並清楚表達出這些規律，將其壓縮在語言中。這位科學家可能會先講述一連串關於動物行為的軼事，藉此象徵這個物種的普遍行為，然後可能會再進一步加以抽象化，試圖從軼事中概括出類似規則的描述。我用「類似規則」這個詞，是因為動物不會遵守規定，規定需要有語言才行。動物只是把規則表現出來，無法制定、了解或遵守**規定**。

人類呢？我們可以像科學家那樣觀察自己的行動，更準確地說，就像講故事的人那樣。然

i 以專業的模仿秀演員為例，他們未必會複製被模仿者精確的行為或每一個動作，而是模仿神韻，也就是被模仿者所有動作的共通點。小朋友扮演成年人的時候也是這樣，他們模仿的是精神，而不是個體的行為。作者注

後我們可以對彼此講故事。這些故事原本就是受到觀察的行為精華（若不是精華，就沒有吸引力。流水帳的敘述並不會成為好聽的故事）。一旦故事建立起來，我們就可加以分析，找尋更深層的模式和規律性。如果分析成功，我們即可制定規則以概括各個軼事，接著，便能刻意學著遵守這些規則。以下是一種可能的情況：當一個小孩或大人（或一個社會）做了不合宜、不正當或不正確的事，我們都會做出不一定客觀的批判式反應。他人犯下的錯誤影響了我們的情緒，我們直覺知道，個人和社會在適應環境時所仰賴的模式被打斷、被違反了，而背叛的行為令我們惱怒、受挫、心靈受創，甚至極為悲痛。這並不表示每個以情緒回應的人，都好好地明確表達了關於是非善惡的通盤哲理。我們可能永遠無法確切指出哪裡出了錯，但就像小朋友不熟悉新遊戲卻仍有辦法參與，我們就是知道有規則被打破了。

《聖經》中的《出埃及記》是關於希伯來奴隸逃離埃及主人的古老記載，裡面描寫的正是這種狀況。摩西帶領這群逃脫的人民前行途中，不斷有追隨者在彼此衝突時前來求教，要求劃下非常細微的道德分界，因此他花費相當長的時間觀察和思索這些人的行為，彷彿這位曠野中的先知從上帝那裡領受明文誡命之前，就必須查明他和全以色列百姓正在奮力實踐哪些規則。請記得，每個社會原本都有模式化的行為，否則就會只剩衝突，根本沒有「社會」。但是，即使社會秩序有某種程度的支配性，也並不表示該社會已明確了解自己的表現、自己的道德規範。因此在這個故事裡，摩西尚未領受十誡時就成為追隨者的審判官，此事並非偶然，而且執行的時間和強度導致他筋疲力竭：

> 第二天，摩西坐著審判百姓，百姓從早到晚都站在摩西的左右。

摩西的岳父看見他向百姓所做的一切事，就說：「你向百姓做的是甚麼事呢？你為甚麼獨自坐著，眾百姓從早到晚都站在你的左右呢？」

摩西對岳父說：「這是因百姓到我這裡來求問上帝。他們有事的時候就到我這裏來，我便在兩造之間施行審判；我又叫他們知道上帝的律例和法度。」

摩西的岳父說：「你這做的不好。你和這些百姓必都疲憊；因為這事太重，你獨自一人辦理不了。」

（《出埃及記》第十八章第十三節至十八節）

執行辨別與審判、觀察與權衡的嚴格鍛鍊，正是這位族長人物在領受神聖啟示之前所必要的預備。假如這些規則不是先有行為表現作為基礎，舉例來說，假如傳統倫理道德中沒有歷史先例編成法典、沒有慣例常規、沒有經過對於道德模範進行觀察所花費的無數時間，十條誡命根本不可能被了解和傳達，更不可能讓人遵從。

令人難忘的故事捕捉到人性的精髓，加以提煉、傳遞和澄清，讓「我們是誰」和「我們應該成為什麼人」的焦點變得清晰明確。故事對我們說話，激發我們注意，激勵我們模仿。我們學會像引人入勝的故事裡的主角那樣觀看、那樣行動。這些故事喚起深藏在我們本性中的能力，然而假使沒有那聲召喚，或許就永遠沒有開發的一天。我們都是休眠中的探險家、戀人、領導者、藝術家、反叛者，需要看到戲劇與文學形式中反映出這些，才會發現自己正是這樣的人。這就是身兼自然與文化動物的一部分。難忘的故事提升我們了解自己行為表現的能力，超出自己的習慣和預期，朝著一種想像出來並走向口語化的理解發展。這樣的故事以最引人入勝的方式向我們呈現出終極的冒險經歷、神聖的浪漫傳奇，以及永恆的善惡之爭。這一切都幫助我們釐清自己如何理解道德和不道德的態度與行為，從個人和社會方面都是。這樣的事隨處可見，也隨時可見。

提問：你是誰？或者至少要問：你可以是誰？回答：永恆之力的一部分，自願不斷與可怕的未知對抗；永恆之力的這部分會超越純真無邪，變得危險，以一種可控之勢，了解邪惡，並深入虎穴與之對抗；這股永恆之力有一部分會面對混亂，將之改造成有生產性的秩序，或是侵襲太過僵化的秩序，將之化為混亂，然後重新使它變得有生產力。

這些內容都很難有意識地了解，對我們的存活卻極為重要，它們以人類無法不關注的故事形式往外傳遞，而我們正是以這樣的方式來理解什麼東西有價值、應該鎖定什麼目標、我們可以成為什麼樣的人。

❖ 第一原質：你可以成為什麼樣的人（一）

我先試著解說本章開頭插圖的意思，它是根據古代煉金術的木刻畫而作。描述這張圖的意義，會顯示出一幅圖像裡可以包含多少資訊，即使觀畫者對於圖像的內容並無任何明確了解（其實這種圖畫比較適合被當作在發展這份了解的過程中的早期階段）。製作這張圖畫的古老煉金術士[ii]作畫的同時真的是在夢想——夢想一個人可以成為什麼、如何使之成真。

這幅圖畫的底部是一個有翅的球體，球上是一隻龍，有一個雙頭人站在龍的身上，一頭是男性，另一頭是女性，男性人頭與太陽圖像相連，女性人頭則與月亮圖像相連。在男女兩頭之間的上方有墨丘利（Mercury）的符號，墨丘利既是一名神祇，也是一個行星、一種金屬[iii]。圖畫裡還有各式各樣其他符號，而這些全部都包裹在一個蛋形容器中。這些布局暗示了，這張圖像是指有許多東西在單一事物裡面，亦即單一性裡有多樣性，正如尚未孵化的小雞被包裹在單一容器中，身體裡卻有許多日漸分化而日益複雜的生理部位，尤其是在後期發展階段。這整張圖像的標示就是*materia prima*（英文primal element的拉丁文），意思是「第一原質」。

煉金術士將第一原質視為最基本的物質，萬物（包括物質和精神）都源出於此，或由此衍生。你也可以把第一原質看作我們正視未來（包括未來的自我）時所面對的可能性，或是我們忍不住譴責自己和別人浪費掉的可能性。它往往可以被概念化，視為我們用來建立自我和世界的情報，而不是我們認為現實世界所包含的物質。上述每一種詮釋，無論是可能性或情報，都有其優點。

把世界當作可能性或情報會很有用，這句話是指什麼？舉例來說，請想想你走過郵筒、取

ii 煉金術就是追尋賢者之石，賢者之石是一種加工品，可以將卑金屬變成黃金，也會使持有者得到健康與不朽。數千年來，施行煉金術的人包括不適應環境的人、神祕主義者、魔法師，另外還有前科學的從事者，他們踏出幻想的第一步，逐漸建立後來終於出現的真科學。而隨著煉金術的發展，「賢者之石」最後被概念化為比較類似人格而非物質的東西，因為煉金術士愈來愈了解，追求心靈的開發比追求黃金本身更重要。我在《意義地圖》（*Maps of Meaning: The Architecture of Belief*, New York: Routledge, 1999）中有提及此事，書中也有相關參考文獻，指出榮格和他的門生所進行的煉金術。作者注

iii 默丘利（Mercury）是羅馬神話中為眾神傳遞消息的使者，在希臘神話中則以荷米斯（Hermes）為名。因為默丘利行走如飛，而水星在宇宙運行的速度很快，便用了他的名字來命名。汞（水銀）亦因其流動性而以其為名。編注

出信件時，這封信件的「組成」。以物質方面而言，那只是紙和墨水，不過物質材料基本上無關緊要，訊息不管是以電子郵件或語音傳遞都沒關係，用摩斯密碼也可以，要緊的是內容。意思就是，每封信件都是內容的容器，內容可以是可能性或情報，可以帶有正面、中性或負面意涵。例如，它或許是政府稅務機關寄來的查稅通知。這表示，即使你將這封信拿在手上時看似無害，卻與一個巨大而複雜、往往隨意而定的結構緊密相連，難分難解。這個結構很可能並不會考慮你的利益。這封信件也可能是開心的事，例如心愛的人突然寄信給你，或裡面是久候的支票。這樣看來，信封是一種容器（至少有可能是個神祕的容器），可能會有一個全新的世界從中出現。

每個人都懂這個概念，即使自己並未察覺。舉例來說，假使你正因稅務單位而煩惱，收到他們寄來的正式信件時，你會血壓上升（或驟降），心跳加速，手掌冒汗，全身都被一陣強烈的恐懼或甚至在劫難逃的感覺所襲捲。這是一種與準備行動相關的本能反應，是隨著接觸危險而產生的。現在你必須決定：是否要拆開這封信，面對「裡面」的東西？拆開之後，是否要仔細思考整個問題，儘管可能很恐怖，仍開始處理？或者，要忽略自己所知道的，假裝沒事（即使有鑑於自己如此焦慮，你在情緒上知道自己並非沒事），並付上無可避免的身心代價？採取第一種路線，就需要自願面對你害怕的東西——可怕、抽象的怪獸，然後假設自己會因此而變得更強大、更完整；第二種路線則讓問題維持巨大可怕的形式，迫使你無處可逃，如同一隻驚嚇的獵物在黑夜裡與掠食者兇惡的雙眼相遇。

一個有翅的球體，上面刻著一個方形、一個三角形，圖像底部的三分之一則寫著三和四這兩個數字[iv]。煉金術士將這個單一實物或物體稱為「圓形渾沌」(round chaos)。[3]這是一種代表原始元素最初的容器，這個容器盛裝著世界和心靈在分化之前的組成內容，這就是可能性，或情報。它在不知不覺間吸引你注意，在你還不知它為何吸引你的興趣時就令你不得不關注某事。就在此時此地，新穎的東西進入了可預期和肯定的世界，無論結果好壞。它輕快地掠過你身邊，你幾乎無法自主掌控，就彷彿它長了翅膀，而你的想像和關注無法預料卻很有意義地從一個聯想移動到另一個聯想。它就是在你完全不知自己正在面對什麼時，眼睛所注視的東西，最後，它就是當你被恐懼把持而無法移開目光的對象，而這種恐懼的可能性，同時也為生命加添了極其重要的吸引力。

奇妙的是，由於《哈利波特》系列小說和電影，現代讀者可能對「圓形渾沌」頗為熟悉（同樣的，即使他們並不自知）。《哈利波特》系列的作者羅琳費了一番工夫來描寫「魁地奇」（Quidditch）這個有助於界定和統一霍格華茲的運動賽事。魁地奇運動的重點，就是乘著魔法掃帚在運動場的上方盤旋飛翔，把一個球（快浮，或譯鬼飛球〔Quaffle〕）推進敵方對伍守衛的三個鐵環之一，成功一次可得十分。與此同時，每隊派一員進行另一項比賽，也就是比賽中的比賽。這兩個競賽隊員稱為「搜捕手」（Seekers），都有格外老練的專注力和飛行力，他們努力找尋、追逐、捕捉一個長著翅膀的圓球金探子（the Snitch），金探子的形狀就類似這幅煉金術士圖像底部的圓形渾沌。金探子是黃金材質，表示它具有極高的價值和純度[v]，而且會非常迅速地四處亂

iv 我們會從圖像最底部往上探討，彷彿每個元素都是從下面出現的。這種類型的圖像（確實有這個種類）經常是代表一種心理或靈性的發展或成長過程，運用植物或樹木在長大成熟過程中向上延伸為基本象徵。東方的佛祖圖像也有類似的地方，佛祖是從漂浮在平靜水面上的蓮花出現的，蓮花的莖向下伸展到陰暗的地底深處，根部則扎得還要更深，長進構成最低的深處的泥漿中。作者注

v 黃金很稀有，又可被形容成不願意與別種成分或混合物攙雜。作者注

飛、猛衝、迂迴穿越、上下跳動，與乘著掃帚追逐金探子的搜捕手競速。如果一個搜捕手抓到金探子，該隊便得到一百五十分（通常足以贏得比賽），整場比賽就結束了。這表示，追逐、捕捉金探子以及它所隱含的圓形渾沌，箇中代表的意義就是硬生生比另一邊的競賽目標[vi]更重要。羅琳以深刻的想像力為我們在腦中呈現出這個比賽，她這樣的安排有何原因？她的敘述概念代表什麼？這些問題可以用兩個方式回答，兩者之間有重要的相關性。

第一個方式：本書第一條法則提到一個概念——在任何遊戲裡，公平競爭者就是真正的贏家，因為不管任何遊戲有什麼特殊細節，公平競爭是一種比獲勝更高等級的成就。在最終極的意義上，努力公平競爭，便等於遵守了規則的精神也遵守了表面文意，而這就表示真正的人格發展。它的必要基礎是關注真實互惠。金探子的搜捕手雖然也參加魁地奇比賽，卻必須忽略比賽的細節，努力找到並抓住金探子，正如真實世界中的玩家必須忽略遊戲的特殊細節，注意真正合乎倫理道德的比賽，無論競賽場上發生什麼事。由此可見，合乎倫理道德的選手就像搜捕手一樣，介於各式各樣複雜又彼此牴觸的義務之間，不屈不撓地追尋最具價值的目標。

第二個方式：對於煉金術士而言，圓形渾沌是與雙翼神墨丘利有關聯的，墨丘利是天界來的使者，也是引領靈魂進入陰間的嚮導，此外又會帶來幸運。因此墨丘利這個古老的符號就位於這幅圖像的最上方（最重要的位置），這是要指出這幅畫所代表的過程是由什麼所引導。幾個世紀以前，現代化學尚未出現，墨丘利神就代表啟發或吸引人不由自主感興趣的事物，這位神靈會迷住一個人，使對方的注意力被某個人、某個狀況、某則事件所吸引，無法抗拒。請想像你腦中不自覺進行一些非常複雜的過程，挑出具有潛在價值的事件，並將事件與身邊不斷呈現出的每件事做出區隔。請把這些區別價值的過程想像成活潑而有生命力的（肯定如此），而且複雜和完整的程度足以被概念化為一個人格，那就是墨丘利。他對我們發揮的吸引力，呈現為一種意義感：你會感覺身邊發生的某件事值得關注，或其中包含某種價值。在現實生活，以及在羅琳的《哈利波特》系列與魁地奇比賽中，搜捕手就是看重那個意義感勝過其他一切的人。因此，搜捕手與其他人一樣上場參賽，而且是受過訓練的競賽高手，但他也在進行一場更高等級的額外比賽：追求具有最高重要性的事物。因此，金探子（好比圓形渾沌）可以被當作那份最高重要性「意義」的「容器」，也因此具有啟示性，引領人去追尋和捕捉。在此脈絡下，我們可能會想起所謂的金科玉律：「你們願意人怎樣待你們，你們也要怎樣待人。」（《路加福音》第六章第三十一節）最重要的事，就是學會在艱難困苦的環境中公平競爭，也就是說，這是任何競賽中都應該追求的重點，即使比賽時努力求勝也很重要[vii]。

每個人在幸運的時候，就會被某種吸引我們注意力的東西向前推著走，它可能是：對某個

vi 很值得注意的是（尤其是與第一條法則提到的創造力的危險有關）：搜捕手會在場內與場外追逐金探子，而其他隊員要以運動場為界線。搜捕手在場外可以側傾穿過魁地奇運動場的木質地基，這不會構成問題，假使他們並非同時被搏格（Bludger）追捕。搏格是一種堅硬的大型飛球，不僅會將他們擊落掃帚，還會撞擊掃帚而導致嚴重損毀。如果他們成功抓到金探子，如上所述，通常就勝利了，但在這段過程中，他們是冒著損壞比賽地基的危險，正如有創造力的人在追尋創新卻具顛覆性的願景時會有的情形。作者注

vii 就此而言，很值得注意的是，水銀可以用來開採和淨化黃金。黃金會熔於水銀，因此水銀可用來取出通常在礦石中所發現的少量貴重金屬，然後再將水銀沸騰、加以揮發（水銀沸點較低），只會留下黃金。水銀對於黃金的癖性，導致一個象徵上的概念出現，就是液態金屬與最珍貴的東西之間有一種「密切關係」：水銀會尋找崇高、純粹、不會朽壞之物，以象徵意義而言就像是黃金，並將之濃縮成可使用的數量。所以基本概念就是，在諸神（對現代人而言，就是潛意識）使者墨丘利的引導之下，意義的追尋將使搜捕者能夠採集像黃金般最具價值的事物。對於創做出類似這幅圖畫的煉金術士而言，最高的價值就會是心靈、精神或人格的終極發展。作者注

人的愛、某種運動、某個政治或社會或經濟問題或某個科學疑難、對於藝術或文學或戲劇的熱愛。這個東西因為一些我們無能掌控或了解的原因而呼喚著我們（不妨試試讓自己對根本不在乎的事物感興趣，看看效果如何）。緊緊吸引住我們的現象（現象的英文phenomena源於希臘文的*phainesthai*，意思是「出現，或被揭露」）就像黑暗小徑旁的路燈，是無意識過程的一部分，這個過程是專門用於整合和推進我們心靈的發展，也就是為了促進我們心理的發展。你並沒有選擇讓什麼事物吸引你的注意，是它選擇了你。某個東西從黑暗裡現身，看來很令人注目、很值得為它而活；然後，某個事物再把我們推得更遠，推向下一個有意義的表現──於是，隨著我們持續追尋、發展、成長、茁壯，事情就這樣繼續下去。這趟旅程危機四伏，但也是我們人生的歷險記。不妨想想追求你所愛之人：無論是否成功，你在過程中都會蛻變。也可以想想你去過的旅行，或是你曾經從事的工作，無論是為了樂趣還是必要。在這些情形中，你都會有新的體驗。有時候會很痛苦，有時候會是你遇過最棒的事。不管是哪一種，它都帶來深刻的訊息，都是世界的潛在可能性之一，呼喚你進入存有，令你因為這段追求而永遠改變──無論好壞。

圓形渾沌上方停著一隻龍，因為令人關注和有意義的事物（而且還新奇又出乎意料，這些都是相連的）所展現的方式都兼具了危險與希望，特別是當它的吸引力相當強烈，令人難以抗拒時。當然，危險是由這隻不朽的掠食性爬蟲動物作為代表，而希望則是隱含在暗示中，因為龍在原型上會守護著重大的寶藏，於是這幅圖畫就代表一種心理上的進程。一開始你對某個東西有興趣，這個東西（圓形渾沌）包含可能性或情報，或是有這些組成元素，如果追尋、捕捉到它，就會釋放出情報，我們從那些情報建構出自己感知到的世界，將自己建構成察覺感知者。可見圓形渾沌就是容器，物質（世界）和精神（我們的心靈）都由此出現。圓形渾沌的球體本身有一些數字占卜學的暗示：數字3加上三角形，傳統上與精神有關（因為會聯想到三位一體），而數字4則是與物質界有關（因為會聯想到土、水、風、火這四大傳統元素）。龍棲身在圓形渾沌頂上，代表情報裡面的危險和可能性。

龍的上方站著名叫雷比斯（Rebis）的人物，雙頭一身，一男一女。雷比斯象徵發展完全的人格，在直率豪邁地追尋有意義（圓形渾沌）、危險，又帶來希望（龍）之物的過程中，它可能會浮現出來。它擁有陽性象徵的部分，通常代表探索、秩序、理性（以太陽為標誌，在男性頭像左邊），也有陰性象徵的部分，代表混亂、希望、關照、更新、情緒（以月亮為標誌，在女性頭像右邊）。在常態的社會化過程中，典型的情況是其中一部分比較有發展（男性會以男性的方式社會化，生理上也傾向男性，而女性則是以女性的方式）。不過，如果有足夠的探索，與圓形渾沌和龍有足夠的接觸，還是有可能讓兩種元素都得到發展，這便構成一種理想，或者說，這是煉金術士的直覺。

未知（亦即組成世界的潛在可能）裡面會迸出龍的輪廓，雖然可怕，卻含有希望，將危險和大好前景聯合在一起。這是一種永恆的二分法，龍尾的右邊和上方有兩個符號恰恰與之呼應：木星，代表正面，土星，則代表負面。面對危險和前景時，會出現心靈的陽性和陰性面向，二者彼此調和。調和的過程由墨丘利精靈引導，它從自身展現出世界上的意義，藉由無意識的方式吸引人們去探索人格，去發掘是什麼統一了人格中各種不協調和敵對的元素。整個過程很適合解讀成一則關於理想人格發展的故事，試著以圖像描述每個人可以成為什麼樣的存在。

❖從多神到一神，以及賢能英雄的出現：你可以成為什麼樣的人（二）

現在我們要試著從另一個角度來描述「你可以成為什麼樣的人」。我們有幸重新發現了一段最古老的故事，這段描述便是取材於此。在古代兩河流域的《埃努瑪．埃利什》（*Enuma Elish*，意為「在高天之處」），我們看到了目前已知最久遠且近乎完整的英雄記事，成書於大約四千年前，口述傳統則絕對更是老得多。故事開始於太初之時，女神提阿瑪特（Tiamat）是海洋（及大海怪）的化身，她與同樣原始的配偶男神阿普蘇（Apsu）交合，而阿普蘇是河水的化身。他們的結合孕育了最初始的生物界，古神（elder gods）就生活在這裡，他們都是提阿瑪特和阿普蘇的第一代子女。

要了解這則故事的開頭，我們就需要認識古代人深信不疑的幾件事，這些信念與現代科學真理截然不同。在科學的世界觀出現以前，也就是距今僅僅六百年前，**事實**被理解為人類全部的經驗，而人類所經驗到的一切，在概念上可以相異於**客觀世界的事實**，也就是純粹的物質存在。因為我們的經驗包含主觀體驗，例如情緒、夢境、幻想，以及一些動機狀態（motivational states），諸如飢餓、口渴、痛苦等。我們所經驗的內容比較適合比喻成一部小說或電影，焦點集中在主觀及客觀狀態的傳遞和分享，而不是將客觀世界當作事實。若將客觀世界當作事實，就像是將有形的具體事實做出科學的描述。舉例來說，當所愛之人逝去，那是真實、具體、獨一無二的經驗，大大不同於將他／她的死亡登錄在醫院病歷上。那是生活所經歷的戲劇性事件。由於我們的經驗名副其實蘊含著文學性、敘事性、具體實現的精神性和故事性，因此虛構的表述會深深地吸引我們。電影、戲劇、歌劇、電視劇甚至歌詞，都會幫助我們處理自己的生活經驗，這些與假設來自純粹物質界的經驗不同，並且範圍更為寬廣。

要探討《埃努瑪．埃利什》的第一個部分，就得了解古人的第二個基本認識：我們的認知類別在根本上就具有社會性。正因如此，童書裡的一切都被擬人化：太陽、月亮、玩具、動物都是，連機器也是，我們並不覺得奇怪，因為這深刻反映出我們的知覺傾向。我們預期小朋友會這樣看世界、了解世界，而我們自己也很容易會退回到這種狀態。這裡需要先澄清一件事：認為童話故事描繪的現實是擬人化的，這種說法並不完全精確，應該這樣說（這就完全顛倒我們所討論的設想了）——我們會直接而自然地把現實理解為擬人的，然後又必須非常勤勉地去除那樣的擬人化設定，目的是讓自己可以察覺「客觀現實」[viii]。因此我們對現實的了解，就彷彿它是人物所構成的，因為在我們這個具有高度社群性的現實中，在錯綜複雜的社會裡，會遇到的其實就是人，而且是性別化的人，這反映出有性生殖出現至今的幾十億年，這段存在的時間足以深刻建構出我們的感知能力。我們了解男性，也從中抽象擷取出陽性的要點；我們了解女性，也從中抽象擷取出陰性的特質。最後，我們了解小孩，並從中抽象擷取出最常見的兒子的概念。基本上，這些都分別清楚地反映在《埃努瑪．埃利什》的創世故事裡，正如反映在（更準確的說法是支撐著）我們對於大家都知道的故事的理解之中。

太初女神提阿瑪特是混亂，是雌性怪獸，是一隻惡龍。她是自然存在的恐怖，具創造力與破壞力，是所有人的母親和殺戮者。她丈夫阿普蘇是永恆的父親，是我們賴以獲得安定的秩序，

viii 科學的發展之所以遠遠落後宗教和儀式，到這麼晚期才有所進展，而且並沒有遍地開花，這就是一部分原因。作者注

同時我們也被他欺壓[ix]。這兩位最原始的天神以性關係結合並帶來生產，古時用語就是「兩片水域混合」，這樣便生出了第一代子孫，也就是兩河流域的古神，這些古神代表的世界元素比最原始的母親和父親更為疏異，例如天與地、淤泥與泥沙、戰爭與火焰[x]。不過，他們也像兩歲幼兒一樣粗心、喧鬧又衝動（畢竟他們本身就是原始的根本力量）。他們持續做出魯莽的行為而不自知，最後釀成大禍：他們共同決定要向阿普蘇宣戰，然後將他殺死，又試圖在他的屍身上建立安穩的住處。

提阿瑪特（混亂）原已被兒女們愚蠢的胡鬧激怒，丈夫不慎被殺更令她大發雷霆。這位恐怖女神以十一隻巨獸組成軍隊，要對付這批難以控制的兒女，她以邪惡的金古（Kingu）作為第二任丈夫和軍隊統領，又把「天命石板」（Tablet of Destinies）交給他，表明他擁有宇宙終極統治者的權威地位。這段出色的戲劇性描述，與人類如何運用或濫用文化的贈禮，兩者之間的關係相當明顯：輕率地廢棄傳統，就是邀請混亂（再次）出現。當無知摧毀文化時，怪獸便會現身。

提阿瑪特忙於整軍的同時，幾位古神繼續進行原本的生活，彼此交合、生兒育女，接著又有了孫輩。其中一個孫子馬爾杜克（Marduk）顯然格外有才華和力量，前途看好。他的眼睛生來就環繞著整個頭部，可以看見一切。他還會唸咒語。他是全新的人物，而他的祖先很早就注意到這一點。馬爾杜克日漸長大的同時，古神被迫與提阿瑪特對抗。雙方對戰時，他們輪番上陣，試圖擊敗她，卻全都鎩羽而歸。最後，有人建議派出年紀輕輕的馬爾杜克迎戰這位可怕的祖母，他也接受這個提議，條件是戰勝之後可以獲頒「天命石板」，在眾天神的統治階級中居於最高位。

這篇古老的故事便以這種方式描寫一神信仰如何從多神信仰中出現。《埃努瑪．埃利什》以戲劇化的方式記載這種轉變的心理或心靈過程。古代兩河流域的文明面臨的是併吞並統一諸多部落和民族的必要性，而這些部落和民族各有自己的神祇。因此，從眾天神之爭脫穎而出的天神（「誰的神最至高無上？」）就是神上之神（meta-god），這位天神具有眾天神身上最重要的元素，正因如此，馬爾杜克有五十種名字來描繪他的特點。這種脫穎而出、領先群倫的過程相當常見，神話學者伊利亞德（Mircea Eliade）將之描述為眾天神之戰，這是典型的神話主題，前面也提到過[xi]。在想像世界中，這對應了人世間的神性和價值概念之間真實的衝突，是這種衝突的心理式版本。各個部族聯合起來，各有自己的天神。人民由這些形形色色的群體所組成，無論在具體行動或抽象概念上都為了自己信仰的內容上戰場——有時一戰就是好幾個世代。彷彿他們所追隨的天神以這些信奉者為代理人，為爭奪主導權而持續交戰，時間久到超過一個人類能有的壽命。這一點就反映在古老的故事裡。倘若，當這些天神對於自己的相對位置達成共識，或者更明確地說，如果他們自己形成階級制——就表示真正創造了和平，因為和平就是建立出共有的神性階級、價值階級。所以，每當不同背景的人們必須在一種相對長久的基礎上彼此相處，

ix 而且在神話世界中，不同於客觀的邏輯世界，事物可以同時是某個東西和其相反。以上述來自經驗的方式來看，神話世界中的這種表述比客觀世界更準確。例如，大自然是創造者與毀滅者，正如文化是保護者和專制暴君。可能會有人反對：自然與文化都不是單一事物，而是可以被分異的，可以把其中矛盾的成分區隔出來、加以了解和處理。確實如此，但這些矛盾的成分通常是同時經驗到的，因此也是聯合的。例如，被愛人背叛就是這種情形。野獸與男子、美杜莎（Medusa）和可愛的女子，往往在經驗上是合而為一地出現在同一個假設性人物身上。如果在現實生活中發現這類情形，會是很可怕的事。作者注

x 這個概念也出現在道家的宇宙起源學說：陰陽彼此分異而成五行：木、火、土、金、水。古希臘人也類似，他們相信地與天（蓋亞〔Gaia〕和烏拉諾斯〔Uranus〕生出泰坦族，他們是力大無窮的原始天神。作者注

xi E pluribus unum. 作者注

就會浮現一個歷久彌新的問題：眾天神有哪些共通點令他們成為天神？上帝的本質是什麼？

這個問題非常困難。從一方面來看，這問題是關於價值：什麼最重要？另一方面，這也是關乎至高權威：應該由哪個原則來支配一切？有些人一直在思索天神的意義這件事本身的終極源頭，並提出了這些問題，然而困難之處在於，要回答上述這些，還有以此延伸而出的關於上帝的問題，必須歷經數百年、數千年的時間。答案起初是以故事形式浮現。兩河流域居民以優異的直覺推測，那位至高的天神，亦即至善者，與謹慎的關注（馬爾杜克有好幾個眼睛，環繞整個頭部）和有效的語言（馬爾杜克的咒語能創造宇宙）有關，再加上勇氣和力量，自願對抗並征服混亂，也就是未知。我們可以說，這些就是人類最偉大的核心精神的關鍵特點，至少那份精神是崇高而可佩的。

古埃及人在許多重要方面也想出了一個類似觀念，後面會有詳細探討。他們將救世主天神荷魯斯（Horus，他是歐西里斯〔Osiris〕之子）與目光敏銳的獵鷹聯想在一起，將他視為那道願意搜尋、探究、了解、打擊邪惡的眼光（象徵圖案就是埃及知名的單眼圖像）。呈現出那個事實、甚至注意到可怕醜陋和惡意有害的東西，然後睿智誠實地說出來，可能就是人類最重要的成就。[4]這讓我們能夠以戲劇化的形式了解到，無論揭開的現實困境有多可怕，都必須設法處理各種感官向我們展現的東西。這讓我們有可能使自己更貼近最深處的生命狀態，做出詳盡明確的理解，透過對故事的部分理解和仿效，使身體與心靈更真實地合而為一。最重要的或許是，故事讓我們能夠了解，文字對於將可能性轉化為事實是極為重要的，它有助於使我們明白每個人在轉化過程中扮演的角色，在某個重要意義上與天神類似。

馬爾杜克獲選為至高地位的天神之後，他直接挑戰提阿瑪特，將她圍在一張巨網中並擊敗她，把她砍成碎片，用她的屍骸造出天地。馬爾杜克其中一個名字的意思就是「與提阿瑪特作戰結果造出精巧的東西」[5]，藉由此一面向可以看到，人類在數萬年前就從怪獸的碎片建造可供棲身的世界，他們英勇地刺殺動物，以其巨型骸骨建造最早的居所。[6]馬爾杜克同時擊敗了祖母提阿瑪特的怪獸軍團，包括主帥金古，並奪得他的天命石板，確認了自己身為宇宙至尊領袖的地位。然後他返回家園，將敵軍拖在後面走。同胞們為他的勝利歡慶，全心全意答應由他帶領，他便把各樣職責分配下去，並於請教智慧天神伊亞（Ea）之後，決心創造人類，以便從根本上協助眾天神執行一項永恆的任務：維持秩序與混亂間的適度平衡，也就是讓天神卸下職務，將他們的重任轉移到人類的肩頭上[xii]。

基本的故事元素就是：當秩序（阿普蘇）不慎被威脅或摧毀時，混亂的可怕勢力便再次以最具毀滅性、最醜惡的掠奪性樣貌出現，而世界最初就是從這團混亂出現的。接著，一位代表最高價值的英雄必須興起或被推選出來，對抗這股混亂的勢力。英雄達成任務，引導或製造出極有價值的成果。這位英雄代表構成人類心靈的強大力量中最重要的部分。也可以用另一種方式來看：英雄就是行動與感知原則的具體化身，這條原則必須管理所有的原始心理元素，包括：性慾、怒氣、飢餓、口渴、恐懼、歡樂。為了能有效牽制住混亂（甚至加以馴服和駕馭），這條英雄原則必須被視為人類最重要的組織與激勵因子。而這至少表示它必須被持續不斷地付諸行動，這也正是「被視為最重要」實際上的意義。藉此方式，馬爾杜克的精神至今仍然支配

xii 伊亞從金古的血液創造了人類，金古是提阿瑪特陣營最可怕的怪獸。我有一個傑出的研究生，後來成為我的同事，他會提出一點：這是因為在上帝創造的所有生命中，只有人類會欺騙，只有人類會自願把邪惡和爭吵帶進世界。
作者注

著每一個英勇投身於衝突對抗過程、不斷創造和更新社會的人。當幼童學習管理統合自己的各種情緒與動機，形成一種一致的人格，然後再往前挑戰未知世界時，就是發生這樣的情況。

稍微改變形式，就會得到聖喬治的故事了：某座古城的居民必須從惡龍巢穴旁的古井取水，但若要取水，就得獻上祭品給這隻惡龍，而祭品多半是羊。如果沒有羊，就得獻上少女，而城裡的年輕女性就得抽籤決定生死。有一天，國王的女兒中籤了，此時聖喬治出現，以十字架符號與惡龍對抗，十字架象徵永恆的救主、原型的英雄，他解救了這位落入厄運的公主，而全城人民都歸信了基督教。惡龍等於掠食者，或未知之境的統治者。戰勝惡龍，就是戰勝威脅個體和社會的勢力，戰勝演化上和歷史上的漫長時期，也戰勝我們外界和內心仍在面對的那些較為抽象的惡。這具十字架也是人生中的沈重負擔，是出賣、酷刑和死亡之地，因此就是肉身必死的脆弱性的重要象徵。在基督教的戲劇作品中，十字架也是脆弱性被超越之處，代表它接受了脆弱。這份自願接受也相當於戰勝了代表混亂、死亡、未知的惡龍。因此，藉著接受人生的苦難，邪惡可以被克服，而另一個選擇就是地獄，至少以心理狀態而言是如此，像是：怒氣、怨懟、渴望報復與毀滅。

聖派翠克的傳說也在呼應著同樣的故事，他將古蛇逐出愛爾蘭；還有聖米迦勒，他擊敗基督教中相當於金古的「大龍，就是那古蛇，名叫魔鬼」（《啟示錄》第十二章第九節）。這也正是托爾金在《哈比人》書中所講述的故事，他從古詩《貝奧武夫》（*Beowulf*）中取材，原本故事中的主角打敗了一對聰明的母子檔巨獸[7]，而《哈比人》書中的主角則是為了找出惡龍所貯藏的古老寶藏，在過程中發展出品格與智慧，但很奇妙的，是以小偷的身分。柏修斯（Perseus）和美杜莎的故事也類似，美杜莎的容貌恐怖至極，看到的人都會被變成石頭。小木偶皮諾丘的故事亦同，他從大海怪那裡救出父親，在過程中歷經了死亡與復活。《復仇者》系列電影的第一部裡也有類似的刻劃，把自己改造成部分由黃金構成的超級英雄「鋼鐵人」擊敗了奇塔瑞人（Chitauri）這些外星惡龍蠕蟲（他們與萬惡的洛基〔Loki〕結盟），然後死而復生，贏得美人歸（美人偽裝為毫無性感魅力的小辣椒波茲〔Ms. Pepper Potts〕）。有一點必須了解：假使人類的演化歷史大為不同、整個文化沒有或明或暗地受到這些古老模式的塑造，這些故事將是無法理解的，對兒童和成年人都是。

這些英雄所表現出來的，很可能是人類最原始的老祖宗們最重大的發現：如果你具備遠見和勇氣（必要時再加上一支結實的手杖），就可以把最兇惡的巨蛇趕走。我們最偉大的祖先肯定是從棲居於樹上的時期就開始拿棍子趕蛇，無庸置疑的是，那些自願趕蛇的祖先一定從他們英勇無畏的行動中獲得了好處：附近有許多心懷感激的少女（或是她們樹居的祖先），而這或許正是惡龍貯藏少女及黃金的原因。不過，最兇惡的巨蛇和最結實的手杖或許可視為人類最核心的宗教問題。很有意思的是，《哈比人》故事中最兇惡的巨蛇「只是」一隻龍，而《魔戒》書中最兇惡的巨蛇則是魔君索倫的邪惡，比前者來得抽象許多。隨著人類的抽象能力發展日益精妙，我們對一個事實也領悟得愈來愈深：掠食性的怪獸可能以多種樣貌出現，其中只有一些是動物的外形，而形式比較精密複雜的文學作品會永遠不斷地呼應這份領悟。

❖ 英雄、惡龍、死亡、重生：你可以成為什麼樣的人（三）

在羅琳的奇幻小說第二集《哈利波特：消失的密室》，霍格華茲城堡被奇怪的渾沌勢力所威脅，原因是有好幾個強大的成人巫師從以前就持續作惡多端（第一集故事中有提到）。哈利是孤兒，這件事很重要，因為這是英雄模型不可或缺的一點。他在麻瓜的世界中是有雙親的，也就是頭腦遲鈍又墨守成規的德思禮夫妻，他們對錯誤故意視而不見、眼光短淺，對於自家那個倒楣但自我中心又有霸凌傾向的親生兒子達力百般呵護（於是也為達力帶來了悲劇性的危險）。哈利自己的親生父母在天堂上，象徵著自然與文化（混亂與秩序的變形），他們的存在成為他本質上的魔法潛能，事實上，也正代表了每個人的魔法潛能，因為每個人都是自然和文化的兒女，擁有其中極大的潛力，即便與此同時，我們也是個別父母所生下的平凡子女。[8]

哈利放完暑假、返回霍格華茲時，可以察覺某棟建築物有個地方散發出奇怪又不祥的噪音，同時，霍格華茲有許多學生和居民在這棟建築物一帶的不同角落動彈不得，變成了石頭。變成石頭意味著什麼？想必一定是指無法行動，但它也有更深一層的意涵：它表示被追捕，變成面對大野狼的小兔子，變成掠食者盯緊的目標，恐懼又震驚。許多植食性動物的自衛能力相對較弱，面對即將到來的慘死時會僵住不動，因恐懼而嚇得愣住，只能靠保護色和靜止不動，讓身旁那些牙尖爪利的肉食性動物看不見自己。掠食性爬蟲動物對人類的那種影響至今仍存，因此恐龍有種令我們敬畏讚嘆的魅力。但是你所能成為的，絕對不是只擁有跟小兔子一樣微乎其微的勇氣。

最後，哈利得知令他的朋友們變成石頭的是一隻巨蛇，也就是傳說中的蛇怪，牠的注視會發出一股令人無法動彈的力量。他發現這隻巨蛇持續在霍格華茲的地基周圍滑行，躲在這整個大城堡龐大的供水系統裡。這隻蛇怪就相當於貝奧武夫面對的巨大惡龍，而這則流傳千年的故事裡的大英雄貝奧武夫，正是托爾金筆下歷險故事系列的模型，托爾金所寫的故事，或許正是羅琳的奇幻鉅著的二十世紀近親。蛇怪同樣也是電影《大白鯊》裡吞噬人命的巨鯊，牠潛藏在黑夜的汪洋中，片刻間就把赤裸又毫無警覺的人拉下海裡。蛇怪也是我們家庭和制度中的脆弱面，能夠在可怕的一瞬間徹底崩解、令我們頓失保護。從更全面的範圍來看，蛇怪就是古人的地底陰間，當可預料的一切都失敗倒塌時，陰間便會敞開大門。在最深遠的層次，蛇怪則是混亂和潛在可能性，持續埋伏在我們所熟悉的心理和社會世界的秩序底下。

哈利費盡心力搜尋，才得以進入地底下的管路與隧道迷宮，找到中央密室。而他是穿過汙水下水道才找到的——這一點很重要，因為它表現出古代煉金術的詞彙「*in sterquilinis invenitur*」，意思是：會在汙物中找到[xiii]。這代表什麼？這代表你最需要找到的東西，會在你最不希望找到的地方發現[xiv]。就在那裡，在地底下，金妮（Ginny，virginia 的暱稱，virgin 意為處女）昏迷在此，她是哈利最好朋友的妹妹，也是哈利最後所愛慕的對象，是永遠被惡龍關押的少女——或是阿尼瑪，亦即靈魂，如同聖喬治的傳說。出身孤兒的英雄哈利必須喚醒她、拯救她，

xiii 最近數十年以來有一個清楚的發現（含蓄的暗示則始終存在），就是自發性面對駭人又未知的事物，通常會有治療效果。因此，恐懼症和焦慮症的標準治療就是暴露在害怕的事物面前，這種治療很有效，但必須自願去做。彷彿大腦的焦慮系統認為進攻的目標必然不會是掠食者，即使是掠食者，也可以輕易擊退。現在我們了解，當人自願面對壓力而不是意外遭遇時，連情緒和身體的反應也會截然不同。如果是意外遭遇壓力，受到威脅的個體會繃緊起來，準備要防衛（see M. D. Seery, "Challenge or Threat? Cardiovascular Indexes of Resilience and Vulnerability to Potential Stress in Humans," *Neuroscience & Biobehavioral Reviews* 35 [2011]: 1603-4）。那可能就是一個人化成石頭所呈現的長期不健康姿態。如果是自願面對壓力，當事人採取的是很可能勝利的角色並豪爽地前進，這樣的行動其實就是自古以來拯救人類脫離對黑夜（以及潛藏在人心中的黑暗）恐懼的作法。經過數千年的持續觀察，人類將其抽象表述在偉大的宗教故事中，然後在自己具體和獨特的生活條件裡進行模仿。作者注

xiv 至少有一部分是因為你不太可能已經在那裡找過，即使這樣做會很有用。作者注

正如托爾金的比爾博幫忙取得噴火龍史矛革的黃金，也如同迪士尼的菲利浦王子拯救睡美人，他們都從巨龍的控制下救出了最貴重的寶物[xv]。

當然了，未知便是一種強大的掠食者，是哈利面對的蛇怪，而同樣理所當然的是，掠食者護衛著偉大的寶藏，可能是多不勝數的黃金，或沈睡中的處女，因為勇敢到足以自願直搗蛇穴的人最有可能找到門路，在遠離安穩和目前已知之處的地方，獲得在人生的冒險歷程中等候著我們的無窮財富。**勇者必勝**[xvi]，只要不死。獲勝者也會具有擋不住的魅力和吸引力，一部分是因為那段探險勢必帶來人格的發展，這正是令我們永遠超越小兔子的原因。

哈利就像比爾博，他之所以能處理這個情況，在大家都看不到蛇的時候卻能有所察覺，正是因為他有自己的黑暗面。托爾金的比爾博必須先成為小偷，然後才能變成英雄。他必須融入自己的醜惡，才能取代自己純真的無害，之後才有足夠的堅韌來面對眼前的恐怖。哈利是以另一種方式受邪惡影響，因為他裡面住著萬惡黑魔法巫師佛地魔的靈魂，雖然起初他自己和佛地魔都不知道。正是這個原因，使這位年輕巫師可以聽見（察覺到）蛇，而且跟蛇交談；與此一致的是，他遵守紀律又勇敢無畏，但在有必要時，也願意並準備好違反規定。

哈利在霍格華茲的地底下被蛇怪攻擊，蛇怪則由佛地魔所控制，因此佛地魔與霍格華茲蛇怪之間的關係，就是《創世紀》的伊甸園故事裡，撒但與將洞察力賦予人類的古蛇之間怪異又令人費解的關係。這可能代表什麼？可以（也應該）這麼說：蛇所代表的混亂和危險，其中一種表現形式是爬蟲類掠食者所帶來的威脅本身；但另一種更抽象、更心理學也更為心靈的形式，則是人類的邪惡，也就是我們對彼此造成的危險。在演化及文化歷史的某個時間點上，我們開始了解，人類的邪惡可以說是最大的陰險奸惡。所以，象徵上的進程可能是：（1）蛇是凶惡的掠食者，然後（2）人類外在的死對頭就是蛇／邪惡／掠食者，接著在（3）主體上、個人或心理上的黑暗／報復／欺騙，就是蛇／邪惡／掠食者。這些表現方式都是經過好幾百年、或許好幾千年才形成了概念，邪惡的意象也在過程中變得更加複雜。[9]

所有與虺蛇有關的混亂和危險被如此呈現出來，很顯然，最早是被古人的大腦系統偵測並處理過的，然後它們以象徵彼此相連，而大腦系統的演化是為了保護我們不被掠食性爬蟲吞噬。[10]由大腦系統造成的僵硬不動，或許在當下解決了問題，把當下正被捕食的個體隱藏起來，

xv 這裡必須澄清一下，我在本書序言及第一條法則，還有《生存的十二條法則》、《意義地圖》都會提到，混亂經常以陰性的象徵為代表，但此處所探討的是以巨蛇為外形的混亂。我要用上文針對煉金術圖畫的解說來闡明這一點，而這次我會由上而下地解讀。威脅愈是深切、混亂愈是深層，就愈有可能表現為人類最古老的敵人，也就是古蛇。或許可以這樣看：未知的威脅（陌生、危險而超乎想像的元素，出現時會造成心理上的扼殺與毀滅）最有可能表現成蛇的樣子。這在某些意義上比性的本能更根本，而最原始的陰性和陽性就是從這裡出現的，雖然陰性似乎與根本不可知本身有著比較重要的連結。我認為這主要是與生產的絕對奧祕有關：新的形式從陰性中出現，新的形式也從絕對的未知中出現。或許是因為這種關係，造成伊甸園中的蛇與夏娃之間的關聯，而不是與亞當。又或許（我只是隨便猜想，希望超越自己所知不足的限制，以便解釋這種清楚又隨處可見的象徵關係）始終都是因為女性會吸引蛇（和別種危險的掠食者），尤其是當女性在照顧幼兒的時候，而女性因而面對的高度危險，永遠會激發起我們的想像，覺得陰性與虺蛇的關係很危險。這就表示，決心與女性建立關係，便會導致與可怕的未知有更多接觸（小孩子所面對的所有威脅顯然正是如此），而身為女性亦然。女性同時也是一種拒絕的力量（尤其是人類，因為女人都是非常挑剔的母親〔see, for example, Y. Bokek-Cohen, Y. Peres, and S. Kanazawa, "Rational Choice and Evolutionary Psychology as Explanations for Mate Selectivity," *Journal of Social, Evolutionary and Cultural Psychology* 2 (2008): 42-55〕。掌握終極拒絕的權力，令自然界顯得萬分殘忍（而且有智慧，一定要提到這一點）。這或許也對陰性與巨蛇之間的關係有不小的貢獻。作者注

xvi 英國特別空勤團（SAS）的格言。作者注

但是掠食者隔天還繼續活著。危險必須被追殺、被消滅，但是這個辦法太過具體，無法永遠解決邪惡的問題本身（而非解決邪惡的任何特定實例）。在最深入和抽象的層次上（類似的概念是：最強大的掠食者、最大的巨蛇，就是潛藏在人心的惡），邪惡的毀滅展現為美德的人生，以最抽象又最無所不包的形式抑制惡毒。舉例來說，正是基於這個原因，迪士尼故事《睡美人》裡的菲利浦王子與混亂的大惡龍作戰時，仁慈的大自然（化身成三個仙女，在他逃離壞女巫梅菲瑟時陪著他、幫助他）便賜他真理之劍和美德之盾。

哈利直接對抗蛇怪，進入魔法城堡地底深處的密室，陷入極大的危險。在那個關鍵時刻，霍格華茲睿智的校長所飼養的鳳凰飛了過來，帶給哈利一把寶劍並攻擊巨蛇，讓哈利有時間重整旗鼓。哈利用這個武器殺死蛇怪，但是在過程中被嚴重咬傷，這就是另一個深刻的神話典故了。例如在《創世紀》故事中，與蛇相遇會對男性和女性都造成致命的傷害，等他們清醒過來、獲得洞察力之後，就意識到自己的脆弱和難免一死。這也是個殘酷的事實：掠食者吞噬一切、惡龍製造問題、混亂帶來毀滅。威脅是真實存在的。連真理、美德和勇氣也未必足夠，但這三項東西便是我們的最佳賭注。有時候，一點點的死亡正是預先避免死亡本身的必要解藥。幸好鳳凰有使人起死回生的魔法眼淚，滴在哈利的傷口上，使年輕巫師哈利活過來，打敗佛地魔（這個任務遠比征服巨大的蛇怪更加艱鉅），拯救金妮、挽回學校。

羅琳將鳳凰加入聖喬治的故事，展現出她還有另一種直覺上的才華。鳳凰是一種永遠可以死而復生的鳥類，因此自古以來一直是基督的象徵，這種神祕的鳥類也與基督有許多共通點。此外，鳳凰也是每個人的人格中必須死而復生的一部分，必須在往往很悲慘的經驗中費力學習，讓這些經驗摧毀原本的肯定、以懷疑取而代之，在成功勇敢對抗之後，才帶來更完整的嶄新認識。因此，自願經歷死而復生的轉變（當駭人的恐懼發生時，這是必要的改變）就是一個辦法，以便解決錯誤的確定性、過度的秩序和愚弄所可能造成的致命僵化。

❖ 如何行動

人類以許多方式交流關於行動的資訊，我們會彼此觀察，也會模仿自己所見，模仿，就是用自己的身體代表別人的身體，但這樣的模仿並非不必動腦的自動化模擬，而是能夠在別人的表現中辨認出規則性或模式，然後模仿那些模式。例如在小女孩扮演媽媽時，她不會事先從媽媽的動作觀察到每個姿勢，再逐一複製，而是會表現得「彷彿」她是媽媽。如果你問小女孩她在做什麼，她會說自己在假裝當媽媽，但如果你要她描述那是什麼意思，尤其如果她的年紀還很小，她的描述就會遠遠不及動作所顯示的那麼完整，這表示她的演示能力比語言能力好，和我們大家一樣。如果你觀察許多小女孩扮演的許多媽媽，就可以得出一個非常好的概念，知道「媽媽」最純粹的形式是什麼意思，即使你從未見過真正的媽媽。如果你很擅長使用言辭，或許就可以描述媽媽表現的基本元素，然後傳達出來。可能，以故事的形式可以傳達得最好。

用行為而非字辭來代表某個行為為模式，是比較容易而直接的方法。徹底的模仿就是直接逐一模擬每個動作。模仿是做出類似引起模擬的行為的新行為，是更進一步；戲劇是一種在舞台上演出的形式化模仿，就是以行為表現扮演行為表現，但經過提煉、更貼近其精髓。文學將傳達推向更困難的一步，在作者和讀者的想像中描繪行動，完全沒有真實的演員或有形的舞台，唯有最偉大的說故事者能夠駕馭那樣的轉換，以最有趣、最深刻、最值得記憶的文字，表現最偉大和最不可或缺的行動。世世代代都有偉大的說故事專家，將這些偉大的故事重新講述、修潤更改、編輯整理，最後合力創造出最偉大的故事。一旦文化進入識字讀寫階段（從歷史角度而言，這件事不久前才發生），這些故事就可以用文字記載，而大約在這個時期，神話和儀式便可以算是轉型成宗教了。

要模仿和傳達最偉大、最值得記憶的行為，就必須提煉並傳遞人類最深刻的智慧模式。如果一個偉大又值得記憶的行動是某個令人敬佩的在地英雄所做的，那麼這些最偉大又最值得記憶的行為，就會是那名神靈所做的事（由特定個體將其中一部分具體表現出來），示範出世界各地在地英雄的共通點。英雄中的英雄（後設英雄）以邏輯而言，就必須存在於一處**每個需要英雄氣概的地方都有的地點**。那處地點或許會被視為一個後設世界，即使它真實存在，甚至比現實更加真實（意思就是它是從各個地方提取的，所以比起讓我們直接感受一個給定的單一時間地點，它更為真實）。正是這種比現實更真實的後設世界，裡面包含混亂與秩序持續的相互作用，成為構成英雄的良善與邪惡永遠的戰場。個人和社會都仰賴英雄的行動，而英雄所體現的不死模式就是所有天神當中至尊至高的那位，他是這兩股力量的孩子和中介者，會將混亂轉變成宜居的秩序（也會將秩序重鑄成混亂，當秩序變得過時而腐敗時就可進行更新），並且勇猛奮戰，令良善獲勝。

每個人都需要一則故事，以組織自己的知覺和行動，否則就會面對壓倒性的混亂。每個故事都需要一個不夠好的起點，還有一個比較好的結局。如果沒有那個終點、那個更高的價值，就無法做任何判斷。若是沒有終點，一切都會沈沒在無意義與無聊中，或是因持續衰退而變得恐怖、焦慮、痛苦。當時間無情地改變萬物的同時，每一則具體明確、立基於價值的故事，都可能因為特定的體現和場域而失效，需要由更新穎、更完整卻有所不同的事物來取代。因此，某個故事的演員（也就是與情節和角色刻劃有深切連結的人）仍然必須順從創造性改變的精神，這個精神起初創造了這則故事，也會需要摧毀並再造故事。正因如此，精義永遠超越教義，真理永遠超越預設前提，馬爾杜克永遠超越古神，創造力讓社會更新，基督超越律法，正如哈利波特和他那些勇敢卻不斷違規的朋友。不過我們還是要牢記第一條法則所說的：在倫理上違反規定的人，就是先熟知規定、鍛鍊自己了解規定的必要性，然後違反規定以符合律法的精義，而非字句。

羅琳的系列小說第二集告訴讀者，掠食性的邪惡可以被願意死而復生的人征服。她的全系列作品結尾也是重複同樣的寓意，只是加上創造性的改變，很明顯與基督教的信息類似，本質上也有一樣的主旨：願意在必要時深刻轉變的人，就是意識型態與集權主義的惡魔巨蛇最有力的敵人，呈現在個人和社會的形式中。健康、有活力且真實坦率的人，就會承認過錯，會自願去除並丟棄過時的看法、思想、習慣，視之為進一步成功和成長的阻力。這樣的人會讓舊日的信念燒毀消逝，往往要費盡勞苦，目的是能夠重獲新生、向前走、得到更新。這樣的人也會將在死而復生的過程中學到的功課傳遞出去，讓其他人可以一起重生。

請鎖定目標，挑選你當下能夠概念化的最佳標的，腳步踉蹌地向前走，途中要注意自己的過失和錯誤觀念，好好面對並加以改正。弄清楚自己的故事，自己的過去、現在、未來，這些都很重要。你需要勘測自己的路徑，需要知道自己身在何處，才不會重蹈覆轍。你需要知道自己的位置，否則就無法從你的起點劃一條線、指出目的地。你需要知道自己正往何處去，否則會淹沒在不確定性、不可預測和混亂中，抓不到希望和靈感。不管如何，你身在旅途中，踏上了探險歷程，所以你的地圖要精準。請自願迎戰路上的阻礙，這條路是生命的路徑，是有意義的生命路徑，是筆直而狹窄的小徑，形成秩序與混亂的邊界，穿過小徑便能使秩序與混亂達到平衡。

請鎖定深刻、崇高、遠大的目標。如果在你開始前進之後，在途中發現一條更好的路徑，那麼就轉換跑道吧，但還是得小心，要區別是轉換路徑還是放棄，並非易事。（有一個提示：你在目前的道路上學到該學的東西之後，如果看到新的路徑似乎更有挑戰性，那麼就可以合理肯定，當你改變主意時，並不是在欺騙自己或出賣自己。）如此一來，你將曲折前行，這並不是最有效率的行進方式，但除此之外，別無他法。畢竟你的目標難免在你追尋的同時有所改變，因為你在自我訓練的同時，會學到你該學的事。

然後你會發現，自己正漸漸優雅又精準地鎖定那個微小的定點，也就是中心點的X記號，人生的靶心，十字架的中心，你正鎖定自己所能想到的最高價值。你將會追尋一個移動又後退的標靶：它之所以移動，是因為你剛開始瞄準時，並沒有鎖定正確方向的智慧；之所以退後，是因為無論你如何讓目前執行的任務接近完美，眼前仍會開啟一片新願景，是可能達到的完美。然而，訓練與轉變會引領你繼續向前而不屈不撓。因為意願與運氣，你會找到一則有意義又有幫助的故事，它會與時俱進，或許還會帶給你不少滿足與快樂的時光。因為意願和運氣，你會成為故事中的英雄主角，成為訓練有素的旅居者，成為創意滿滿的改造者，成為造福家庭和整個社會的一分子。

想像自己可以成為什麼樣的人，然後專一鎖定目標。

RULE ·3·

別把不想要的東西藏在煙霧彈裡

❖ 該死的盤子

我超級愛我的岳父，也很尊敬他，他的情緒穩定到極點，屬於那種很堅韌或很幸運的人（或許兩者都有一點），可以讓人生中的考驗和磨難自然流逝並繼續向前，很少抱怨，很有才幹。他年紀很大了，今年八十八歲，名叫戴爾・羅伯（Dell Roberts）。他以前換過膝關節，現在正打算把另一邊也換掉。他的冠狀動脈放了支架，心臟也換過瓣膜。他有足下垂[i]的問題，有時候會因此滑倒或跌倒，但他去年還在玩冰壺，用一種為無法輕易蹲下的人專門設計的桿子，在冰層上推動沈重的花崗岩石壺。

戴爾的老伴貝絲（Beth）如今已經不在了，她在還年輕的時候罹患失智症，戴爾以任何人想像得到的方式無怨無悔地照顧她，令人動容，我完全不敢說自己有辦法做到這麼好。他一直照顧著她，直到他再也無法將她從坐著的椅子上抱起來。那時她無法說話已經很久了，但她明顯還是很愛他，只要他一走進房間，她的眼神就有了光采，而他們對彼此有著相同的感覺。我不會把戴爾形容成遇到困境會迴避的人，我會說他是完全相反的那種。

戴爾年輕時，在亞伯達的費爾維尤擔任了幾十年的房地產交易商，我就是在那個小鎮長大的，我家和羅伯家其實只隔了一條馬路。當時，按照一般慣例，他習慣回家吃中餐。貝絲通常會幫他準備一碗湯（可能是康寶濃湯，當時大家都吃康寶濃湯）和一個三明治。有一天他無預警地對妻子厲聲說道：「我們到底為什麼都用小盤子吃飯？我很討厭用小盤子吃！」

貝絲向來都用直徑十五到十七公分的麵包盤放三明治，而不是用二十五到三十公分的正式餐盤。此事不久之後，她在微微震驚的狀態下，把當時的情形告訴了幾個女兒，而自此這個故事屢次在家人團聚的談笑中被提起，畢竟她用這種盤子擺放午餐至少已有二十年了，戴爾才終於表示意見。她之前根本不知道他很討厭這種擺盤，他從未抗議過，所以每次講起這件事總覺得很逗趣。

有可能他那天是因為別的事情不高興，而不是真的很介意那些盤子。從某方面來說，這是微不足道的小事；但是從另一個方面來看，就完全不是小事了，原因有二。第一，如果某件事情每天都發生，**那就很重要**，而吃午餐是每天都會發生的事。由此可見，如果有什麼長期討人厭的事，即使事情不大，也需要處理。第二，我們很常讓所謂的小小不愉快（剛才說過，如果會持續發生就不是小事）持續好幾年，不予置評也不去解決。

問題來了：集滿一百個或一千個這樣的問題，你的人生就很悽慘，你的婚姻會完蛋。如果你對某件事不開心，而假設基本上你可以協調出合理的解決方法，你就不要假裝開心。要勇於

i 足下垂（Foot Drop）是一種足部畸形疾病，指步行時腳掌不能向上提起，令步態看上去似在「拖腳」，通常為中風、腦部及脊椎受創而產生的後遺症。譯注

爭取，即使當下會覺得不愉快，卻可以讓駱駝背上的稻草少掉一根。尤其是在每個人都很容易視為無關緊要的日常瑣事方面——即使是吃午餐用的盤子。生活就是一再重複，把一再重複的事情做好是很值得的。

❖ 有些事就是不值得努力爭取

同類的故事還有比較嚴重的版本。有一名個案告訴我，她在一家大公司擔任會計師很多年了，正在計畫做個轉換，想改開個人事務所。她在專業上頗受尊重，為人和藹可親，而且做事能幹又謹慎，但是她非常不快樂。起初我以為她的不快樂是源於轉換職涯而焦慮，但在我們持續治療期間，她處理轉職的過程毫無問題，倒是別的問題浮上了檯面。

她的問題不在於事業轉型，而在婚姻。根據她的描述，她的先生極為自我中心，又過度在乎自己在別人眼中的形象。這在某種程度上是一種矛盾的組合，雖然我們很常看到這兩種相反特質出現在同一個人身上：如果你向某個方向傾斜太多，你便會有另一個部分朝反方向傾斜得一樣嚴重。她的丈夫雖然自戀（至少以太太的觀點而言），卻又受制於除了家人以外的每個人的看法。他還很愛喝酒，這個習慣又擴大了他性格上的缺點。

我的個案待在自己家裡也不自在。在她們夫妻住的公寓裡，她覺得沒有任何東西真正屬於她（她們沒有孩子）。她的處境是一個很好的例子，呈現出外在如何強烈地反映內在（正因如此，我會建議有心理困擾的人可用整理房間作為復原的起點，如果可能的話還要做一點美化）。據她描述，家裡的家具擺設很浮誇、華而不實，用起來也不舒服，都是她先生挑的。此外，他熱衷收集一九六〇和七〇年代的普普藝術，牆上掛滿了這些東西，都是他花了很多時間從各家藝廊找到或長年以來收集而得的，他做這些事的時候，她通常就在外面坐在車裡等他。

她告訴我，她並不介意這類擺設和過多的裝飾品，但實情並非如此。事實上，她不喜歡這些東西，一點也不喜歡。浮誇的風格、擺設的物件、丈夫收集的過量藝術品，全都不符合她的品味。她比較喜歡極簡美學（這個偏好或許是丈夫的過度裝飾所造成的結果）。她比較喜歡什麼，從來都不是很清楚的事，而這可能正是部分的問題所在：因為她不知道自己喜歡什麼（對於不喜歡什麼也同樣很模糊），她便沒有堅定的立場來主張自己的意見。如果你並未仔細地表達自己想要（和不想要）以及需要（或不需要）什麼，就很難在爭執中取勝，甚至連開始爭取都很難。

不過，她當然不喜歡自己在家裡卻感覺像個外人，所以她從來不邀朋友來家裡作客，這也是個不算太小的問題，因為會造成她的孤立感。但家裡的擺設和畫作隨著每次在國內外的購物行程持續累積，只要多購入一件收藏品，她在家裡和婚姻裡的存在就變得更小、丈夫的存在就更大。但我這位個案從來沒有反抗過，從來沒有生過氣，從來不會出拳打破起居室裡哪一幅特別討人厭的油畫。幾十年的婚姻生活裡，她從來不曾真的勃然大怒，從來不曾直接確定地正視一個事實：她討厭這個家、討厭自己臣服於丈夫的品味。她就只是順著他，一再容許他得寸進尺，因為她宣稱這些小事不值得爭取。每挫敗一次，下次的爭執就變得更有必要——也變得更不可能，因為她知道，一旦開啟了認真的討論，就是冒險讓事端擴大，捲進婚姻中所有的問題，可能接下來就會有真正火力全開的大戰，然後每一個出錯的地方都會爆發，必須藉由某些方法來面對、處理。因此她保持沈默。但她長期壓抑，持續不滿，覺得自己浪費了很多的人生機會。

如果認為擺設和普普藝術畫作只是單純的物質或物件，那你就錯了。這些東西可以說是更真實、更重要的容器，盛裝著婚姻狀態的資訊，而我這位個案對此肯定有所體會。每件藝術品都是勝利（可能是得不償失的勝利）和挫敗（或至少是未曾發生的協商，因此也是胎死腹中的對抗）的具體化身，而這些藝術品有好幾十個甚至好幾百個，每個都是這場長達數十年、祕而不宣的毀滅性戰爭中的武器。毫不令人意外，在這種情況下，這對夫妻在結縭三十年後分開了。我相信所有的家具和藝術品都會歸給先生吧。

我要提出一個想法，一個令人聞之色變又沮喪的想法，好促使你改善你的婚姻，讓你嚇得只好踏進真實協商的滔天困難中。你在每天早晨、下午和晚上跟伴侶產生的每一個小問題，都會在四十年婚姻生活的一萬五千個日子裡重複發生。每個瑣碎卻長期存在的歧見，無論是關於煮飯、洗碗、打掃、理財、親密接觸的頻率，全部都會一次又一次地出現，除非你順利處理好。或許你認為（至少有些時候）最佳策略就是避免衝突，於是就在虛假的表面和平中混日子，但你可別搞錯了：你在混日子的同時也會日漸變老，變老的速度就跟你努力奮鬥時一樣快。但混日子並不會給你方向，你如果漫無目的混日子，日後若要得到自己需要和想要的一切，機率就非常低。萬事萬物會自動瓦解，但人類的罪惡荒唐會加速它的惡化，這是古今不變的智慧。清楚意識到那些持續重複出現的小型地獄有多恐怖，或許正是必要的一步，可以迫使你面對婚姻問題、以孤注一擲的十足信心解決問題。不過，尤其從短期來看，最簡單的作法就是無視於良知的刺痛，日復一日讓這些小型挫敗悄然流逝。但這樣做絕非上策。唯有審慎對準目標、清醒地用力爭取再加上盡力實行，才能消除刻意視而不見而經常導致的擴大災情，堵住趨向亂度的浪潮，扼阻家庭和社會的大禍。

❖ 腐敗：犯錯和不作為

在我看來，剛才討論的敗壞形式在整體上是與欺騙連在一起的——更直白地說，就是說謊。更重要的是，這也與自欺連在一起。嚴謹的邏輯學家認為自欺是不可能發生的，他們無法了解一個人怎麼可能同時相信某件事及其相反。但邏輯學家不是心理學家，他們顯然沒注意到或沒考慮到一個事實，例如他們自己也有一些家人是他們至少偶爾會覺得又愛又恨的。此外，在討論人類的信念時，「相信」所指的意思並不明確，「同時」的意思也是。我可以今天相信某件事、明天相信另一件事，而且往往完全不會有問題，至少短時間內是這樣。我在看大學部學生的報告時，也常體驗到非常類似同時相信某事及其相反的感受，因為寫報告的學生在某個段落中提出某種主張，下一段發表的主張卻完全矛盾（有時候還出現在同一句話裡面）。

自我欺騙理論上可以在許多情況和處境下發生。精神分析學家進行了許多這方面的探索，由佛洛伊德首開先河。佛洛伊德相信心理疾病大半起因於潛抑作用（repression），而潛抑可以被合理視為一種自欺的形式。他認為，痛苦的創傷事件所造成的記憶會在不知不覺間被排除、消失在無意識中，然後在無意識裡喋喋不休，製造問題，就像在地牢裡調皮搗蛋的吵鬧鬼。佛洛伊德了解人的性格並不是單一的，而是相反，由各種精神組成一股鬆散又支離破碎的不和諧音，並不會永遠意見一致，甚至未必會彼此溝通。這個主張的真實性顯而易見，至少在一種簡單的方式上很明顯：我們可以思考一些事，可以模擬有潛在可能或替代性的動作或事件，即使不是立刻必須做出行動。思想和行動的分離，是抽象思想存在的必要條件。因此我們可以清楚思考或講出某件事，做的卻是另一件事。在行動之前，僅於思考層面這樣做，並不會有問題，但是當我們承諾或宣稱相信某事，接下來所做的事情卻指出我們真心相信的是另一件事，那可能就不太好了。這是一種欺騙，是人格分裂，是不同存有模式間的矛盾。這個狀況甚至已被命名了：根據某些現代哲學家[1]的看法，宣稱某種信念，然後以不同甚至相反方式行動（或發言），就構成「述行矛盾」（performative contradiction）。在我看來，這是一種隱含的謊言。懷著彼此矛盾的信念也會變成問題，這樣的人試圖同時將矛盾的信念付諸行動，往往會很懊惱地發現矛盾的存在而不可能做到。

佛洛伊德記錄了一大串與潛抑作用（積極屏除有可能會意識到的心理素材，並故意不去察覺）類似的現象，將其稱為「防衛機轉」，當中包含了否認（「事實真相並不算太糟」）、反向作用（reaction formation）（「我真的、真的、真的很愛我媽媽」）、替代作用（displacement）（「老闆吼我，我吼老婆，老婆吼寶寶，寶寶咬小貓」）、認同作用（identification）（「我被霸凌，因此我也霸凌別人」）、合理化作用（用自私的理由解釋惡劣行為）、理智化作用（早期詼諧又神經質的伍迪．艾倫最喜歡的風格）、昇華作用（「我總是能畫好裸女圖」）、投射作用（「不是我易怒，是你很討人厭」）。佛洛伊德是很出色的欺騙思想家，他不怕指出不誠實和精神病理學之間的關係，但我認為他對於自欺的概念有兩大錯誤。

第一大錯誤：佛洛伊德沒有注意到，不作為的過錯也會導致心理疾病，程度不亞於上述幾種構成潛抑作用的犯錯之罪，甚至還更嚴重。在這樣做時，他只是在用典型的方式思考。人們一般都相信，主動做出壞事（這就是犯錯之罪）比被動不做好事（這就是不作為的罪）更壞，或許這是因為，我們總有一些沒做到的好事，難免會犯下某些不作為的錯誤。無論是哪個情形，有時對壞事故意視而不見會造成更嚴重的災難、更容易將藉口合理化，勝過主動或無意識地壓抑很糟糕卻已經了解的問題（這是一種犯錯之罪，因為是瞭然於心的）。前者那種問題（故意視而不見）之所以發生，是因為你**能夠**知悉某件事卻停止探索，於是沒有發現某個事物會導致你的嚴重不適。政治公關專家把這種自己決定的無知稱為「巧言推諉」（plausible deniability），這個名詞指出的正是最病態的理智化合理化作法。我們要知道，這種視而不見通常會被視為公然的犯罪行為。舉例而言，如果你身為執行長，你懷疑財務主管做假帳，但你不想知道所以不去調查，結果還是要為怠惰無作為而負上法律責任——這是應該的。當你強烈懷疑床底下潛伏著怪獸卻不加以查看，這可不是明智的策略。

第二大錯誤：佛洛伊德認為，經驗到的事物就是了解的事物。根據這個假設，他相信內心深處存在著準確代表了往事的記憶痕跡，就像錄影一樣客觀。如果我們的經驗只是一連串以客觀上來說既真實又非常明顯的事件，經由感官傳達、進行思索和評價，然後化為行動，那麼他的假定就可謂合理。如果真是如此，創傷經驗就會在記憶中精確地再現，即使因為具有我們所了解的可怕性質，而被無意識的機轉（或是意識的機轉，但佛洛伊德認為是前者）擠出知覺之外。然而，無論是現實或我們對現實的處理，都不像佛洛伊德所預設的那麼客觀或清楚明確。

舉例來說，請想像你的另一半幾個月來都在情感上忽視你，令你難以忍受。然後你撞見他或她靠在籬笆上，很親切地（或許只是這樣而已）跟一個滿有吸引力的鄰居交談。我們消化這種反常、新奇、麻煩甚至令人痛苦的經驗時，不太會先由看法著手，然後有意識地去了解和思考，接著從那份思考中產生情緒或動機，最後生出行動。實際發生的狀況會類似於本書第一條和第二條法則詳細闡述的情形：我們處理未知世界是由下而上。我們遇到所謂的資訊容器時，其完整的意義絕對不是不證自明的。因此，目睹另一半跟鄰居交談的當下，你並不會以全然清晰又充分發揮的哲學形式這樣思考：「幾個月以來，我過得很寂寞，另一半都拒我於千里之外。雖然我沒說什麼詳情，但這件事令我經常感覺受挫又痛苦。現在他（或她）在我得到的關注是那麼少的時候，跟一個相對陌生的人這麼熱絡，這戳到了我的痛處。」比較可能的情況是：怒氣、憂傷、寂寞在每次被拒時一點一滴漸漸累積，直到把你填滿，而現在泛濫成災。

負面情緒忽然出現，未必表示你現在就充分意識到問題的累積。或許你（就像我岳父或我的個案）感受到挫折日漸堆疊升高，於是變得比較煩躁、不快樂，但這未必表示你注意到原因了。而原因到底是什麼？可能的範圍大到令人不安。很可能你根本沒有被忽略，而是在工作上遇到麻煩，導致整體上變得沒自信，於是你對婚姻關係中所有拒絕的跡象也變得很過敏，即使是想像出的徵兆。因此，你必須確定的並非是另一半為何變得不體貼了，而是你的上司、同事或職涯有沒有什麼狀況令你不安。如此一來，會將讓你不舒服的真正原因與令你煩躁、過敏、受傷的症狀（被拒絕的感受）拉開距離。在這類情況中，因果之間並沒有明顯關聯。可能你是真的被忽視了，正如你的懷疑；或許那個徵兆預示了即將發生的外遇事件，呈現了通往離婚的軌跡。若此二者屬實，都是嚴重的問題，難怪你會心煩，但你可能會固執己見，不願意思考自己的事業或婚姻正陷入問題，那也不足為奇，只是對事情並無好處罷了。

除此之外，還有人生整體上的複雜性，會令明確事實的追尋變得更複雜。例如，在婚姻失敗、離婚，要爭奪兒女監護權時，如果要問「究竟發生什麼事」，答案會是何其複雜，以至於若想化解歧見，通常需要法庭的評估和多方的判斷。即便化解了，一方或甚至雙方當事人也不太會認為完全符合事實，這有一部分是因為一般的事件，尤其是人際之間的事件，並非單純客觀的事實且彼此獨立、不相連。每件事的意義，也就是它真正代表的情報，都取決於將它深埋其中的背景脈絡，而大半的背景在事發當下卻是無法察覺或考慮到的。某人的妻子今天對他說的話代表了什麼，取決於這對夫妻曾經對彼此說過的每句話、一起做過的每件事、共同想像過的所有內容，甚至還不止如此。舉例而言，這句話的意義甚至可能在很大程度上決定於這名妻子的母親如何對待她的父親（或祖母如何對待祖父），以及整個文化中的兩性關係。正因如此，家庭裡的爭吵經常如滾雪球般一發不可收拾，尤其是在尚未建立持續有效的溝通模式之時，一件事會扯出另一件更深層的事，再扯到更深的問題，直到爭論午餐用什麼尺寸的餐盤最好，演變成火力全開地針對這段婚姻是否乾脆解散而大吵特吵。當事人一定會害怕落入那麼巨大的黑洞（尤其是有太多話都不會說出口的時候），所以即使說真話會比較好，但也有危險，便導致他們傾向於把話藏在心中。

❖ 有哪些煙霧彈？

假設你會害怕，你的確有理由害怕。你害怕自己、害怕別人、害怕世界。你懷念從前的天真無邪，當時你還不認識那些粉碎童年時期信任的可怕事物。你獲得了關於自己、別人、世界的認識，這些認識帶來的愁苦更甚於啟迪。你承受背叛、傷害、失望，已經連對希望都不信任了，因為你的希望一再被粉碎，而這就是絕望的定義。你完全不想知道更多，寧可讓每件事都掩蓋在謎團中，關於自己可以成為什麼，你更寧可不要多想，或根本什麼都不想知道，畢竟如果無知是一種幸福，聰明就太蠢了。

說得更具體一點，假設你太害怕了，怕到不允許自己知道自己想要什麼。「知道」同時也代表「希望」，而你的希望已經破滅。你大有理由保有自己的無知。或許你怕沒有什麼東西值得你想要；你怕如果明確指出自己想要什麼，就會同時（而太過清楚地）發現失敗；你怕失敗會是最有可能的結果；最後，你怕假如你定義了何為失敗，然後真的失敗了，你將會徹底肯定失敗的就是你自己，而這是你的錯。

因此你不讓自己知道自己想要什麼。你的作法就是拒絕徹底想清楚。你有時很開心、很滿足、很忙碌，有時也會不開心、很挫折、很虛無，但你不會深入探究原因，因為探究後你就會明白，然後又會再一次面對破滅的希望和確定的失望。你也因為各種不同理由而害怕讓別人知道你想要什麼。首先，如果別人發現你想要什麼，他們可能會告訴你，然後你就會知道了，儘管你很努力不要獲得那些知識。其次，假如別人知道了，就可以不讓你得到你想要、甚至需要的東西，並且更有效率地傷害你，比你最深的渴望（因而就是你的弱點）仍然不為人知時更嚴重地傷害你。

掩蔽的煙霧彈就是當情緒和動機狀態出現，你拒絕注意（關注）它們，並拒絕跟自己親近的人溝通。心情不好就代表有事，焦慮或悲傷狀態就代表有事，而且不太可能是你發現時會高興的事。當一個人成功地明確表達出累積一段時間都沒有表達的情緒，最可能的結果就是流淚，意味著承認脆弱和痛苦（這兩者也是很多人不願意允許自己擁有的感受，尤其是在覺得不信任和生氣時）。有誰想要挖掘最深刻的痛苦、悲傷、內疚，直到淚水湧出？故意拒絕關注自己的情緒狀態，並不是處理情緒問題的唯一阻礙。如果你的另一半（或是任何一個跟你此時有著不愉快糾紛的人）說出了什麼話，太貼近令人痛苦的事實，那麼，一句尖銳而帶有侮辱性的言辭往往可以讓他們閉嘴——因此很可能便脫口而出。這有一部分是在測試對方：被侮辱的人對於你和你的痛苦是否夠在乎，足以挖開好幾重障礙、揭露難堪的真相？這也有一部分是自衛，而且更為明顯：如果你能把某個人從你自己都不想發現的事情旁邊驅離，就可讓你目前的生活容易些。悲哀的是，就算那種自衛奏效，也會帶來很大的失望，而且通常會伴隨著一種被遺棄、孤獨、自我背叛的感覺。你還是必須生活在他人之中，他們也必須跟你一起過日子。但你有自己的渴望、想要與需要之物，無論有多麼未曾明說又含糊不清。你還是會被激勵著去追尋那些事物，特別是因為人活著就一定會有渴望、想要和需要之物。在這種情況下，你會採用什麼策略？每當身邊有人令你不開心，就表現出失望；每當有事不順你的意，就讓自己恣意享受怨恨的快感；保證得罪你的人被你的非難逼走；強迫他們受盡千辛萬苦來發現他們究竟做了哪些害你失望的事；最後，讓他們在你製造出的煙霧彈中盲目摸索，直到在你未曾洩露的喜好與夢想所隱藏的利刃上蹣跚而行，並且受傷。或許這些反應也是測試，與欠缺信任的勇氣深切相連的測試：「假如你真的愛我，你就會勇敢突破我在周圍布下的駭人景觀，發現真正的我。」這類的聲稱或許有點道理，儘管是隱藏起來的。對於承諾進行特定測試，或許有其效用，畢竟並非每件東西都必須白白奉送。不過，即使是個不必要的小祕密，也會漫長又曲折得教人受不了。

而你仍必須與自己共處。短期來看，或許你拒絕讓自己變得清楚好懂，就免於揭露自己的不足。畢竟每個理想都是一位裁判，對著你說：「你並未展現出真正的潛力。」沒有理想，就不會有裁判，但代價就是沒有目的，而這份代價十分昂貴。沒有目的，就不會有正面情緒，因為驅動我們懷著完整的希望向前走的，多半是接近我們深深需要和想要的目標時的體驗。更慘的是，沒有目的的時，就會有排山倒海而來的長期焦慮，因為鎖定目標就能形成約束，否則很可能會因未加利用的可能性和太多的選擇，造成無法承受的混亂。

如果你清楚表達了自己想要什麼，而且承諾自己全力追尋，你有可能會失敗。但如果你不清楚表達，你肯定要失敗。你不可能擊中你拒絕看見的目標，你如果不瞄準，也不可能命中目標。而這兩種狀況同樣危險的地方是：你將無法獲得瞄準的好處，而是會錯過。你將無法從學習中獲益，而當現實情況不合你意時，學習勢必會發生。在某項工作上有順利進展，往往意味著努力嘗試、達不到要求、重新校準（根據失敗經驗而費力產生的新知），然後是再試一次、又有所不足——這些東西經常重複到令人厭煩。有時候，這些若無失敗就不會學到的東西會領著你看到，從另一個方向鎖定目標會更好，不是因為比較簡單，不是因為你放棄了，也不是因為你在迴避，而是因為你從親身經歷的榮枯變化得知，你所追尋的目標並不會在你找尋的地方找到，也或許它就是無法以你選擇追尋的方式去實現。

那麼，不把問題藏在煙霧彈裡，還可以怎麼做——應該怎麼做？答案是：**承認自己的感受**。這個問題非常複雜微妙，而且不單指對感受「讓步」。第一，注意（更別提要表達出）孤單寂寞造成的輕微憤怒感或痛苦感，或因為瑣事而造成的焦慮，或者毫無根據的嫉妒，這些都會令人相當難堪。承認這些感受，就是披露出自己的無知、不足與脆弱。第二，你的感受無論如何難以抗拒又有說服力，都有可能是被放錯位置了，而且由於你的無知，這些感受將你指向錯誤的方向，要容許這份可能性是很令人不安的。有可能基於你根本沒有意識到的原因，你完全誤解了情況。由於有這些原因，信任是必要的，但必須是成熟、悲痛的信任。幼稚的人會信任，是因為相信所有人基本上或甚至普遍而言都值得信任。但是，真正在世界上活過的每個人都會遭人背叛，或背叛過別人。

有經驗的人都知道，人都有能力欺騙，也願意欺騙。這份認識會導致對人性（個人或所有人）產生一種可謂理由正當的悲觀看法，但同時也開啟另一扇門，可以對人性抱持另一種信心，一種基於勇氣而非天真爛漫的信心。我會信任你、我會將手伸向你，即使要冒著被背叛的危險，因為有可能藉由信任帶出你最好的一面，或許也帶出我最好的一面。因而我會接受相當程度的風險，開啟合作和協商的大門。就算你真的出賣我，在不算太無可原諒的情形下（假設你做到某種程度的真心道歉和懊悔），我會繼續向你伸出我的手。而我這樣做的方式之一，就是把我的感受告訴你。

這種赤裸裸的披露，一定得伴隨著必要的謙遜。我不應該說「你最近都冷落我」——至少從理想上來說，不該如此。我應該這樣說：「我覺得很孤立，孤單寂寞，很受傷，忍不住會覺得你這幾個月都不如我所希望的關心我，或是以一種對我們伴侶關係最好的方式關心我。但我不確定這是否只是我心情不好才想像出來的，還是目前狀況真的就是我所看到的樣子。」後半句話點出了問題，卻也避免了指控的態度，因為指控往往會成為第一道防衛，阻礙了認真弄清真相的對話。很有可能你弄錯了令你有那種感覺的原因，若是如此，你便需要認清真相，因為將那些害你和他人陷入痛苦、妨礙你的未來的誤判散播出去，並沒有意義。你最好找出真相、驅散煙霧，查明你擔心潛伏在暗處的利器究竟是真的，還是幻想出來的。當中有些會是真的，這樣的危險一定存在，但是看見危險總比將它們遮蔽在煙霧彈裡好，因為起碼有時你可以避開你願意看見的危險。

❖事件與記憶

每樁事件在我們面前攤開時，並不會坦白告訴我們發生的原因，而我們對過去的記憶，也不是為了客觀地把有界線、定義明確的事件和情況記錄下來。無論如何，後者絕對不可能辦到。我們經驗中的資訊是隱藏起來的，就好比礦石中的黃金，正如第二條法則所指出，一定要用很大的努力加以提煉和精製，往往也要與其他人協力合作，才能用來改善現在和未來。當我們的過去幫助我們複製滿意的經驗、避免重複討厭的經驗，我們就有效地使用它。我們想知道發生了什麼事，更重要的是，想知道原因。原因就是智慧，讓我們能避免一再重蹈覆轍，如果我們有幸，還會幫助我們複製成功。

從經驗裡提煉出有用的資訊並不容易，需要最純粹的動機（「應該把事情做得更好而非更差」）才能正確執行；需要願意直面錯誤，並確定偏離正軌發生的時間點和原因。此外，還需要改變的意願，這份意願幾乎總是與決定拋下某事物（或某個人、某個想法）沒什麼區別。於是，可以想到的最簡單的反應，就是移開視線、拒絕思考，同時又築起無法克服的阻礙來抗拒真正的溝通。

不幸的是，長期下來，這種刻意視而不見的作法會導致人生變得陰暗模糊、一片空虛，虛無縹緲，形體不明，困惑迷惘，令你不知所措又震驚。[2]這是心理層面和現實層面、主觀和客觀的怪異連鎖。到底是某樣東西很嚇人，還是我在害怕？是某樣東西很美，還是我把美的概念強加上去？我對某個人生氣，是因為他們做了什麼事，還是因為我無法控制？當你的世界驟然崩潰時，這些問題就會定義你長期的混亂狀態，而當中可能包含一個客觀元素，因為崩潰往往是某個真實事物造成的，例如死亡、重病、失業；也可能是主觀因素，與痛苦、懷疑、困惑、無法選擇，甚至無法覺察向前的路徑所造成的狀態有關。

存有的基礎同時是主體和客體，動機、情緒和物質皆同時存在，這些東西出現在知覺感受變得明晰之前，也出現在世界被清楚表達之前。那位妻子始終保持著不被理解的狀態，她講那些話的前因後果一直沒有受到探索，因為擔心探索了就會揭露出什麼。情況無法被敘述出來，因為文字依然含糊隱晦，不成形狀。我們自己的動機是以隱密的形式開始，也維持在那種狀態裡，因為我們不想知道自己再來要做什麼。麥子保持著未與糠秕分開的模樣；黃金停留在惡龍的掌控中，處女也是。賢者之石還在陰溝裡，未被發現；隱藏在圓形渾沌中的訊息正在召喚，尚未被人探究。這種不作為就是故意拒絕展開意識，畢竟通往聖杯的路徑始於森林最幽暗之處，而你需要的東西就隱藏在你最不想看的地方。

如果你在壁櫥中堆積足夠的垃圾，總有一天，在你毫無準備的時候，櫃門將會彈開，那些塞在裡面、在黑暗中日益壯大的東西會將你淹沒，你的餘生可能不會有足夠的時間和精力去與它對抗、將它分類整理、留下你需要的，然後把剩下的丟掉。這就是被過重行李壓垮的意思，也就意味著提阿瑪特這位古代兩河流域偉大的混亂女神，言行不當之人的摧毀者，回歸了世界。

世界上充滿著隱藏的危險和阻礙，也充滿著機會。你把每件事都藏在煙霧彈裡，因為你怕在裡面找到危險，而當命運迫使你奔向你原先拒絕看見的東西時，藏也就沒有用處了。當你被尖銳的樹枝刺傷、被巨石絆倒，並倉促地奔波於各個避難所，最後你會拒絕承認，當初原本可以用意識的亮光燒毀陰霾，假使你沒有把它藏在容器底下。然後你會開始咒罵人類、咒罵現實，也咒罵上帝創造出如此難以穿透、滿布障礙和阻撓的迷宮。墮落會向你招手，你愈來愈被未經檢視的暗黑動機引領，它們由失敗而生，因挫折而擴大，最後便形成怨天尤人的想法，認為得罪你的人正在從你身上得到他們應得的懲罰。這樣的心態以及它勢必造成的行動和怠惰無為，將耗盡你的人生、你的社群、你的國家民族和世界，繼而令存有本身變得貧瘠而枯竭（而這正是你未經檢視的暗黑動機所渴望的）。

仔細的追尋加上小心的關照，你就足以扭轉局勢而迎向機會、抗拒阻礙，讓人生明顯值得活下去，縱使當中有脆弱和苦難。你若真心想要，或許就會得到，只要你開口祈求。你若真的追尋，或許就會找到追尋的目標。你若叩門、真心想走入，或許門就會打開。但人生還是會有一些時候必須傾盡全力來面對眼前的狀況，而不是躲避太過可怕的事實真相，因為你極力想用來取代真相的謊言會比那還要更糟。

別把不想要的東西藏在煙霧彈裡。

J. Hogra

RULE ·4·

注意，機會就潛伏在責任被放棄的地方

❖ 讓自己成為無價之寶

我身兼臨床心理學家和教授，曾在許多人的職涯發展過程中擔任輔導，這些人來找我諮商，有時是因為同事、部屬或上司沒把工作做好。他們要嘛被一些自戀、能力不足、壞心腸或專橫獨裁的人監督，要嘛跟這些人共事，或是管理這樣的人。這種事就是會發生，必須用各種合理方式來處理、制止。我並不鼓勵大家當烈士。犧牲奉獻無怨無悔，好讓別人居功，這不是好主意。不過，在那種情況下，如果你明智又細心的話，你可能還是會發現，你那不事生產的同事擺著沒做的工作有很多都是有價值的任務，此時你可能會自問：「假如我負起做完這些工作的責任，會怎麼樣？」這個問題令人怯步，沒做完的工作往往棘手又有風險，而且有必要性，但那也表示（難道不是嗎？）它值得做、很重要。就算你經常糊里糊塗，也可能看得出這當中有問題。那麼，你怎麼知道這不是你的問題？你為什麼會注意到這件事，而不是別件事？這個問題值得深思。

如果你想成為職場上或任何群體裡的無價之寶，就去做一些很有用但沒人做的事。比同事更早到、更晚走（但是別剝奪自己的生活）。[1]把你眼中可能引起危險的雜亂東西整理好。工作的時候就工作，而不是看起來在工作。最後，對這個行業（或你的競爭者）的認識要更上層樓。這麼做將使你成為無價之寶、一個名副其實的關鍵人物。大家都會注意到你，開始肯定你的汗馬功勞。

你可能會不同意：「但，我可沒辦法承擔那麼重要的事。」如果你開始把自己打造成有辦法承擔的人呢？你可以從試著解決一個小問題開始，也就是某件令你困擾、但你覺得自己可以處理的事。你一開始可以先對抗一隻尺寸大小有可能被你擊敗的惡龍。小蛇可能還沒有時間貯藏很多黃金，但或許仍能從牠那裡奪得一些寶藏，而這樣的探索有相當的機率會成功，而且被燒死或吃掉的機會也不大。在合理情況下，拾起額外的責任就是變成真正無價之寶的機會。之後，如果你想談加薪或更多自主權、更多自由時間，你可以對上司說：「有十件事亟需完成，全都非常重要，我都正在進行。如果你幫我一點忙，我會繼續努力，甚至可能做得更好，然後一切都會跟著一起改善，包括你的生活。」如果你的上司有腦子（有時上司是有腦子的），那你的交涉就會成功。這種事就要這樣做。而且別忘了，世上不乏真正的好人，如果能對有用又可靠的人伸出援手，他們樂意之至。那是人生真正的利他樂趣之一，這種樂趣的強烈不容小覷，也不能被偽裝成厭世智慧的廉價嘲諷加以貶抑。

看來，要找到最有效支持人生的意義，就得接受責任。人在回顧自己的成就時，如果幸運的話會這樣想：「嗯，我做了這件事，很有價值，這並不容易，但很值得。」這是奇怪而弔詭的事實，也就是事情的價值和完成的難度之間有一種對應關係。想像一下這樣的對話：「你想要麻煩嗎？」「不要，我要簡單。」「在你的經驗中，曾經做過什麼簡單的事情是讓你覺得很值得的嗎？」「欸，沒有，不多。」「那或許你其實想做困難的事。」我認為，這個祕密就是存有本身的道理所在：**困難是必要的**。

正因如此，我們自願且樂於為自己設下限制。例如，每次參加比賽，就接受一套武斷的限制，收窄自己、約束自己，然後探索這當中展現的可能性，這就是作為遊戲／比賽的條件。不過，若沒有武斷的規定，就不會行得通。你自願毫無道理地接受這些規定，就像在下棋那樣：「騎士只能拐著走，真可笑，但真是好玩！」因為古怪的是，如果你可以把任一棋子移動到任何位置，這就不好玩了。如果你可以任意行動，就不再是遊戲／比賽了。但是，接受某些限制，比賽就可開始。從更廣泛的角度而言，你要接受這些規定是存有的必要成分、是人生中值得擁有的成分。要假定你可以藉著接受規定來超越規定，然後你就可以好好進行這場受限的競賽。

這不僅有心理學上的意義，也絕對不僅止於一場遊戲／比賽。人都需要意義，問題也需要解決。從心理學觀點來看，找到有意義的事——值得為之犧牲、值得對抗和接受的挑戰，是極有助益的。不過，人生的苦難和惡毒都很真實，具有現實裡可怕的後果，而我們藉由對抗問題、接受問題來解決問題，這份能力也很真實。透過承擔責任，我們可以找到有意義的路徑，在心理上提升自己的命運，使無法忍受的錯處真正得到改善，於是我們就能魚與熊掌兼得了。

❖ 責任和意義

人生如苦海，這個觀念是宗教思想中相當普遍的老生常談，是佛教四聖諦之首，也是印度教的核心概念。有此一說，古代印度文字中的「苦難」，亦即巴利文的 *dukkha* 或梵文的 *duh-*

ka——源自於*dus*（意思是壞）和*kha*（意思是洞），尤其是指馬車輪的洞，是用來穿輪軸的。這個洞的正確位置要在正中間，也就是靶心，否則馬車可能會非常顛簸，顛簸的震幅與偏移的程度直接成正比。這令我想到希臘文的*hamartia*，這個字在基督教思想中通常譯為「罪」。

*Hamartia*起初是射箭的用語，意思是偏離靶心。偏離靶心有很多種情形。在臨床工作上及個人生活中，我很常觀察到有些人得不到自己所需之物（或是想要之物，這也同樣重要），因為他們從未清楚讓自己或別人知道自己需要什麼。畢竟，除非你瞄準了，否則根本不可能命中靶心。同樣的道理：人們比較常為了自己連試都沒試過的事情心煩意亂，比較少因為實際走進世界時主動犯下的錯誤而苦惱。[2]如果你做某件事時失足了，至少可以從錯誤中學習。然而，消極被動地面對生活，即使你以「不做不錯」來辯解，其實就是嚴重的大錯，正如藍調音樂大師湯姆．威茲（Tom Waits）在〈一場小雨〉（A Little Rain）這首歌裡強調的，「重要的事一定要冒險一試。」

舉例來說，這就是小飛俠彼得潘最重大的失策。「潘」（Pan）這個名字呼應的是希臘的牧神，涵義則是「包含一切」。彼得潘這個魔法男孩什麼事都做得到，他跟每個小孩一樣都代表了潛力本身，所以也跟所有小孩一樣神奇。但是時間漸漸削弱了魔法，將童年迷人的潛在可能性轉變為成人顯然較為世俗但卻真實的現實性。我們可以說，當中的戲法就是把早期的可能性換成有意義、有用處、長時間、可維繫之事物。彼得潘拒絕這樣做，至少有一部分是因為他的重要榜樣是虎克船長，虎克船長是暴君的原型，是秩序的病狀——一個害怕死亡的寄生蟲兼暴君。他會這樣是有原因的。死亡化為鱷魚的模樣追蹤著他，鱷魚肚子裡有一只鬧鐘不斷滴答滴答響，而那就是時間，隨著每一秒鐘過去，生命不斷流逝。鱷魚也品嘗過虎克的味道，覺得很喜歡，而這同樣是人生。不是只有懦夫才會害怕潛伏在混亂深處的東西。很少有人在童年時期結束時未曾經歷過失望、病痛，或是所愛之人的死。這些經驗可能會使人悲痛辛酸、怨天尤人、掠奪成性、專制暴虐，就像虎克那般。有虎克船長這種榜樣，難怪彼得潘不想長大，寧可一直都是那群迷失少年的孩子王，寧可和叮噹小仙女一起迷失在幻想裡，叮噹小仙女給了他女性伴侶所能提供的一切，只不過她並非真實存在。

溫蒂是彼得潘生命中的最愛，她雖然仰慕好友彼得潘，卻選擇長大。她嫁作人婦，面對、甚至歡迎自己的長大成熟，以及在這背後隱隱暗示的必朽和死亡。她有自覺地選擇犧牲童年以換取成年的現實，得到的是真實的人生。彼得潘則維持兒童狀態：他的確有魔法，但仍是小孩，而有限、有窮盡、獨一無二的人生，就與他錯身而過了。詹姆斯．馬修．巴利（J. M. Barrie）的劇作《彼得潘》（*Peter Pan or The Boy Who Would Not Grow Up*）把彼得潘描繪成不畏死亡的人，在海盜岩與死亡正面相對。不注意的話，會把他的態度誤認為勇氣，畢竟他說：「死亡將是一種天大的冒險。」[i] 但是，具有心理洞見的隱形敘事者提出反對：「活下去才會是一種天大的冒險，」（其實是在陳述，假使這個孩子王當初選擇溫蒂，可能會有什麼發展）隨即便接著說：「但他永遠抓不到重點。」[ii] 彼得潘看似欠缺對死亡的恐懼，但這並不是勇氣，而是他基本上有自殺傾向的表現，是一種厭世（他不斷透過拒絕長大表現出這一點）。

身為聯誼派對上年紀最大的人絕對不是好事。那是種絕望感，偽裝成酷酷的叛逆，另外還會附帶著敏感易怒的失望和傲慢，帶著些許夢幻島的味道。同樣的道理，在有才華卻沒有目標的二十五歲年輕人身上，引人注目的潛力到了三十歲看起來就會無望又可悲，四十歲時就徹底超過保存期限。你一定要犧牲你諸多潛力中的一些來換取人生中的某種真實之物。要瞄準、要鍛鍊自己，否則就要承受後果。而後果會是什麼呢？那就是人生所有的苦難，而且毫無意義。對於地獄，還有更好的描述嗎？

佛教認為人生即苦海，印度教或許亦作此想，雖然並未明說。《希伯來聖經》則記載了猶太民族受苦的歷史，包括個人和整個民族，儘管沒有忽略凱旋勝利的事蹟。即使是受雅巍[iii]親自呼召而踏上人生歷險的人，也完全沒有逃過災禍。亞伯拉罕是原型的族長，他或許就以直覺洞察了此事。他顯然與彼得潘很類似，《聖經》記載他七十五歲以前都一直安居在父親的帳篷（即便以現今的標準來看，也真是很晚起步了），然後他被上帝呼召，我們可以說，是內心的聲音驅使他離開親人和故鄉，踏上人生的旅途。他聽從神聖的呼召、開始歷險之後，遭遇了什麼？首先，就是饑荒。然後是埃及的暴政，美貌的妻子可能要被更有權力的人搶走；被逐出寄居之地；與族人爭奪領土；戰爭，還有姪兒被綁架；長期無子嗣（雖然上帝應許要讓他成為大國的祖先）；到了最後，他的妻妾還爆發嚴重衝突。

當我開始研讀且更深入地領悟亞伯拉罕的故事時，受到極大的衝擊。這段故事的核心是一種奇特的組合，有悲觀主義，也有現實而由衷的激勵。悲觀的部分是？即使你被上帝呼召而涉險進入世界，一如亞伯拉罕，人生還是會異常困難。即便處在可以想到的最佳狀況，幾乎無法逾越的阻礙還是會出現，擋住你的道路。激勵的部分呢？你將有機會顯示你比自己想像的更強

i *Peter Pan*, Act III, gutenberg.net.au.ebook03/030081h.html. 作者注

ii *Peter Pan*, Act V, scene 2 (closing paragraph), gutenberg.net.au/ebooks03/030081h.html. 作者注

iii 雅巍（YHWH）是希伯來文直接音譯，《舊約聖經》中以此表記上帝之名。華人基督宗教界曾慣用的譯名為「耶和華」，近期研究指出原始讀音可能較接近「雅巍」。編注

大、更能幹。在你裡面有一股潛力（某種童年時期很明顯的魔法），情勢所逼時就會浮現，並使你蛻變（上帝許可的話）成能夠克敵制勝的人。

有一個非常古老的概念，我最近才開始理解，至少理解了其中一部分。你會看到它以許多文學、圖像或戲劇的形式展現，古今皆同。那與責任和意義有關，但真正的意義還隱而未顯，恰如夢境可以帶給人的智慧往往也是隱藏的。這與迷宮般錯綜複雜的英雄神話有關：英雄口說魔法咒語、目睹別人所不能看見（或拒絕看見）之事、征服巨人、帶領百姓、屠殺惡龍、找出難以取得的寶藏，然後拯救了少女。這些全都是同一個知覺與行為模式的不同版本，勾勒出普世皆然的存在適應模式。英雄也正是將父親從惡獸腹中拯救出來的人，而這個如此普遍地以敘事形式表達的概念，可能是指什麼？

❖ 營救你的父親：歐西里斯和荷魯斯

想想古埃及神話故事裡的歐西里斯、塞特、伊西斯、荷魯斯。[iv] 埃及人視歐西里斯為開國的創始天神，你可以將他視為建立尼羅河這個驚人文明的民族所有個性特點的結合。歐西里斯被尊為建立文化的英雄，這位年輕又活潑的天神樹立了創造世界的功蹟，造就出古代第一個偉大而不朽的文明之一，但他和萬物一樣會變老，而且變得存心對某些事視而不見。埃及人堅持，在他們的神話中這位極具重要性的人物擁有這兩種特性，而這樣的主張形成一個重要的真理。偉大的立國天神已經過時了，但更重要的是，他明知道應該張目注視，卻開始閉起眼睛。歐西里斯不再留意自己國家的運作，這就是存心盲目，不能只歸咎於年紀。那是個可怕的誘惑，因為可以把今天能面對的問題押到日後再面對。假使問題不會像利息那樣增生就還好，但我們都知道問題會愈滾愈大。

歐西里斯在本該張開雙眼時卻決定閉眼，因而必須付出殘酷至極的代價：屈服於邪惡的兄弟塞特。國家有一個惡毒的兄弟，這樣的概念可以說是埃及世界觀的公理，毫無疑問，這是一個複雜又長期屹立的文明在觀察自身缺陷後得到的結果，而且迄今仍保有其中肯與適切性。一旦建立了正常運作的階級制，權威地位就有機會被篡奪，奪權者並不是有本領去做好手邊任務的人，而是一些有意運用操弄、欺騙、強制的手段來獲得地位和掌控力的人。古埃及人試圖將這些反向力量概念化，放在塞特這個人物身上，他就是教化、啟蒙、洞見以及覺察的敵人。[3] 塞特最大的野心是統治埃及，取代合法的法老。歐西里斯無視於這名邪惡兄弟的陰謀、拒絕看見，容許塞特增強力量，構成致命的傷害（或者說，對不朽的天神而言形同致命傷）。塞特等候時機，然後在歐西里斯疲軟衰弱時發動突擊，將他撕裂、把屍骸撒在埃及的鄉間。歐西里斯是人類傾向於社會組織的永恆衝動，而那是一股不會消失的力量，所以不可能完全殺死他（過去和現在皆然），但可以將他撕成碎片，讓他難以振作。這正是塞特做出的事。

秩序之神歐西里斯崩潰瓦解，這種事隨時都在發生，在個人生活中是如此，在家庭、城市、國家的歷史中也沒有例外。當愛情坍塌、事業衰敗、珍視的夢想破滅，當絕望、焦慮、不確定及無可救藥在宜居的秩序中現身，當虛無主義和無底深淵以可怖之姿來到，摧毀當前的

iv 我的第一部著作《意義地圖》裡面有詳盡的分析，在《生存的十二條法則》中的第七條〈做有意義的事，不要便宜行事〉也有提到。作者注

生活中理想而安定的價值，於是，一切都分崩離析了。在這種情況下，混亂浮上檯面，正因如此，既為冥界女神，又是歐西里斯配偶的伊西斯在歐西里斯被塞特毀滅時上場。伊西斯走遍鄉間各地，尋找歐西里斯的生命精髓，發現這個精髓化成他被割下的陽具——此即乘載開創性的思想、生成性的字詞、結果實的原理之容器——並且讓自己受孕。這意味著什麼？冥界女王、混亂女神，也是永遠都在更新的力量。當先前的理解、歸類、設想系統（亦即有序狀態中的居民身上被強加的所有無形限制）破裂而粉碎時，原本受限的所有可能性就被釋放出來，結果有好有壞。於是，當中心不再保持原樣、甚至就在最黑暗的時刻，新的可能性於斯顯現。因此，原型的英雄就誕生在情勢最惡劣的時候。

有孕在身的伊西斯回到冥府的家中待產，足月後生下荷魯斯。他是失蹤許久的國王的合法子嗣，在成長過程中，疏離了這個如今已然腐敗的國家（我們自己的成長過程都會有的經驗）。他最重要的特徵就是單眼，鼎鼎大名的埃及單眼；而他的獸形頭像則是隼，這種鳥類會瞄準獵物、極為精確地命中目標，敏銳的視力傲視所有動物。更重要的是，荷魯斯不但有能力，也有意願看清楚。這就是勇氣：拒絕在展現出的事物面前退卻，無論看來有多可怕。荷魯斯正是偉大的專注之神，埃及人以奇特的敘事手法、以延續數千年的想像式思考，做出了裁定：專注力應為所有能力之首。荷魯斯願意觀看，與他的父親歐希里斯大不相同。例如，他清楚看見了叔父塞特的為人。塞特是全然純粹的歹毒之人，是邪惡的化身。荷魯斯長大後，回到從父親手中被竄奪的國家，與叔父正面對決，展開艱苦卓絕的戰役。這位年輕的天神、王位的合法繼承人，看見機會就潛藏在責任被放棄之處，而他不願意把目光移開。膽小怕事之人做不到這樣的壯舉——如果一路看向邏輯上必然的結局，如果將腐敗和刻意盲目徹徹底底暴露出來，就不可能做到。毫無遮蔽地直視邪惡，箇中的危險超乎想像，無論直視有多麼必要。這件事表現於荷魯斯一開始的屈居下風：他與塞特正面衝突時，塞特挖出了這位英勇姪兒的一隻眼睛。

荷魯斯雖然受傷，卻贏得了勝利。而因為他獲勝了，重申這個事實便極為重要：他是自願出戰的。臨床介入的準則，也就是各大學派的應用心理學思想在觀察心理健康的改善情形後得到的結論：自願對抗害怕、討厭或鄙視的障礙，是有療效的。自願面對阻礙我們必要進步的因素，會讓人變得更堅強。這並不表示要不自量力，而「自願上戰場」也不代表「輕率引戰」。要以一種恰好能激發、促進警覺性，並且強迫培養出勇氣、技能和天賦的頻率來接受挑戰，避免有勇無謀地對抗目前尚未了解的問題，這才是明智的。

如何判斷該以什麼頻率追求挑戰？答案就在追尋意義的本能裡，這股本能比思考更深刻得多，也古老得多。你試圖做的事是否把你向前推，而又不會太恐怖？是否引起你的興趣而不致壓垮你？是否會消除往日的重擔？是否對你所愛的人有益，可能甚至對你的敵人也有好處？那就是責任。要壓制邪惡，減少苦難。要帶著讓情況變得更好的渴望，去正視生命中每一秒都出現在你面前的可能性，無論你承擔著什麼重任，也不管人生往往顯然有莫名的不公平和殘酷。除此之外，其他作法都只會加深地獄、令它更為熾熱，導致身在其中的人要承受原本就很嚴重又持續惡化的問題。每個人都懂，每個人的良知都如此宣告，每個人真正的朋友或所愛的人都觀察到這一點，也絕望地看著自己所在乎的人沒有做出需要完成的事。

荷魯斯從落敗的塞特手中奪回眼睛，把他驅逐到國界之外。塞特是不可能被殺死的，他和歐西里斯同樣永恆，和伊西斯、荷魯斯同樣是不死之身。邪惡對經驗的所有層面造成威脅，這是每個人都必須隨時全力對付的事（或人），在心理上和社會上皆是如此。但是，邪惡可以暫時被征服、被驅逐、被擊敗，然後就是一片安詳和諧，只要人類不忘記這是如何得到的。

荷魯斯重新得到眼睛，在此情況下，通情達理的人會謝天謝地、把眼睛塞回空洞的眼窩，然後回到原本的生活，但荷魯斯並未這樣做。他返回陰間冥界，回到巨獸的腹中，回到亡者的國度，他知道在那裡可以找到歐西里斯的靈魂。歐西里斯雖然可能被肢解、瀕臨死亡，從某個意義來說，甚至已經死去，但他就住在混亂位於其中的陰間領土，他就是巨獸腹中那位亡故的父親。荷魯斯找到這位曾經偉大一時的國王，把塞特挖走的眼睛交給他。因為兒子的犧牲和遠見，這位亙古常在者又能看見了。荷魯斯帶著恢復視力的父親返國，一同治理國家。古埃及人強調，是見識、勇氣和振興傳統這三者的結合，構成了國家真正的最高元首。正是這種智慧與青春的並置，形成了法老政權的要素，他不朽的靈魂則是他權威的來源。

面對挑戰時，你與世界格鬥、獲得資訊，於是你有所長進，漸漸成為你能夠成為的人。你能夠成為什麼人？可以成為任何人。你可以用自己獨一無二的方式，成為古時候偉大非凡的祖輩英雄於此刻的最新化身。上限在哪裡？我們並不知曉。我們的宗教結構裡對此有所暗示。一個火力全開的人，會是什麼樣子？一個人決心要為世界的悲劇與歹毒負全責時，會有什麼表現？人類最終極的問題並非我們是誰，而是我們能夠成為什麼。

當你窺視深淵，你會看到怪獸。如果深淵很小，怪獸的身形就小。但如果是最大的深淵，就會看到最大的怪獸，那肯定是惡龍，或者甚至就是邪惡之龍本身。深淵裡的怪獸，這個概念就是潛伏在黑夜裡的永恆掠食者，牠正要而且能夠吞噬毫無戒心的犧牲者。這幅圖像存在了數千萬年之久，已經深深地編碼在人類生理結構的隱蔽之處，就和任何能被編碼的概念一樣深。牠不只是自然界的怪獸，還有文化的專橫暴君和個人心中的歹念惡意；牠結合以上所有，後者尤占優勢，相當可怕。人類的本性並不會像無助的獵物那樣蜷縮起來、僵直不動，也不會變節而為邪惡服務，而是會直搗獸穴。這就是我們祖先的本性：極其英勇的獵手、捍衛者、牧羊人、航海家、發明家、戰士，以及城市和國家的創立者。這就是你可以營救的父親；你可以成為的祖輩。而你要在最深之處找到他，那正是你必須前往之處，如果你希望負起全責、成為你能夠成為的人。

❖ 可能成為誰？

首先我們要同意，你最低限度的道德義務就是照顧自己。或許你只會自私地照顧自己的利益，但問題來了：你的「照顧」是什麼？你指的是哪個「自己」？我們先討論純粹的自私、未受汙染的自利心，這樣比較單純。以初學者而言，那表示可以隨心所欲，因為不必管別人。但你心裡可能會有反對的聲音：「等一下，這樣不行。」為何不行？嗯，你照顧的是哪個自己？是在這一分鐘具體存在的自己嗎？那下一分鐘會發生什麼事？因為將來肯定會降臨，就如太陽肯定會在早晨升起，因此你最好要做足準備。

如果你選擇為了讓現在最大化而犧牲未來，你知道會有什麼危險。假設你即將說出不經大腦的氣話，你打算毫不留情、想到什麼就說什麼，不管有多麼不公而殘忍。這樣做的時候，你感受到正面情緒和熱情的釋放，還有發洩憤懣的滿足感。但你隨即陷入麻煩，這個麻煩可能會停留很長的時間。顯然，你的行為並不符合自己的最佳利益，即使你做的是自私想做的事。正常人都不可能對自己心愛的兒女這樣說：「孩子們，你這一刻想做什麼就去做吧，別的事情都管他的，那都不要緊。」你不會這樣說，因為你非常清楚知道孩子一定要面對將來，正如你一定要面對將來。你此刻因某事而開心，這個事實並不表示從各方面而言對你的好處最大。假如真是那樣，人生就簡單多了。但是，有現在的你、明天的你、下星期的你、明年的你、五年後的你、十年後的你，你非常有必要把這些「你」全部列入考慮。這個詛咒與人類發現未來、連同發現工作的必要性相關，因為工作意味著為了日後有可能的改善，而犧牲當前的假設性樂趣。

把遙遠未來的那些「你」的重要性打折，這樣做算是實用，因為未來還不確定。並不是說你應該關注此時的行為對此後二十年的影響，要和你對此時的關切一樣多，因為極有可能的是，你此時人在這裡（如果你正在看這本書）而二十年後你仍在這裡的機會比較小一點。此外，向太遠處瞻望時，會有錯誤的預測。不過，時間上的距離所增加的不確定性，並不會阻止明智的人為日後做準備。所謂的將來就是指，如果你要照顧自己，你就已經背負著（或有幸被賦予）社會責任。你所關切的「你」是一個跨越時間存在的社群。有必要考慮到這個可以說是個體的社群，這既是個負擔也是一種機會，似乎是人類獨具的特質。

動物似乎不像人類會考慮到未來。如果你去非洲草原觀察整群斑馬，你常會看到獅群閒散地在旁環伺，只要獅群鬆懈地躺在附近，斑馬並不會在意。從人類的觀點來看，這種態度似乎有點粗心，斑馬應該要伺機而動，等到獅群睡著了，整群幾十隻斑馬就應該跑到草原的一角、密謀商議，然後由數十隻斑馬衝向沈睡中的獅群、踩死牠們，就可終結獅群的威脅。但斑馬並不會這樣做。牠們心想：「喔，你看看那些很放鬆的獅子！很放鬆的獅子絕對不會是問題！」斑馬似乎毫無時間概念，牠們無法跨越時間將自己概念化，而人類不但會做到這種概念化，還無法擺脫。人類很久以前就發現了未來，而現在，未來就是我們每個人可能生活的地方。我們把未來當作**事實**，這個事實只是**可能成真**，但有很高的可能性最後會變成**現在**，我們都被迫將它納入考量。

你無法擺脫你自己，你現在是誰、以後會是誰，都是你的負擔。這意味著，如果你好好對待自己，就一定會考慮到自己在不同時間的重複行為。你今天注定要跟自己進行一場競賽，這場競賽不可妨礙你明天、下個月、明年和更久以後要參加的競賽。所以，狹隘的自私自利注定不會有好結果。有鑒於此，以及其他原因，嚴格定義下的個人主義倫理是自相矛盾的。事實上，一旦你明白你就是一個跨越時間存在的社群，你應該如何對待自己、如何對待別人，兩者之間的差別其實不大。

例如在婚姻關係裡，你與另一半面對同樣的問題，也同樣面對自己的問題，你卡在一場重複的遊戲所造成的後果中。此時此刻，你可以用老方法對待你的另一半，不管那些方法多麼可怕又不為別人著想，但你明天醒來還是要跟另一半一起生活，下個月也是，十年後也是（假使不是跟這個人，就是跟另一個同樣不幸的人一起生活）。如果你用一種行不通卻一再重複的方式，對待你許下終身承諾的人，你就是在參與一場日益惡化的遊戲，雙方都會因而苦不堪言。這個問題與你無法跟將來的自己和平共處沒什麼太大的差別，後果都一樣。

❖ 幸福與責任

人都想要幸福快樂，這並不足為奇。有許多次，我深深渴望再次擁有快樂，期望快樂在當下來到，而我當然不是唯一有此想法的人。但我並不認為你應該**追求快樂**，否則將會直直撞上重複的問題，因為「快樂」是一種立即的東西，如果你把人放在會感受到大量正面情緒的處境中，他們會聚焦於當下而容易衝動，[4]意思就是把握當下順勢而為、立刻行動。不過，現在絕對不是一切，而很不幸的是，我們必須將所有的一切列入考慮，至少在能夠做到的範圍內。因此，使你的人生隨著時間而有最佳化發展的，不太可能全都是快樂。我並非否定快樂的美好。如果快樂降臨到你身上，請以感恩的心張開雙臂歡迎它，但也要小心，因為快樂確實會令你衝動魯莽。

有什麼更高明的東西可作為快樂以外的替代選項？想像一下，這是按照責任感來生活，因為它讓日後凡事都可撥亂反正。也可以想像，為了正確表現出責任感，你的行為必須可靠、誠實、高尚，並連結到更崇高的善。隨著時間推移，這份更崇高的善將同時令你和你周圍人們的功能達到最佳化，就如先前所說的。這就是至高的善。假設你有意識地以此為目標，清楚表達那個目標就是明確的目的，然後就會出現一個問題：「這在心理上會造成什麼結果？」

首先請想到，人類大部分的正面情緒並非源自於獲得某個事物。飢餓時飽餐一頓，會有單純的愉悅（更精確而言，是滿足）；另外還有比較複雜但類似的滿足，是與完成困難卻值得的工作有關。例如你讀完十二年級，要畢業了，畢業的那一天就是個特別的日子，會有慶祝活動，但到了第二天，這些都過去了，而你立刻面對另一堆問題（正如你飽餐一頓之後幾個小時又餓了）。你不再是高中裡的王者，而是在職場最底層的弱者，或是大學新鮮人。你處在薛西弗斯的位置上，拚命努力要把巨石推到山頂，卻發現自己其實站在山腳下。

實現目標的結果導致一種近乎瞬間的轉變。實現目標就有如衝動的享樂，會帶來正面情緒，但也像享樂一樣不可靠。於是就有另一個問題：「正面情緒有什麼真正可靠的來源？」答案就是，人類感受到正面情緒，是與追尋有價值的目標相關的。假設你有一個目標、鎖定某樣東西，你根據那個目標發展出一種策略，然後執行，在執行策略的時候，你觀察到你的作法行得通，這樣就會產生最可靠的正面情緒。[5] 想像一下：假以時日，最能有效達成目標的態度和行動（在一種非常達爾文式的競爭下）最終脫穎而出，領先群倫。[6] 想像一下：這在心理上和社會上同時成立。想像一下：這就發生在你自己的生活裡，也發生於過去幾百年當中，因為每個人都彼此互動和交談，也把特定的存在模式提升到主要地位。

這暗示了一個重要關鍵：沒有責任就不會有幸福快樂。若是沒有貴重又有價值的目標，就沒有正面情緒。你可能不同意：「那，究竟是什麼會構成有效的目標？」假設你正在追尋某個令你愉悅的東西，但這份愉悅感很短暫又微不足道。你睿智的那一部分，會將這份追尋與一個可能的目標互相比較：為你未來各個自我所組成的社群，以及你和其他人所組成的社群謀求最大利益。或許你不願意讓自己認識這份睿智：你不希望承擔責任，不想讓責任取代立即的、衝動的集中享樂。但假如你相信這樣的迴避能夠成功，你就是在愚弄自己，尤其是在你生命中更深刻的層次。你內在睿智又古老的部分很認真關心你的存活，是不容易欺騙或撇在一旁的。但你還是瞄準了一個無足輕重的目標，又發展出一套膚淺的策略來達標，最後卻發現並不滿意，因為你不夠在乎。這件事對你而言並不重要，沒有深刻的重要性。此外，你沒有追尋理所當然應該追尋的目標，就表示你同時會感受到內疚、羞愧、渺小。

這套策略幫助不大，是行不通的。我從來沒見過哪個人明知自己沒有去做該做的每件事，還覺得心滿意足。人類是有時間意識的生物，我們知道自己正不斷地、無法逃避地進行一種重複的競賽，無法輕易躲開。無論我們多麼希望完全對未來置之不理，那都是必須付出的部分代價，因為我們有敏銳的自我意識，而且終其一生的所有時刻都能夠將自己概念化。我們擺脫不了，不可能逃避未來。當你擺脫不了某個東西又不可能逃避，正確的態度就是自願轉過身來、與它正面對視，這個方法很可行。因此，與其追逐短期的衝動性目標，你要擬定一個更大規模的目標，根據每個人的長遠利益而正確行事。

❖ 負起額外的重量

有一種正確的表現方式，一種道德準則，是你注定要對付的。你會忍不住要打量不同時間跨度裡的自己、打量不同時間跨度裡的所有人，而且難免會向自己回報自己的表現和不良表現。凡是歷經多種時間框架、多個地點，對各種人（包括你自己）都行得通的，就是目標。這是一種新興的道德準則，不容易明確敘述，但它的存在和後果都是無可逃避的，是存有的遊戲中無法根除的深刻部分。強大的玩家很有吸引力，有吸引力的人會吸引同伴。我們愈符合這個模式、這種自然發生的模式，就愈有可能存活並保護家人。進行的場地會根據玩家的倫理表現來挑選，因此我們在生物性的表現方面都準備好要正面回應並模仿那位最強大的玩家，並且會不贊同、甚至激烈反對欺騙者、作弊者，和要詐行為。而你的良知、你對於道德美德的本能，會指出偏離正路的狀況。當你的孩子在足球賽中故意把對手絆倒，或沒有把球傳給很有機會得分的隊友，你會皺眉頭。你覺得慚愧，這是應該的，因為你親眼目睹自己所愛的某個人被你所愛的人出賣——那就是你的孩子在背叛他自己。當你違反自己對行為規範的觀念時，也會有類似的感受。那是同一種本能，最好要給予關注。如果你沒有遵循正道，就會掉下懸崖，吃盡苦頭，而你內在最深層的部分不可能容許這種事情發生而不抗議。

你可能會幫自己找理由：「現在這裡並沒有懸崖，放眼望去，附近也都沒有懸崖。而我十年內都不會跌落的懸崖也還遠在天邊。」不過你心靈最深處的角落一定會抗議：「這個想法不恰當，不正確。十年後的事情仍然是真實的，雖然很遙遠（即使考慮到無法避免的預測偏誤）。如果有大災禍等著發生，我們現在也不會瞄準。這可不是毫無異議。」如果你的表現正在朝那個方向傾斜，而你很幸運、甚至有最低程度的清醒，你就會覺得愧疚又糟糕。幸好如此。如果背叛自己的代價以最深層的意義而言就是愧疚、羞恥、焦慮，那麼不背叛自己的好處就是意義，可以維持下去的意義。這就是最有價值的機會，潛藏在責任被放棄之處的機會。

如果你注意傾聽自己的良知，就會開始判定自己正在做的某些事是錯的。更精確地說：如果你被良知警告你有可能做錯事，於是你開始跟良知進行真實的對話，你會開始開展出一幅清晰的圖畫，看出錯在哪裡，同時暗示出對的又在何處。正確有相當程度的意思就是錯誤的相反，而錯誤從某個清楚的意義而言，是更為露骨而明顯的。因此，藉著仔細關注什麼是錯，就可培養及鍛造對於正確的概念。你做出行動、背叛自己，然後為此覺得難過，你不知道具體原因，試圖不要多想，因為短期內不去多想就可以減少痛苦、比較簡單。你用盡全力將之忽略，但這樣只會增加你的自我背叛感，令你與自己更分裂。

所以，或許你再三思索後，正視了自己的不安。你注意到自己的不統一和伴隨而來的混亂。你問自己做錯了什麼，真心希望能發現。然後答案來了，並不是你所想要的。因此部分的你必須死去，你才能改變。這個必須死去的部分拚命苟延殘喘，提出自己的理由，為自己辯解。它會用盡一切招術：運用最嚴重的謊言，最酸苦又最令人怨恨的過往回憶、對於未來（其實是對於生命的價值本身）最絕望的嘲諷態度。但你堅持不懈，用心區別並做出判斷，精準判定你做的事情為什麼錯，然後透過對比，開始了解什麼事才是對的。然後你決心開始按照良知來行動，你認定良知雖然在形式上與你為敵，但其實是好伙伴。你將自己發現是正確的事全部付諸行動，開始提升自己。你開始更加仔細地監測自己，確保自己所做的事是正確的：聆聽自己說出的話、觀察自己的言行舉止、努力不偏離狹窄筆直的路徑。那變成了你的目標。

有個概念開始成形：「我要正確地過這一生，我會鎖定善為目標。我將瞄準自己所能達到的至高之善。」現在，會照顧你的未來自我的所有零件都準備就緒了，你完全瞄準單一方向，不再是個自相分裂的家。你穩穩站在堅固的地基上，不再輕易被勸阻或灰心沮喪。你的決心勝過了虛無和絕望。你與自己懷疑和掩飾的傾向所做的拉扯搏鬥，可以保護自己不被別人不合理和嘲諷的批評所傷。你有一個崇高的目標、有一座山峰、有一顆在黑暗中閃耀的星，在地平線上方招手。僅僅是它的存在就帶給你希望——那就是你要活下去就不能沒有的意義。

還記得小木偶皮諾丘吧？木匠傑佩托想把他做出來的木偶變成真人，起初他凝視地平線上方，向星星許了一個願，在這部電影的開頭，這顆星星宣告了皮諾丘的誕生，而在電影的結尾，這顆星的光芒也反射在小蟋蟀吉米尼獲頒的金色徽章上。從象徵意義來看，就是這顆星宣告了基督誕生於最深的黑暗裡。傑佩托注視著星星，許下心願，他希望這個由別人或別的東西控制的懸絲木偶能變成真人。小木偶和他所經歷的引誘與考驗故事是一齣心理劇，我們都了解，即使未必能夠清楚表達這些領悟。你如果不希望再當木偶，不要再被你不了解或許也不想了解的東西控制，就必須讓雙眼注視地平線以上，建立一個超然的目標。然後，原本可能會追求自己有限實現的次系統和次人格，全部會結合在真正理想目標的庇護之下，結果就是近乎終極或整體的參與。在這個情況下，你的全部都會準備就緒，這在心理上就相當於一神信仰，就是出現更高階的自我，可以成為上帝真正的僕人，無論在我們盲目又受限的必朽自我所見的一切底下，可能是哪一種形而上的實體。

有什麼方法可以對抗人生的苦難與惡毒？就是最高遠的目標。要追尋這個最高遠的目標，有什麼先決條件？就是願意接受最大程度的責任，包括別人所漠視或疏漏的責任。或許你不同意：「我為何應該肩負所有的重擔？這只會是犧牲、艱辛、麻煩。」不過，你憑什麼這麼肯定你不想承擔沈重的責任？你當然需要投入於有分量、有深度、夠淵博、不容易的事。然後當你在半夜醒來、諸般懷疑湧上心頭時，你還有一些防護：「即便我有諸般過失，但至少我正在做**這件事**，至少我照顧自己，至少我對家人還有用，對周遭的旁人也有用。至少我在自己決定要承擔的重負之下，正蹣跚地向上移動。」這樣你就可以獲得某些由衷的自尊心，這不只是膚淺的心理建設，只關係著你在那一刻如何理解自己，而是遠比這樣更加深入，並不只在心理上。那是**實際存在**的，也是心理上的。

你的人生變得多有意義，就與你願意肩負的責任深度成正比，因為你現在真心致力於帶來改善。你把非必要的苦難減到最少；你用身教言教鼓勵身邊的人；你抑制自己和別人心裡的惡念。磚匠或許會質疑單調乏味地疊起一塊又一塊磚有何功用，但他或許不只是在疊磚塊，或許是在築一道牆，這道牆是建築物的一部分，這棟建築物是一座大教堂，這座大教堂是為了榮耀至高之善的上帝。在此情況下，他所疊上的每一塊磚，都是帶有神聖性的動作。如果你日復一日行動所做的還不夠，那麼你就不是瞄準建造一座大教堂，因為你的目標不夠崇高。假使目標夠崇高，你就會體驗到意義感，與你夠崇高的目標互相連結，這個目標可以成為人生的悲慘與限制的正當理由。如果你有個有意義的目標要追尋，你就會專心致志於人生，走在一條有意義的路徑上。當你走在至高美德的路徑上，追尋意義這股最深奧又可靠的本能——若沒有被自欺和罪惡（只能用這個詞來陳述了）腐蝕，就會展現出來。

意義感就是你走在那條路徑上的一個指標，表示你內在錯綜複雜的一切都整隊完成、瞄準值得追尋的東西，這個目標會為世界帶來平衡、製造和諧。這是你會聽到在音樂中展現出來的東西，是音樂在本質上製造出來的深邃意義感。或許你是個崇尚虛無主義的死亡金屬龐克，你打心底就持懷疑論又悲觀，到處都找不到意義，基本上你痛恨一切。然後你最喜歡的虛無主義死亡金屬龐克樂團主奏吉他手和團員，開始大聲彈奏出他們特定形態的和聲，每個團員彼此一致，而你整個被吸引住了！「啊，我什麼都不信，但是天啊，這音樂太神了！」歌詞很消極、很虛無、很悲觀、很尖刻、很絕望，但沒有關係，因為音樂向你招手，呼喚你的心靈，在裡面填滿意義的暗示，打動你，於是你就對準這個模式，以點頭和頓腳打起拍子來，完全融入而渾然忘我。這些音響形態和諧地層層堆疊，朝同一個方向發展，包含可預期和無法預期的元素，形成完美的平衡：秩序與混亂的永恆之舞。你也隨之起舞，無論你怎樣輕蔑這些東西。你讓自己對齊那種固定形式、有方向性的和諧，在當中找到支撐一切的意義。

你具有一種本能、一種靈性，會把你導向至高的善。這種本能呼喚你的靈魂脫離地獄、奔向天堂。因為有這種靈性，你經常感到灰心幻滅。別人令你失望。你背叛自己；你失去與職場、上司、伙伴之間有意義的連結。你心想：「這個世界沒有被擺正，令我深感困擾。」但是，那樣的覺悟可以成為天命的指標，它指出被放棄的責任：未完成的事項，還需要執行的事。你對這份需要很是惱怒，對政府生氣，怨恨又討厭你的工作，對父母親不滿，身邊那些不願負責任的人令你感到受挫。畢竟有一些事情亟待完成，你很氣該做的事沒有做好。但這股怒氣、這股憤慨之情是一道門廊。觀察到被放棄的責任，就是天命和意義的記號。你內在朝著至高之善定位的部分，正指出你想像得到的理想——將你占有的理想，而它與你正經歷的事實是脫節的，二者之間有一道鴻溝，它傳達出它需要被填滿。你可以向暴怒屈服，怪罪別人，並不是說別人都沒有造成這些問題。或是你會漸漸明白，你的失望就是發自你最深存在層級的信號，指出有些問題需要糾正，或許需要由你來糾正。這份關注、在意、惱怒、焦躁不安，究竟是什麼？並不是呼喚你去追尋快樂，而是呼喚你投入構成真實生命的行動與冒險。請再次思考《聖經》中亞伯拉罕的故事。上帝去見亞伯拉罕，對他說：

> 你要離開本地、本族、父家，往我所要指示你的地去。我必叫你成為大國。我必賜福給你，叫你的名為大；你也要叫別人得福。為你祝福的，我必賜福與他；那咒詛你的，我必咒詛他。地上的萬族都要因你得福。（《創世記》第十二章第一至第三節）

委婉地說，大器晚成的亞伯拉罕在父親的帳篷旁廝混太多年了。但如果上帝的呼召臨到，最好要聽從，不管有多晚（上帝的呼召裡有真實的盼望，要給凡是相信自己已經耽擱太久的人）。亞伯拉罕離開故鄉和族人，離開父親的家族，踏上外面的世界，跟隨那個寂靜微小的聲音，跟隨上帝的呼召。這不是呼召他去追尋快樂，而完全是場血流成河的大災禍，如前所述：饑荒、戰亂、親人內鬥。這會導致有理智的人（更何況亞伯拉罕）懷疑聽從上帝與良知、承受自主權的責任和探險的重擔是否明智。當初應該躺在吊床上就好，在老爸的帳篷裡安心享用剝好皮的葡萄。但是，召喚你走進世界、迎向天命的，並不是悠閒自在，而是掙扎與衝突，是苦澀的競爭，是敵對雙方的殊死決鬥。有可能，難免吧——當你聽從良知的呼喚而肩負起自己的責任，矢志為自己和世界撥亂反正，你的人生探險會令你受挫、失望、不安。但你將尋得為你帶來定向和庇護的深層意義。這樣一來，各項事物都會為你準備好，原本破碎損壞的東西將會匯聚起來，目的會清楚顯明，正確與善會得到支持，一切軟弱、怨恨、傲慢與破壞性都將落敗。這樣一來，值得活下去的人生將要永世不絕地被尋見；這樣一來，只要你願意，你就可以親身尋見它。

注意，機會就潛伏在責任被放棄的地方。

J. Fogrå

RULE ·5·

別去做你厭惡的工作

❖ 日復一日偽裝下的病態秩序

我曾有一名個案在大企業任職，她有一部分的工作內容就是必須接受愚蠢問題接踵而至的密集攻擊。她這個人既明智又誠懇，曾經捱過艱困的生活，真心盼望能在工作上有所貢獻（以一種符合她的明智判斷力和誠實的方式）。在這家企業工作期間，她被捲入一段長期爭執，有時是當面爭論，有時則以電子郵件進行，而爭執的重點在於「活動掛圖」（flip chart，這是常見的名詞，是指一種大型紙板，通常用三角架支撐）一詞是否為言語辱罵。你如果覺得很難相信這類談話要占用公司員工的工時，可以快速用 Google 搜尋 Flip chart derogatory，就會立刻看到真的有不少人關注這個問題。我這位個案的上司們為了討論這件事召開了多次會議。

Flip 這個字有一段時間是貶抑菲律賓人的用語（現在不太有人這樣用了）。雖然這種詆毀與「活動掛圖」毫無任何關係，公司主管卻覺得很值得花時間來討論這個用詞的假設性歧視本質，然後擬定一個替代用詞，最後還規定員工都必須這樣使用。然而事實上，完全沒有任何一名菲律賓籍或菲律賓裔的員工曾經針對公司的用詞提出投訴。全球語言監測機構（Global Language

Monitor, languagemonitor.com）會監測政治正確的語文用法，但不負責批准，該機構指出現今的正確用語是「書寫塊」（writing block），雖然活動掛圖完全不是什麼「塊」。

這家公司最後決定用「畫架台」來稱呼，看起來在描述上比較精確，但這個相對優雅的解決方案並沒有降低這件事情的愚蠢，畢竟我們還是有一堆這樣的字：flip-flopped、flippant、flip-flops、flippers，等等[i]。如果要顧慮這種問題，至少前兩個字在第一時間看起來還比「活動掛圖」的flip chart更有貶義。你可能會好奇：「用語上稍微改變，到底有什麼差別？這是個微不足道的小問題。為何有人會在意這件事，去討論這樣的改變？這種蠢事直接略過就好，該專注的是更重要的事，為何不忽略它？」當然，因為你可能會宣稱，把注意力放在那些關心這種問題的人身上，就跟關心這種討論一樣浪費時間。但我要說的是，這正是法則五所要探討的難題。當你看到面前出現了一連串惱人過程，你何時才會停止參與？

那位個案一開始寫信告訴我，同事們不僅相當歡迎這一連串關於「活動掛圖」用詞的討論溝通，甚至立刻出現類似比賽的狀況，大家爭相指認並表達其他可能也會冒犯人的用字[ii]。有人提到「黑板」（blackboard）一詞，還有人提到「萬能鑰匙」（master key）。前者或許是因為，在現今這個過度敏感的時代，只要提到「黑」就有種族歧視的味道，即便物品確實是黑色的；後者則是因為假設這個詞與奴隸制度有歷史上的關聯。我的個案試圖弄清楚自己親眼目睹了什麼：「這些討論讓人覺得自己很善良、崇高、慈悲、豪爽、睿智，但感覺卻是膚淺的。所以，若有

i 這些英文字都有flip，意思分別是：啪答作響的聲音、輕率無禮、人字夾腳拖鞋、鰭狀肢或蛙鞋。譯注

ii 我已獲得這位個案直接的同意，用這個方式表達這些資訊。作者注

人在討論中提出異議，此人要如何加入討論而不會被視為沒同情心、心胸狹窄、種族歧視、惡劣缺德？」

她感到不安的另一個原因是，公司裡沒有人明顯覺得煩惱：任何一群人都可能自命不凡地禁用某些字詞（並鄙視、甚至懲罰繼續使用的人），不會察覺自己在倫理上做過頭了，也沒有感覺到這種審查的危險，例如很容易延伸到個人意見、交談話題或是書籍上。最後，她相信這整個討論構成了「多元」、「包容」、「平等」的典型實例，這些詞彙都成為人力資源部門或學習及發展部門（她在後者任職）名副其實的口號了。她認為這些詞彙就是「集體思想灌輸和意識型態宣傳的引擎」，也是許多大學課程中的政治正確立場將其影響力伸進整個文化中的一種方式。然而更重要的是，她在一封信中問我：「這是該適可而止的例子嗎？」我們該在何時和何處停止？假設有一點點可能，有極少數的一群人覺得被某些用語冒犯，然後又怎麼樣？我們要繼續無休無止地禁用更多字詞嗎？

我的個案察覺到的並**不是**（至少在她的情況中不是）可能把牽涉其中的人帶進一條危險路徑的單一事件，而是一連串可以清楚辨認而且有因果關係的各種或一系列事件，全部朝著同一個方向前進。這些事件似乎形成一致的模式，都與一種明顯或隱約有意圖偏向某種方向的意識型態有關。此外，這種具有方向性的影響已經以各種方式呈現出來，也有相當一段時間了，不僅在我個案任職的企業界可以見到，也表現在她公司之外的整個社會和政治體制上。她在任職的部門裡（也就是那家公司的意識型態大轟炸中心）雖然算是孤立，卻可從周遭看到具體的跡象：這段令她困擾的過程也對其他人帶來害處，此外，還對她的良知造成影響。我們必須了解，對她而言，這些問題並不是無關緊要的哲學概念，它們令她深感困擾、打亂了她的生活。

事實就是，被要求去做愚蠢可憎的事會令人沮喪，這是一定的。一個頭腦清楚的人，如果被指派一項毫無意義甚至會有負面作用的任務，會覺得很洩氣，心裡幾乎沒有動力去執行這項任務。原因何在？因為真實自我的每一絲力量都在對抗這件事的必要性。我們去做某些事情，是因為我們認為這些事與其他可能很重要的事相較之下也很重要。我們認為自己看重的事是值得犧牲、值得追求的。這份價值促使我們行動，即使行動困難又危險。當我們被要求去做討厭的蠢事時，我們等於同時被迫做出違反價值結構的行動，而價值結構原本會促使我們堅定向前，保護我們免於消失在混亂恐懼中。正如莎士比亞的《哈姆雷特》中波洛紐斯說過的：「要忠於自己。」[1]這裡所說的「自己」意味著整體心靈，其實就是狂風巨浪襲來時庇護我們的方舟。違背心靈的戒律（亦即它的基本信念），等於是把自己的小船駛上毀滅的淺灘。違背那個根本自我的戒律，就是在跟自己進行的比賽中作弊，忍受背叛的虛空，先是抽象地察覺，接著也在具體形式上體會到勢必來臨的損失。

我的個案起初屈服於經理人員武斷的命令，而她為此付出什麼代價？她是來自前蘇聯集團國家的移民，對於獨裁主義意識型態有充分的親身體驗，因此，當她無法決定自己可以如何反對正在發生的事，這讓她覺得既懦弱又像是共犯。此外，她的工作環境起了變化，概念荒謬的事件不僅持續發生、受到鼓勵，甚至還變成必要的，在這樣的地方，任何頭腦清楚的人都無法保有努力的動機。這樣的「行動」是讓富有成效的工作本身變成白費心血——甚至是讓「有成效的工作」此一概念也變成白費心血（這其實就是這類行動真正的動機之一：那些嫉妒真實的才幹和產能的人，很有理由暗中破壞並貶低這兩種概念）。那麼，對於自己毫無士氣的狀態，她做了什麼？

這位個案對於自己的立場，或是對於自己有沒有能力和經理人針對她的異議進行真誠討論，都沒有充分的信心，雖然從我和她談話的內容來看，她顯然非常希望脫離那個處境。於是，她開始發展出所謂的後衛戰術（rear-guard action）。前面提到過，她本來就參與公司內部教育課程的開發，因此她可以開始向新的方向擴展，在公司的各種會議上擔任講者。雖然她不曾直接對抗活動掛圖的議題（還可能明智地避免這樣做），但她開始針對那些被公司管理階層（特別是人資部門）認為是正確觀念中的偽科學公開表達不贊同。例如，她在好幾次演講中批評「學習類型」（learning styles）這個普遍流行的潮流，該理論依據的概念認為每個人主要使用四到八種不同的學習類型，如果將它們用來掌握新的觀念會很有幫助，這些類型包含視覺、聽覺、語言、身體、邏輯等。

學習類型理論有什麼問題嗎？最基本的問題是：完全沒有任何證據支持它的正確性。首先，雖然學生表現出偏好以某種方式傳遞的資訊，但實際上，那種方式的資訊傳遞並沒有提高他們的學業成績。[2]其次（基於上一個理由，這很合理），沒有證據顯示教師可以準確評估學生的「學習類型」。[3]因此，我的個案雖然無法直接對抗令她困擾的那件蠢事，不過在長期的制定行動策略和大量的努力後，她確實非常有效地擊退了無知——這種無知被她相當多的同事（以及有同樣事件上演的其他公司員工）誤認為是心理學知識。她也曾在祖國阿爾巴尼亞的一家大報社當過記者，此時便開始把維持這份工作的優先順序排得更高，雖然薪酬不多，但她在當地逐漸建立了極高的專業名望，以白紙黑字為自己的信念努力奮鬥，並提醒她那曾經被共產主義統治的祖國同胞，向集權主義思想靠攏的作法開始吸引西方國家人民了。

她決定挺身而出表達反對，為此付出了何種代價？一開始，她必須面對自己對受到報復的恐懼，而這份恐懼再加上她對於職場上的意識型態技倆深感厭惡，都正在摧毀她對於在辦公室任職的興趣，也令她覺得自己懦弱，不足以勝任工作。於是她必須拓寬自己的專業行動：第一步，她先試水溫，自願在公司會議上擔任講者（大家通常非常不願意公開演講，這是常見的恐懼，嚴重程度往往足以妨礙職涯發展）[4]；第二步，她精讀相關的文獻資料，讓自己的演講值得信賴，也讓自己見多識廣；第三步，她提供具有批判性的材料，而這必然會冒犯某個比例的聽眾（也就是接受和宣傳她所懷疑的那些理論的人）。這些都會使她面對自己的恐懼——懼怕怠惰無為，也懼怕積極行動。這些作法為她帶來強烈的挑戰，結果卻擴展了她的個性和能力，並讓她知道，自己正在對社會做出真實的貢獻。

我相信，人們所做的好事雖然看似很小，但與整個世界展現出的良善之間，卻有著超乎眾人想像的關聯，而我相信惡事也是如此。對於世界的狀態，每個人的責任都比我們所相信的或樂意相信的更大。若是沒有謹慎關注，文化會向腐敗傾斜。專制暴虐逐漸茁壯，要求我們微微後退，但每次的後退都增加下一次後退的可能，每一次的出賣良知、每一次的沈默（儘管沈默時覺得忿恨）、每一個合理化的辯解，都會削弱抵抗，並增加下一步被限制住的機率，當那些步步進逼的人以他們獲取的權力為樂時尤其如此，而這類人隨處可見。當代價相對不高，又或者當可能的回報尚未消失時，我們要清醒地站出來；在這樣做的能力尚未被危害到無力回天的程度時，我們要勇敢地站出來。不幸的是，人類經常做違背自己良知的事，即使對此心知肚明，而地獄經常是一步一步、藉著一次又一次的背叛臨到的。我們要記得，人們很少站出來反對自己知道是錯誤的事，即使站出來的後果其實微不足道。這一點很值得深思，如果你很在意要過著持守道德又嚴謹的生活：如果當挑戰你良知的罪過並不嚴重，你都不表達反對，你要怎麼認為當罪惡真正失控時，你不會自願參與其中？

要凌駕於秩序之上，有一部分重點就是知道自己何時有充分的理由。要了解你的良知對你的行動有最重要的擁有權，這取代了墨守成規的社會責任。如果你決定要起身抗命，如果你做了別人不認可但你堅信是正確的事，你就必須站在信任自己的位置上。這意味著你必須努力過著誠實、有意義、有成效的生活（恰恰就是你會想信任的人所過的那種生活）。如果你為人正直高尚，因而值得信賴，那麼，你決定拒絕依從公眾期待，或是做出違背公眾期待的事時，將會幫助社會維持穩固的基礎，這樣一來你就可以成為真理的一部分力量，令腐敗專橫就此停止。一個不折不扣的個體，意識到並關注自己的良知，這股力量會使群體這個指導標準社會關係的必要結構不至於盲目得形同已死。但我不希望用不實的樂觀語調作為本段結尾。後來我更進一步與這位個案聯繫，得知她在之後幾年間輾轉受聘於幾家大公司，她在其中一家公司得到很好的職位，可以從事有意義、有成效又合情合理的工作，但她在那裡雖然很成功，卻在公司重組時遭到解聘，後來待過的幾家公司就與起初任職的情況相同，完全被當今的語言和認同政治潮流所占據。有些惡龍到處作亂，不易擊敗，但她努力抵抗，包括在工作上揭穿偽科學理論的假面具，以及擔任記者——這幫助她對抗沮喪、增強她的自尊心。

❖ 強化你的位置

當文化因為拒絕察覺自身的病態，也因為沒有富有遠見的英雄而瓦解時，就會落入萬物底下的混亂裡。在這個情況下，個體可以自願潛入自己敢冒險潛入的最深處，重新發現令視野和生命煥然一新的永恆定理。另一種選擇就是絕望、腐敗、虛無，不經考慮便屈服於極權主義式的烏托邦思想和生活的謊言，成為悲慘、謊言、怨恨的奴隸。

如果你希望投入偉大的事業，即使你認為自己只是個小齒輪，你就必須不做自己厭惡的事。一定要鞏固你的位置，即使是個卑劣渺小的位置；要對抗組織中損害你心靈的虛偽謊言，面對接踵而來的混亂，從深淵中營救瀕臨死亡的父親，過著純正真誠的人生。否則自然界會掩藏她的面孔，社會則變得呆滯無效，而你仍同樣是個懸絲木偶，在幕後操縱的惡魔勢力拉著你的絲線。而且還有一個重點：這是你的問題，沒有哪個人命中注定要一直當木偶。

我們並不無助。即使在最破碎的生活廢墟裡，也能找到堪用的武器。同樣的，即使是看起來最難對付的龐大巨人，也有可能不如它所宣稱或看似的那麼無所不能。要容許一個可能性，就是你有辦法反擊、有辦法抵抗並保有靈魂——甚至是你的工作（但如果你可以忍受轉換的想法，或許有更好的工作在向你招手）。如果你願意把自己想像成一個能夠（或許更重要的是應該）堅定不讓步的人，你可能會開始察覺到自己可以運用哪些武器。如果你所做的事情導致你衝動地猛烈抨擊別人；如果你所做的事情破壞了向前行動的動機；如果你的行動和怠惰令你鄙視自己、甚至鄙視整個世界；如果你過日子的方式令你早上醒來時很難覺得快樂；如果你被深刻的自我背叛感所煎熬——很有可能，你正在選擇忽略那個寂靜微小的聲音，打算把它當作懦弱而不知世事的人才會關注的事。

如果你在職場上被要求去做令你鄙視自己的事，讓你自覺懦弱又羞愧、很可能會猛力抨擊你所愛的人、不願意很有效地執行、又對自己的生活感到厭煩——可能你此時應該要深思熟慮、制定策略，把自己放在一個有辦法說「不要」的位置[iii]。或許你會從你在道德立場上反對的人身上獲得更多尊重，即使你還是要為自己的行為付出高昂代價。或許他們甚至會再次反思自己的立場——即便不是現在，而是過一段時間（因為他們自己的良知也可能以同樣寂靜微小的聲音煎熬著他們）。

❖ 實際可行性

或許你也應該讓自己位於一個橫向移動的位置，例如換另一份工作，因為你可能會發現：「這份工作令我的靈魂窒息，確實不適合我。我現在該採取費力而必要的步驟，整理履歷表，為下一份新工作進行困難、吃力、經常得不到回報的搜尋了。」（但你只需要成功一次就好。）或許你可以找到收入更高、更有意思的工作，那裡的同事不但不會扼殺你的心靈，還會正面積極地令你的心靈恢復活力。或許遵照良知的指令其實就是你的最佳方案——在最起碼的程度上是如此，否則你就得忍受背叛自我的感覺，內心明白你在忍受其實你無法容忍的事。這些都不是好事。

我會被開除。這個嘛，那現在就去準備找下一份工作，也把自己預備妥當，但願一切會更好（或是，準備用一篇充分預備且擲地有聲的論點，進行越級報告）。不要一開始就認定離開這份工作必定是最糟的結果，即使非你所願。

我害怕行動。這是當然，不過，是跟什麼相比？是跟繼續做一份讓自己生命的核心吉凶難料，讓自己在幾年內變得更懦弱、更可鄙、更怨恨、更容易受到壓力和暴虐的工作相比嗎？人生只有極少數選擇完全不會有風險，我們經常必須徹底盤算停留的風險，就如同徹底考量行動的風險。我看過不少人採取行動，其中有些是先經過數年的策劃，在沙漠般枯槁的時光中度過，最終才在心理上和實務上都達到比較好的狀態。

或許別人不會想用我。對，求職被拒的比例非常高。我告訴我的個案先假定成五十比一的機率，好讓他們設定適切的期望值。在許多情形中，你符合資格的很多職位都不會考慮你，但那很少是**個人因素**，而是一種存在的狀態，是某種隨機地受制於社會價值的矛盾條件下難以避免的後果。這是由於履歷表容易散播卻很難處理，也是由於許多工作已有不公開的內定人選（因此只是要走一遍徵人的流程），而有些公司平日就持續貯存應徵者名單，以備不時之需。這是一種精算問題、統計問題、基線問題，未必表示你有什麼具體的缺點。你必須把上述各種持續悲觀的現實主義併入你的期望中，讓自己不會過分灰心。一百五十次精挑細選的應徵，以便得到三至五個面試機會，這可能會是一年或更長久的任務，但也比一輩子悲慘的下坡路短得多。不過，這段時間不是毫無內容，你需要加強自己，制定計畫，得到一些人的支持——他們明白你在做些什麼、也務實地評估其中的難處和各種選項。

也可能你的技能發展有些落後，你可以提升工作表現，好讓你在別處找到工作的機會增加。這樣並沒有什麼損失。當你移動的選項並不存在，你面對腐敗的權力時就無法有效地發出「不」的聲音。因此，你有一種道德義務，要把自己放在一種相對有力的位置上，然後去做必要之事以運用那份力量。你也需要思考最糟的情況，與會被你的決定所影響的人討論。但你同

iii 或許不只有一次，因為你的反應會太衝動；或許不只有兩次，因為那樣還沒有充分的證據，要你冒險發動很可能會是真槍實彈的戰鬥；但三次就算確定了，已經清楚建立一種模式。作者注

樣要了解，待在你不該逗留的地方，或許是真正最糟的情況，會在數十年間慢慢地榨乾你、扼殺你。這不是個舒服的死法，雖然很緩慢，但過程中幾乎無時無刻充斥著絕望，令人快速老化，渴望結束職業生涯，甚至整個生命。那樣並不是改進。有一句有點殘忍的俗語說：「如果非要把貓的尾巴切掉，可別每次切半吋。」你可能會有幾年陷入痛苦之中，對自己的不足得到遲來的認識，而且每週都得寄出四份、五份、十份求職信，明知其中大部分一下子就會被拒絕。但是，中樂透只需要一次，懷抱希望數年寒窗，勝過一輩子灰心沮喪地做著墮落又被壓迫的工作。

我們要想清楚：討厭上班這件事可不是純粹因為你的工作需要大清早起床，也不是因為你需要強迫自己在酷暑嚴冬、颳風乾旱，或心情低落、想窩在床上的時候硬把自己拖去工作。這不是因為你被要求去做卑微或必要的工作而產生了挫折，例如倒垃圾、擦地板、掃廁所，或以其他方式在能力階級、甚至是年資階級的最底層找到自己低微卻應得的位置。這些必要的工作所產生的怨恨，往往只是不知感恩，起步時沒辦法接受低下的地位，不願意踩上愚者的位置，或傲慢自大、欠缺訓練。拒絕良知的呼喚，絕對不同於為了不符理想的卑微地位而覺得惱火。

那樣的拒絕、那樣背叛自己的靈魂，其實就是執行顯然有負面作用、荒謬、無意義的工作的必要條件，是待人不公不義又說謊掩飾的必要條件，是從事欺騙又背叛將來的自我的必要條件，是忍受不必要的折磨和虐待（而且眼看著其他人受到同樣對待卻沈默不語）的必要條件。那樣的拒絕就是故意視而不見，就是同意用言行出賣自己內心最深處的價值，讓自己在與自己的比賽中作弊。毫無疑問，通往個人和社會的地獄之路，與其說是用善意鋪成，不如說是鋪著一些必然會擾亂良知的態度和行為。

別去做你厭惡的工作。

IN OUR KOLKHOZ
NO PLACE
FOR PRIESTS & KULAKS

RULE ·6·

拋棄意識型態

❖ 不對的地方

前一本書出版後，我們夫妻就到各個英語國家進行漫長的巡迴演說，也到過不少歐洲國家，尤其是北歐地區。我演講的場地大半古老而美麗，位於富含建築與文化歷史的建築物內，來到我們所喜愛的各個樂團曾經演出的地方、那麼多表演藝術家曾經大放異彩的殿堂，真是一大樂事。我們預約了一百六十處劇場，容量通常是兩千五百到三千人（歐洲的場地稍小，澳洲的場地稍大）。無論當時或現在，令我格外驚奇的是，竟然有那麼多人來聽我演講，而且所到之處似乎都是如此。這樣的驚訝也延伸到我的YouTube和播客節目上，包括我自己的頻道、別人對我的訪談，還有許多人自動從我較長的演講以及與記者討論的內容截取出的無數段落。這些段落被觀看或聆聽的次數高達好幾億。最後，還有剛才提到的前一本書，在本書出版時，前一本書的英文版已售出約四百萬冊，如果一切順利，還將被譯為另外五十種語言。發現自己有這麼大的觀眾群，可不是件容易消化的事。

這到底是什麼狀況？只要一個人還算有點理智，都會因為這些事而吃驚，這樣說算是很委婉了。看來我的書一定處理了許多人生活中所欠缺的某種東西。上面提到過，我的寫作內容多半仰賴重量級心理學家和其他思想家的觀念，這一點應該很有關係。但我也在不斷思考，還有什麼更具體的重點（如果有的話）會吸引大家的注意，並且持續透過兩種資訊來源，試著準確了解那究竟是什麼。第一種來源直接得自我遇到的人，有些人是在演講之後立刻碰上的，有些人則是在街上、機場、咖啡店或其他公共場所叫住了我。

在美國中西部的一個城市（我想可能是路易斯維爾），有個年輕人在我演講結束後來找我，他說：「我長話短說。兩年前我剛出獄，無家可歸又身無分文。我開始聽你的演講。現在我有全職工作，擁有自己的公寓，我和太太剛生了第一個孩子，是個女兒。謝謝你。」這句「謝謝你」伴隨著眼神交會和緊緊的握手，而且他是以富有信心的聲音講述這段經過。不少在街上遇見的人都告訴我類似的故事，他們往往熱淚盈眶，雖然上述的例子比一般的情節更極端一點。他們都分享了非常私人的好消息（你只會把這種事告訴你可以安心講出來的人）。我非常榮幸可以成為那個人，雖然持續接收這樣的掏心掏肺在情感上很吃力，就算（也可能正是因為）聽到的內容如此正面積極。我覺得很揪心，有那麼多人只得到那麼微乎其微的激勵和引導，只要多提供一點點，竟然就可以出現那麼多美好的事。「我知道你做得到」這句話是個很好的起點，對於改善世上一些不必要的痛苦會很有幫助。

我持續不斷地聽到各種大同小異的故事，上述就是其中一種。我和讀者直接面對面時，他們也會提到很喜歡我的演講和著作，因為我所說所寫的內容提供了他們需要的文字，可以表達他們原本就知道卻無法清楚表達的事。能夠明確表達自己隱約明白的事情，對每個人都很有幫助。我經常懷疑自己目前扮演的角色，因此，有人覺得我的字句正吻合他們內心深處尚未實現或尚未表達的信念，這讓我覺得很踏實，幫助我繼續相信自己所學到、所思考，或現已公開分享的內容。人們內心深處憑直覺就能感受到某種東西，但無法清楚表達，幫助大家消除這兩者之間的隔閡，正是公共知識分子既合理又很有價值的功用。而另外一個最後的資訊來源，與我正在完成之事有關。我能完成此事，正是由於我已擁有那麼多機會進行現場演講，這既是榮幸，也是一份贈禮，讓我能夠一再地向一大群人講話，提供一個現場即時的機會，得以判定現今的時代精神。它也讓我能夠擬訂並立刻測試那些新的觀念是否可以傳達出去、是否能夠吸引注意力，並以此判定這些觀念的品質——至少能夠判定一部分。當我在演講中注意到聽眾有怎樣的反應，這個情形就會發生。

《生存的十二條法則》的第九條法則提到：假設你聆聽的對象，可能知道一些你不知道的事，我所建議的是，對一大群人講話時，一定要注意其中的某幾個人——群眾在某種程度上是種假象。但你除了在視覺上專注鎖定某幾個人，還可以同時聆聽整個群體，讓自己聽到大家的窸窣聲、笑聲、咳嗽聲，或他們正發出的其他聲音，同時也專注地注意幾個特定人選。你想要從眼前的人臉上看到著迷一般的全神貫注，你想要從群眾那邊聽到寂靜無聲，你希望完全靜悄悄。達成這個目標，就表示在場的聽眾完全沒有分心去想別的事。如果你是某一場表演的觀眾，你並未完全被表演內容吸引住，你就會惦記著身體哪裡有點不舒服，一直動來動去。你會注意到自己的各種念頭，開始想著明天要做什麼事，對身邊的人耳語，這些舉動全會造成其他觀眾的不滿，會製造噪音。但如果身為講者的你，身心狀態都處於講台上適當的位置，觀眾的注意力便會以雷射光般的強度鎖定你所說的話，全場也會鴉雀無聲。在這樣的情況下，你便可以判斷哪些觀念的力道很強大。

我都會用上述方式觀察和聆聽我演講時的在場群眾，並因而愈來愈注意到，當我提及一個主題時，尤其會令所有聽眾（我指的是無一例外）完全一片死寂，這個主題就是責任，也就是本書第四條法則的中心主題：注意，機會就潛伏在責任被放棄的地方。這個反應太有趣而且太令人意想不到了。責任並不是個容易推銷的概念。作父母的始終都在努力讓孩子有責任心，社會也努力用教育制度、學徒制、志工組織、社團來做到這一點。你甚至可以把灌輸責任視為社會的基本目標之一。但有個地方不太對勁——我們犯了一個錯，或一連串的錯。例如，近五十年來，我們用太多時間大聲疾呼權利，當我們教導年輕人適應社會生活時，我們不再對他們提出足夠的要求。數十年來，我們一直教他們要把社會該給他們的都討回來，我們一直在暗示，做出這些要求就可以得到生命的重要意義，但我們該做的事情正好相反，我們該讓他們知道，要想找到意義來鼓舞充斥著悲劇與失望的人生，就得肩負崇高的重責大任。因為我們沒有這樣做，年輕人的成長過程都注視著不對的地方，導致他們很容易被影響：容易接受簡單的答案，容易被怨恨的麻痺力量所傷害。歷史的開展是怎麼令我們站上這個位置的？這種容易受傷、容易被影響的狀態，是怎麼產生的？

❖ 他可能在睡覺

十九世紀末葉，德國哲學家尼采高聲疾呼「上帝已死」，這句話名聞遐邇，以至於你可能會看到有人在公廁牆壁上這樣寫著：「上帝已死」——尼采。「尼采已死。」——上帝。尼采的宣告並非自戀或得意洋洋的表達，這位偉大思想家的見解源於他的恐懼：為西方文明奠定基礎的猶太基督教價值觀，已經被危險地置於隨意的理性批判之下，而這些價值觀賴以存在的最重要公理（有一位超驗的、全能的天神存在）已面臨致命的挑戰。尼采由此得到的結論是，一切都即將碎裂瓦解，在心理上和社會上形成可悲的災難。

即使不是特別仔細的讀者，也可注意到尼采在《快樂的科學》（*The Gay Science*）中把上帝描述成「世界所擁有的最神聖、最有能力者」，把現代人描述成「殺人犯中的殺人犯」[1]。你不會期待一個得意洋洋、慶賀著迷信之死的理性主義者寫出這種描述。這是一句徹底絕望的話語。尼采在別的著作中（特別是《權力意志》〔*The Will to Power*〕）描述了由於這種謀殺的行為，下一個世紀及其之後將發生什麼事情。[2]他預言（確實是預言）會出現兩大後果，二者看似相反，雖然彼此密不可分又互為因果，而這兩大後果都與傳統的儀式、故事和信仰的消逝有關。

尼采相信，如果不在一神思想的目的性結構中，以及它所主張的有意義世界範圍內，人類生命的目的就變得不確定，我們會體驗到虛無主義興起對於存在的徹底摧毀。又或者，他認為人類會轉而認同僵化、極權的意識型態：以人的觀念代替超驗的造物之父。造成侵蝕的懷疑，以及碾碎一切的確定性：尼采預言這兩種選項將在上帝死後出現。

俄國最偉大的小說家杜斯妥也夫斯基，也以鉅著《附魔者》（*The Possessed*）（又名《群魔》〔*Demons or The Devils*〕）探討尼采所提出的問題。[3]這部小說的主角斯塔夫羅金（Nikolai Stavrogin）所信奉的理想最後帶來革命性的共產主義，雖然他在故事中所處的年代比蘇聯時期的全面動亂還早幾十年。杜斯妥也夫斯基認為，出現這些理想並非一種正面發展，他看出了接受一種死板又無所不包、以幾個明顯不證自明的公理為基礎的烏托邦意識型態，會造成政治與心靈的危險，箇中的殘暴有可能遠超過歷史上任何宗教、君主制或異教制度。他和尼采一樣預見這些問題將全數發生，而當時距離俄國的列寧革命還有將近五十年之久。這種不可思議的未卜先知能力是精采的例子，展現出這位偉大的藝術家和他的直覺早在其他人不知不覺的時候就揭露了未來。

尼采和杜斯妥也夫斯基都預先看出了共產主義的極端吸引力，它看似理性、前後一致又講究道德，是宗教或虛無主義的替代選項，但後果則不堪設想。尼采以無人能及的嚴厲、諷刺、出色的文筆寫道：「事實上，我甚至希望能做幾個實驗，好顯示出在社會主義的社會裡，生命會否定它自己，會切掉它自己的根本。地球夠大，人類還未被消耗殆盡，因此這種實際的教訓和荒謬的證明在我看來似乎很值得——即使它只有透過大量生命的耗費才能完成。」[4]尼采指的社會主義並非後來流行於英國、北歐、加拿大的相對溫和版本，這種社會主義有時是真的強調改善勞工的生活；他指的是俄羅斯、中國和一些較小的國家裡全面發展的集體主義。我們是否因為尼采預言中的「耗費大量生命」而真正學到了這份「實際的教訓」、證明這個信條的荒謬，此事仍有待觀察。

尼采似乎毫不質疑地接受一個想法，就是以新興的自然科學而論，世界是客觀又毫無價值的。於是，他只剩下一條出路可以逃離虛無主義和極權主義：出現強大得足以創造自身價值的個體，將這些價值投射到毫無價值的現實，然後加以遵守。他斷定，上帝死去後必須有一種新的人類——超人（Übermensch），好讓社會不致漂向兩種相反的暗礁：一是絕望，一是太過制度化的政治理論。因此，人若走上虛無主義和極權主義以外的這條路徑，就必須製造自己的價值宇宙論。

然而精神分析大師佛洛伊德和榮格毀掉了那個觀點，他們指出，我們並未充分地掌握自己、無法藉著有意識的選擇創造出價值。此外，並沒有什麼證據顯示哪個人擁有可以憑空創造自我的天賦，尤其我們的經驗極為有限、我們的觀念帶著成見，而生命短暫如斯。我們擁有一種天性，或者說，往往是這種天性擁有我們——如今只有傻瓜才敢宣稱對自己有充分的掌握，足以創造、而非發現自己所看重的事物。我們有能力接受自發性的天啟經驗，包括藝術方面、創造發明和宗教信仰方面。我們經常被自己的情緒和動機壓倒，於是持續對自己有新發現，為此時而欣喜，時而氣餒。我們與自己的本性搏鬥、與之協商，但個體是否有能力帶來尼采熱切渴望的全新價值，答案卻一點也不明顯。

尼采的論點還有其他的問題。如果每一個人都按照自己創造和規劃的價值而活，還有什麼能使人類團結起來？這是極重要的哲學問題。除非每個人創造出的價值都含有類似元素，否則一個由超人組成的社會怎麼可能避免經常意見扞格？最後，這種超人是否曾經存在過，根本一點也不明確。相反的，在過去一個半世紀以來，由於現代的意義危機和納粹德國、蘇聯、中共等極權國家的興起，人類似乎正處於一種虛無主義或受意識型態掌控的狀態之中，這正是尼采和杜斯妥也夫斯基所擔心的，而且還伴隨著他們的預言，亦即社會上和心理上的災難性後果。

還有一件事也絕非顯而易見：儘管科學方法具有無可否認的效用，但價值是個人的主觀，並不是現實必不可少的一部分。啟蒙運動留給我們的核心科學公理，亦即現實是客觀存在的唯一範疇，會對宗教經驗的實在性構成一種致命的挑戰，假如宗教經驗究其根本是主觀的話（而它看起來完全是）。不過，主觀與客觀之間似乎有一件事令情況更為複雜：假使有一些經驗通常一次只向一個人顯現（就好比大部分的天啟似乎都是如此），而從集體角度看來，卻好像形成了一種有意義的模式，那該怎麼辦？這就表示發生的事情不僅僅是個人主觀的，即使無法輕易用現有的科學方法加以確定。相反的，可能是該事物的價值具有足夠的異質性，也就是說，它的價值充分取決於時間、地點的特殊性，以及經驗該事物的個人特殊性，因而不能以一個符合科學的物體必須符合的存在方式被固定和複製。然而，這並不表示價值不真實，只意味著價值非常複雜，無法、也可能永遠不會適用於科學方法的世界觀。世界是個非常奇妙的地方，有時候文化所特有的隱喻或敘事描述，會與科學所不可或缺的物質表徵發生聯繫，當每樣事物都走在一起，當生命與藝術彼此輝映，這樣的狀態就會發生。

製造或接收這種經驗的心靈／靈魂無疑是真實存在的，人類的行為就是明證。我們理所當然認定個人的存在和意識的經驗是事實，也以此推己及人。認為這樣的存在和經驗含有深層的生物和生理結構，這絕不會不合理。致力於精神分析的人肯定如此認為，不少研究生理心理學的人亦然，尤其是將動機和情緒作為關注焦點的人。[5]那個結構被科學家和一般大眾同等接受為既定事實，將宗教經驗呈現為其基本功能的一部分——而那份宗教功能是全人類共通的，足以令我們在最小的程度上了解「宗教經驗」的意義——特別是如果我們在人生的某個時刻曾有過親身體驗的話。

這暗示什麼？或許是，生命真正的意義如果可以由每個個體單獨去發現的話，那麼，它就可以被發現，雖然要在與過去和現在的其他人的交流裡。因此，生命真正的意義很有可能不會在客觀存在中找到，而要在主觀存在（但仍具普世性）中尋得。例如，良知的存在就是一種證明；正如宗教體驗可以用化學方法可靠地誘發，也可以藉著舞蹈、詠唱、禁食、冥想等方法引導。此外，宗教觀念能夠將廣大人民結合在單一道德保護傘之下（即使這些觀念也可能依不同宗派而有分歧），這項事實同樣指出，有某種放諸四海皆準的元素從內心呼喚著。既然有明顯的共通性和必要性，而且幾乎可以確定，賦予價值的能力是古代便演化出來的功能，是我們試圖定義和了解的現實所挑選出來的功能，那我們為何如此輕易地認為這其中毫無真實性？

我們已經看到選擇極權主義會有的後果：他們認為應該集體承擔人生的重負、安排正確的路徑，將糟糕的世界改造成應許的烏托邦。共產主義製造出一種世界觀，吸引著看重公平的人，也吸引了內心嫉妒和殘暴的人。對於工業時代財富分配不均的問題，共產主義或許甚至可能是可行的解決方法，如果所有假想中被壓迫的人都是好人、所有的邪惡都一如假設，存在於他們的中產階級封建領主身上。共產主義者所遺憾的是，有相當比例的受壓迫者能力不足，不夠勤勤懇懇，沒有聰明才智，放肆淫蕩，權力薰心，暴力極端，怨恨嫉妒，而有相當比例的壓迫者卻學養俱佳且能力強，很有創意又聰明，而且真誠慈愛。去富農化運動（dekulakization）的狂潮襲捲剛建國的蘇聯全境時，執行財富重新分配的是一群滿懷報復與嫉妒的劊子手，而這些財富多半是以暴力從有能力又可靠的農戶手中搶奪來的。當時的「重新分配」財富造成了一個意外的後果，就是在全世界最肥沃的土地之一，有六百萬烏克蘭人於一九三〇年代死於饑荒。

二十世紀的另一群禍首則是德國的國家社會主義黨[i]人士，他們當然也是強大又危險的意識型態思想家。有人認為希特勒的追隨者是受到尼采哲學的啟迪，這個主張或許以悖離常理的方式包含了某種真理，因為他們確實試圖在創造自己的價值，雖然他們並沒有像尼采所提倡的那種個體去發展。比較合理的看法是，尼采所確定的文化和歷史條件，使得類似納粹宣揚的思想影響力非常可能崛起。納粹試圖創造出一種後基督教、後宗教的完美人類、理想的亞利安人，並且肯定不是以猶太教或基督教的規定來構築這個理想。因此，完美的亞利安人可能也確實被納粹構想成一種「高等人」。這並不表示納粹所謂的理想與尼采的理想有任何相似之處，而是正好相反：尼采熱烈推崇個體性，他會認為由國家創造出高等人類的概念既荒謬又令人憎惡。

❖ 謬誤偶像的致命吸引力

有些人還不至於採納馬克思—列寧和納粹那些聲譽掃地的意識型態，但仍相信現代世界司空見慣的各種主義：保守主義、社會主義、女性主義（及各種族群或性別研究主義）、後現代主義、環保主義等。他們實際上都是一神論者，或是敬拜極少數幾位天神的多神論者。這些天神就是必須以被接受而非被證明為前提的公理和基本信念，然後這個信仰體系才能受到採納。當它們被接受並應用於世界，就會讓一個假象流行起來：知識產生了。

這種產生某個主義體系的過程在初始階段很單純，但應用在模仿（和取代）實際上有效的理論時卻很怪異。意識型態思想家一開始會挑選一些抽象概念，它們的低解析度陳述裡藏匿著大型、未分化的世界區塊。這類例子包括「經濟」、「國家」、「環境」、「父權」、「人民」、「富人」、「窮人」、「受壓迫者」和「壓迫者」。使用單一詞彙，隱含著過度簡化，但其實極其分歧而複雜的現象（被遮掩住的複雜性，正是這些詞彙帶有相當重的情緒的部分原因）。例如，貧窮是很多原因造成的，沒錢是明顯的原因，但這個假設上的明顯正是意識型態的問題之一。教育不足、家庭破裂、社區犯罪率高、酗酒、藥物濫用、犯罪及貪汙腐敗（還有附帶的政治與經濟剝削）、精神疾病、欠缺人生計畫（甚至是未能了解制定人生計畫的可能性或必要性）、責任心低落、不利的地理位置、經濟局勢的變遷並因此造成整個工作領域完全消失、富者愈富窮者愈窮的明顯趨勢、低下的創意／創業創造力／創業意圖、缺乏鼓勵——這些在造成貧窮的多種問題當中

i 亦即納粹黨。編注

只是其中幾項，而各個問題的解決方法（假定有解決方法存在）絕不會明顯相同，每個推定和可區別的原因背後的壞人，也不是同一批壞人（如果壞人是找得到的）。

這些問題都需要謹慎又詳細的分析，然後生出多種可能的解決方案，接著再對這些解決方案進行謹慎評估，好確保會得到想要的結果。我們不常看到哪個嚴重的社會問題以這麼有條理的方式解決，也很少看到產生的解決方案帶來預期的結果，即使處理過程很有系統。要藉著充分的細節評估問題，以便了解造成的原因，然後要同樣不畏艱辛地產生出具體的解決方法，並加以測試，這整套過程的難度高到足以制止勇敢堅毅的人著手對付人類真正的困擾。意識型態思想家會把自己放在等式裡頭道德正確的一方，卻沒有進行這項工作所必要的真實努力，所以，比較輕鬆容易、比較能立即滿足的作法就是把問題化約成簡單的東西，再附上一個作惡多端的人，然後在道德上對抗他。

這些理論家把世界撕裂成無差別的大型碎片，描述每個部分的問題，指認適當的惡棍，然後製造出少少幾個解釋性原則或解釋力（這或許確實在某些方面有助於了解這些抽離出來的實體，或促成其存在）。接著理論家會為這少數原因賦予主要的因果影響力，忽略其他同樣重要或更重要的原因。最有效的作法就是運用某個主要的動機系統或大範圍的社會學事實或猜測，達成所要的目的；還有另一個好方法，就是基於某個沒有言明的負面、怨恨、毀滅性理由來挑選那些解釋性原則，然後把相關討論及這些原則存在的理由當作自己和追隨者（尤其是批評者）的禁忌。接下來，這些偽理論家會編造出一種事後理論，宣稱每一種現象無論如何複雜，都可視為新的總體計算系統的繼發性結果。最後，就會出現一種思想學校，宣傳這種簡化演算規則的方法，尤其是當這個思想家期望在概念上和真實世界中獲得統治地位時，而拒絕採用這個演算規則或批評使用者的人就被心照不宣或明確地妖魔化。

拙劣又腐敗的知識分子靠著這類活動和遊戲扶搖直上。這類遊戲的第一代參賽者通常最機靈，他們編造故事，以他們精選的因果律為中心，說明那種假想出的重要動機力量如何深刻地促成人類任何特定範疇的活動。有時這樣做甚至會有所助益，因為這類活動會闡明某一個本來被禁止討論或思索的動機，對人類行為和觀念可以有更大的影響，超出先前認為可接受的程度（佛洛伊德和他對於性的強調就是一例）。他們的追隨者拚命加入一個有可能掌握的全新統治階層（舊的統治階層已被當時的占領者塞滿了），痴心迷戀著那個故事，但他們並不如所追隨的對象那麼聰穎，於是狡猾地將「貢獻於」或「影響了」轉換成「導致」。發起人（們）因為追隨者的出現而心滿意足，也開始將他們的故事朝那個方向轉移；他們也可能表示反對，但這不重要，邪教式的狂熱吹捧已然形成。

這樣的理論化特別吸引一些懶惰的聰明人。憤世嫉俗也成為助力，傲慢自大亦然。新的追隨者得到的教導是，掌握這種競賽就是教育，他們將學會批判別種理論、不同方法，甚至日漸批判事實這個概念。如果能以一個難以理解的用詞搭配這個理論，那就更好了，日後可能的批評者連要學著破譯這些論點，都得花費寶貴的時間。此外，還有一種陰謀會迅速瀰漫在這種「教育」發生的學派，而漸漸地，這個學派只允許這類活動：不可批評這個理論，也不要被針對；不要不得人心；甚至還有：不要為了表達被禁的意見而得到低分或差勁的評鑑結果（即使這並沒有實際發生，但由於害怕它可能發生，許多學生、教授、職員或雇主都被壓制住了）。

前面提到過，佛洛伊德試圖將動機簡化為性慾、簡化成慾力（libido）。任何受過足夠教育、夠聰明，而且說話流利的人，都可以很有效地這樣做，因為「性慾」正如任何一個多面的單一詞彙，可以被使用者按照廣泛的解釋性目的，給予必要的緊密或鬆散定義。無論如何定義，性都是一個極重要的生物現象，是複雜的生命本身的關鍵，因此在任何重要的範疇，性的影響力都可以受到真實的探查，或受到捏造進而看似合理，然後被誇大（其他重大因素的重要性則會被減輕）。如此，單一的解釋性原理就可以無限擴張以符合需求。

馬克思就是以基本上根據階級的經濟方法描述人類，並將歷史描寫為布爾喬亞和無產階級間的無窮戰場。每件事情都可以用馬克思主義的演算法來解釋，有錢人是因為剝削窮人所以富有，窮人是因為被有錢人剝削所以貧窮。經濟不平等全部都是不受歡迎且無助於生產，是根本的不公平和腐敗所造成的。當然，馬克思的觀察具有一些價值，就像佛洛伊德的理論。階級是社會階層的一個重要元素，很容易以相當的穩定度繼續維持很長的時間。經濟的富裕或匱乏極為重要，而帕累托分布（Pareto distribution）這個該死的事實[6]，也就是擁有較多的人容易得到更多（這似乎適用於任何經濟體系），確實指出了財富累積在少數人手中。雖然有上述的階級穩定性[7]，這些少數人確實會有相當程度的變化，這是個關鍵重點，但相對富有的人總是少數，這個事實似乎永遠不變，令人覺得沮喪。

儘管馬克思主義含有假想中的優點，全世界試圖執行馬克思主義的地方卻都慘不忍睹，於是一些冥頑不靈而想在此刻繼續追隨的人，為這些觀念加上全新的裝扮並繼續前進，彷彿不曾有過任何重要的改變。有些思想家深受馬克思影響，也在當今學術界具有壓倒性的影響力（例如傅柯和德希達），他們基本上就是以「權力」取代「經濟」，修正馬克思主義的簡化概念，彷彿權力是人類所有行為背後的單一推動力（而諸如稱職的權威、態度和行動的對等互惠，則是都不算數）。

這種形式的意識型態化約，正是最危險的偽知識分子的標記。意識型態思想家是知識界的基要派，他們頑固死板、自以為是，又對於社會工程做出道德性的主張，與基要派一樣深沈又危險，甚至可能更糟，因為意識型態思想家聲稱自己具有理性，他們試圖證明自己的主張合理而周到，而基要派至少承認自己是忠於明知很武斷的事，比起意識型態思想家誠實多了。此外，基要派必然與超越界有關，這意味著上帝是他們道德宇宙的中心，根據基要派本身的教義信條，上帝高過一切，也超越完全的了解。右翼猶太教分子、伊斯蘭強硬派和極端保守的基督徒如果面對逼問，一定會承認上帝基本上是奧祕，這樣一來，至少為他們個人所主張的正義和權力提供了某種界線，因為真正的基要派至少還臣服於自己無法宣稱完全了解、更不可能掌控的對象。然而，意識型態思想家卻認為沒有任何東西會超出理解或掌控。意識型態理論解釋萬事萬物，包括過去、現在和未來的一切，這就意味著意識型態思想家自認擁有完全的真理，這是自相一致的基要派被禁止的事。世界上再沒有更極權的主張，再沒有哪種狀況更可能展現出最嚴重的過度驕傲了，而且不只是驕傲，一旦意識型態無法解釋世界或預測未來的時候，欺騙也會出現。

這個故事的教訓是什麼？要小心，有些知識分子會從自己的動機理論製造出一神論。更具體的說，對於多樣、複雜的問題，要提防那些總括性的單變項（單一變因）原因。當然，權力在歷史上扮演著重要角色，經濟也是，但嫉妒、愛、飢餓、性、合作、天啟、憤怒、憎惡、悲傷、焦慮、宗教、憐憫、疾病、科技、恨意、機運也都是，其中任何一者都不能被確定地化約為另一者。不過，化約的吸引力很明顯：簡單、容易，還有掌控的幻覺，可以在心理上和社會上帶來格外有用的結果，特別是在短期內。請不要忘記，我們經常發現單獨一個或一整幫惡棍，並進而洩露出暗藏的意識型態動機。

❖無名怨憤

無名怨憤[8]，亦即帶有敵意的憤慨，它之所以產生，是因為把個人失敗或不足的狀態怪罪於失敗或低階地位發生於其中的制度，尤其是怪罪在該制度內達到成功與高階地位的人。這個制度被強制視為不公不義；成功人士則被看成是剝削他人而又腐敗的，因為如果制度不公，這些人就可被合理解讀為不配得到其成就的受惠者，也是自願、蓄意、自私自利又不道德的支持者。一旦接受了這種因果鏈的想法，就可將所有攻擊成功人士的行為解釋成為了建立公平正義所做的道德正確努力，而不是傳統上可能會定義為可恥的嫉妒和覬覦表現。

意識型態的作為還有另一種典型特徵：意識型態思想家所支持的受害者總是無辜的（受害者有時確實無辜），加害者總是邪惡的（邪惡的加害者並不少見）。但是世界上有真正的受害者和加害者存在，並不能構成低解析度的總括式說法的藉口，認定全世界都是無辜的受害者和邪惡的加害者——尤其是這種不堅決將被告無罪推定列入考量的作法。**我們不應假設群體有罪，**當然也不能假設跨世代的群體罪疚。[9]這是控告者有著邪惡意圖的確鑿記號，是社會災難的前兆。而好處就是，意識型態思想家實際上不太需要付出代價，就可以將自己解釋成壓迫者的剋星、被壓迫者的守護人。當這樣的戰利品向人招手時，誰還需要細微的分別來確定個人有罪或無辜呢？

踏上這種無名怨憤之路，就是冒險陷入極大的悲苦怨恨。這有一部分是從外在而非內在指認敵人所造成的。例如，財富若是問題的癥結，有錢人被當成貧窮和世界上所有問題的主因，那麼有錢人就變成敵人。從某種深刻的意義來看，這很難與在心理上和社會意義上非常邪惡的邪惡程度有所區別。如果權力是問題的癥結，那麼，凡是建立任何權威的人，就是世界上所有苦難的單一原因。如果陽剛特質是問題的癥結，那麼所有男性（甚至男性的概念）就必須被攻擊、被詆毀[ii]。將世界區分為外在的惡魔和內在的聖徒，將自以為是的恨意（這是意識型態系統的道德觀所必要的）合理化，這是一種可怕的圈套：一旦辨認出邪惡的源頭，正義之士就有責任將之消滅，這就引來了偏執狂和迫害。世界上如果只有你和跟你想法一樣的人是好人，你在世界上就是會被下定決心毀滅你的敵人包圍，你一定要擊敗他們。

在道德上比較安全的作法，是從自己裡面找到世界的差錯，至少做到不故意盲目的誠實人士會考慮到的程度。當你仔細思量自己眼中的梁木，而非你弟兄眼中的刺，就有可能更瞭然於心地看到所有人事物的實情和責任歸屬。或許你自己的不完美顯而易見又數量驚人，可以做有利的處理，這便是你這位救星致力於淑世的第一步。讓自己承擔世界上的罪惡，也就是說，為一個事實負起責任，而這個事實就是你的人生和其他地方還有問題尚未撥亂反正——這便是彌

ii 別以為這種競賽不能（並未）反向進行。例如，在世界上許多地方，女性也適用。例如阿拉伯文的 awrah 意思是身體上私密的部分，必須用衣著覆蓋。這個字的字根 awr 意思是接近「脆弱」、「不完美」或「有缺點」的東西。最常用的英文翻譯是「裸露」。其他的意思還有「虛假」、「人造」或「盲目」。根據對波斯文學與伊朗研究頗負盛名的伊朗學者 Mohammad Moin 所編的字典，awrah 表示「裸露」或「羞愧」和「年輕女性」。按照這個概念網絡，從 awrah 衍生而得的 awrat 在各個受阿拉伯文所影響的文化中，都廣泛用來表示「女人」，因此女人被追隨伊斯蘭教瓦哈比派的人（他們極度保守、嚴格禁慾如清教徒）認為要為世界上的邪惡與誘惑充分負責，因而她們的行為必須徹底受到嚴格的限制，甚至不能在公共場所以各種方式展現自己。作者注

賽亞救世主之路的一部分，便是在最深切的意義上做到一部分的效法英雄。這是個心理或心靈議題，而非社會或政治議題。二流小說寫手筆下的人物只會簡單分成好人和壞人，而老練的作家會把善惡之分放在筆下人物的內心，讓每個人物都變成光明與黑暗永恆角力的所在。以心理學來看，更恰當的觀點（在社會上也更不危險）是假設自己就是敵人、你的弱點和不足正在危害世界，而非認定你和你的同黨擁有聖人般的美善，然後拚命搜捕你會在各處看見的敵人。

要打擊父權、減少壓迫、促進平等、改變資本主義、拯救生態環境、消除競爭心態、弱化政府、使每個組織比照企業經營運作，這是不可能的任務。這類的概念根本太粗糙籠統了。搞笑團體蒙提・派森（Monty Python）[iii]曾經以諷刺風格示範長笛教學：從長笛的一端吹氣，同時用手指在各個音孔之間移動。[10]很有道理，但完全無用，根本沒有提到必要的具體細節。同樣的，並沒有足夠真實又複雜精密的大規模步驟和系統存在，讓它們那種無所不包又一元化的改造有可能發生。有人以為他們做到了，這是二十世紀狂熱迷信的產物，這些狂熱的信念既天真又自戀，他們所提倡的激進主義，是怨天尤人的懶惰人士用來取代真實成就的替代品。那些為意識型態著魔的人認為個別的公理有如天神，他們的歸信者則盲目地為其效力。

不過，意識型態已死，正如上帝已死。二十世紀那些血流成河的暴行，已將意識型態處死。我們應該容它離去，開始處理並思考規模較小、定義得較精確的問題。我們對問題的概念化，應該放在自己可以開始解決的規模，不是藉著責怪別人，而是試著親自處理，同時負責承擔後果。

抱持適度的謙遜，把自己的臥室整理好，照顧自己的家庭，遵循良知的指引，整頓自己的人生，找到有幫助又有意思的事來做，而且全力投入。當你能做到時，再找一個比較大的問題，如果有膽量就試著解決看看。假如這樣也行得通，便繼續向前，進行更有抱負的方案。而這段過程有一個必要的起點，就是拋棄意識型態。

iii 英國的超現實幽默表演團體，活躍於一九六九年至一九八三年。譯注

RULE ·7·

至少為一件事盡全力，看看結果如何

❖ 熱氣和壓力的價值

地底深處的煤受到高熱和高壓時，原子會重組成鑽石特有的完美週期性結晶排列，構成煤的碳成分具有鑽石的形式後也具有最大的耐久性，因為鑽石是世界上最堅硬的物質。最後，它變得能反射光線。耐久性，加上閃耀的光彩，使得鑽石的特質被用來象徵價值。價值不凡的寶石是純淨的、排列合宜的，並且發出閃耀的光彩，價值不凡的人也是這樣。當然，光彩就表示意識經過增強和聚焦所發出的光輝。人類在白天會有知覺意識，而白天有光線，意識大部分是視覺方面的，因此要仰賴光線。被照亮或被啟迪，就是會格外清醒而有知覺，達到一種往往與神性聯想在一起的狀態。身上戴著鑽石，就變得與太陽的光芒有關聯，例如把國王或女王的頭像印在太陽形狀的金幣圓片上，就是一種幾乎通行全世界的價值標準。

熱度和壓力把平凡的煤這種基本物質轉變成清澈完美又價值珍稀的鑽石。人也是如此。我們知道，在人類心靈中運作的多種力量往往並不是彼此一致的。我們會做出希望自己不要做的事，明明知道該做哪些事卻不去做。我們想變苗條，卻坐在沙發上吃起司玉米棒並深感灰心絕望。我們優柔寡斷而沒有方向，內心惶惑不安，手足無措。我們表明意願，卻被誘惑向各個方向拉扯，而且浪費時間耽擱延宕，對此覺得糟透，卻不做改變。

正因如此，古人很容易相信人心被鬼神纏住，被祖靈、惡魔、天神占據，而這些鬼神都不見得會為了人類的好處著想。自從精神分析學家出現的時代以來，這些反對力量，這些縈繞在心、有時懷著歹念惡意的靈體就在心理學上被概念化為各種衝動、情緒或動機狀態，或是概念化為各種情結，表現得有如被記憶（而非意圖）統一在個人內在中的各種部分人格。人類的神經系統結構確實有階級性，最底層是強大的本能僕從，掌管口渴、飢餓、怒氣、悲傷、振奮、性慾，很容易向上攀升並成為我們的主人，也很容易互相開戰，但一個融合的心靈中的恢復力和力量卻並不容易取得。

古有明訓，一家若自相紛爭，就站立不住。[i]同樣的道理，一個人若是統合得很差，面臨挑戰時就無法保有完整的自己，他在心理結構的最高層次上無法團結一致，各種屬性無法得到適當平衡的混合（適當平衡是好脾氣者的特點之一），無法維持完整的自我。我們說「他失控了」或「他崩潰了」，就是這個意思。這個人在把自己收拾整理好之前，很可能會受制於一種或多種部分人格的支配，這可以是一種狂怒、焦慮或痛苦的靈體，在這個人怒氣失控時突然占領他。你可以在兩歲幼童發脾氣時最為清楚地觀察到這種情形，小朋友暫時失控了，在那一刻只有純然的情緒，發生這樣的事，通常會令這名兩歲幼童本人深感苦惱，而這種激烈的程度若表現在

i 出自聖經《馬太福音》第三章第二十四至二十五節：「若一國自相紛爭，那國就站立不住；若一家自相紛爭，那家就站立不住。」譯注

成年人身上，大概會嚇到身旁的人。控制怒氣的古老動機系統只是將這名幼童發展中的人格推到一旁，對他的意志和行動為所欲為。這個仍然很脆弱的中央集權自我正在努力對抗各方強大的力量，發展心理上和社會上的統合，他此時所遭遇的，是真實而不幸的挫敗。

內在缺乏統一和諧也會表現出痛苦增加、焦慮擴大、動機欠缺，以及伴隨著猶豫不決和不確定而導致缺乏快樂滿足。即使手上有十個選項都很理想，無法從中做出決定，也就相當於被這些選項煩擾糾纏。因為沒有清楚、定義明確、不互相矛盾的目標，就非常難以獲得令人生具有價值的積極參與感。清楚的目標也會將世界設限並簡化，減少不確定、焦慮和羞愧，以及壓力所釋放出的自我毀滅式的生理力量。整合不佳的人因此很不穩定又沒有方向，而這還只是剛開始。當反覆無常的狀態出現得夠多，再加上沒有方向，可能很快就會造成因長期徒勞無功而產生的無助和沮喪，而這不僅僅是一種心理狀態。它往往會導致壓力荷爾蒙皮質醇過度分泌，接著身體因沮喪而出現一些後果，基本上與快速老化（體重增加、心血管問題、糖尿病、癌症、阿茲海默症）的症狀沒什麼不同。[1]

社會方面的後果跟生物方面一樣嚴重。一個沒有統整好的人，對於最輕微的挫折或失敗跡象也會過度反應，無法進入有效的協商，連跟自己協議也無法，因為他沒辦法忍受討論未來可能選項時的不確定性。他不會感到滿意，因為他得不到自己想要的，而之所以得不到，是因為他不會為了選擇某個事物就放棄別的選擇。他也可能被極為薄弱的論點卡住而動彈不得。他有多種彼此衝突的次人格，其中一種會揪住這種通常與其最大利益相悖的論點不放，以懷疑的方式用這些論點支持其相反立場。於是，深陷矛盾的人如同被一隻手指抵住胸口的力道擋下，即使他可能會暴怒抨擊這道阻礙。為了堅決前進，一個人必須先把自己整理好，以可識別的單一目標作為前進的方向。

要瞄準，要指明。這都是成熟和規訓的一部分，該正確地加以看重。如果你沒有瞄準目標，每件事都會造成困擾。如果你沒有瞄準目標，就沒有前進的方向、無事可做，人生就沒有崇高的價值，因為價值觀需要將各個選擇分級排列，為高階價值犧牲低階價值。你是真的什麼都想達成嗎？不會要得太多嗎？鎖定明確目標（之後或許再增加）不是更好嗎？即使這也是一種犧牲，但這樣豈不是會讓你鬆一口氣？

❖ 最差的決定

我在蒙特婁的麥基爾大學攻讀臨床心理學博士時發現，凡是為這個愈來愈艱難的五到六年學業繼續努力的人，個性都有明顯的成長。他們的社交技巧進步了，表達更清楚，對於人生目的有深刻的體會；他們在人際關係上扮演很有幫助的角色，也更有紀律、條理，生活更有樂趣，即使研究所課程往往比以前的品質低落，臨床工作安排沒有薪資又不易完成，與指導教授的關係有時（並非總是）不太理想。剛開始讀研究所時，往往還不成熟也搞不清狀況，但由於必須做研究（尤其是準備寫論文）就會被迫訓練，很快就使他們的個性進步了。要寫出複雜又連貫的長篇大作，在最小部分的程度上意味著會變成比較複雜、表達更清楚、更有深度的人。

我擔任教授並開始指導大學生和研究生時，也觀察到這個情形。大學部心理系學生如果參與實驗室工作（並因而承擔額外的工作量），得到的分數會高於工作量較少的學生。扮演新進研究人員的角色有助於建立一個身分和一個社群，也必須自我訓練，尤其必須更有效地運用時間。我在臨床心理學家的工作上也觀察到類似的過程，通常我會鼓勵個案選擇當下能夠取得的最佳路徑，即使離自己的理想甚遠。有時，這就代表要忍受至少暫時降低企圖心或自尊，但好處是可以用真實事物取代只存在於想像中的內容，心理健康的進步幾乎都會隨之而來。

有哪件事值得全力投入嗎？如今我的年紀夠大，看過這個問題的各種不同回答方式呈現出來時會是什麼狀況。我當過大學生、研究生、教授、臨床心理學家、研究人員，也做過一些短期工作，一再看到這兩道發展軌跡的展現。基本上每個人都可以擁有這兩道路徑——每個還在發展路上、徘徊觀望、因不成熟而憤世嫉俗、充滿質問、事事存疑又懷抱希望的傻子皆然，我們在年輕、即將成年的邊緣時，或多或少都曾當過這種傻瓜。我認為事實就在眼前，許多承諾具有經久不衰的價值，尤其是關於人品、愛、家庭、友誼、生涯事業（大概就是這個順序）。凡是不能或不願在上述任一或所有方面建造園地並辛勤照料的人，總是難免因而吃苦。不過，做到承諾必須付上極重的代價。要追求大學文憑，就要犧牲和研讀，而選擇某個學科則代表要放棄別種學習路線的可能性。選擇一個伴侶或一群朋友也是這樣。在這些方面憤世嫉俗，或只會猶豫不決或心存懷疑，得到的就是輕鬆容易但事實上卻與你敵對的伙伴，讓不費心思的虛無主義理性侵蝕一切。何必費那些力氣？一千年以後哪有什麼不同？為什麼某條路比另一條更好？或者它並不優於任何一條？

我們有可能滿足於某個伴侶或另一個伴侶，某群朋友或另一群朋友，某種職業生涯或另一種生涯，甚至可能覺得快樂。在某種意義上，這些安排所帶給你的滿足也可以因為不同的選擇而產生，而每個選擇也各有深刻的瑕疵：浪漫的伴侶陰晴不定又難懂，浪漫的朋友也可能是如此，而每種生涯或工作都會包含挫折、失望、腐化、武斷的階級、內部的政治角力，還有決策過程的愚蠢。我們看不到明確或理想的價值，就可能斷言世界上沒有哪件事比別的事情更重要，或做出更絕望的同類結論：可見世界上沒有重要的事。但是，得出這些結論的人，無論具備在理性上多麼前後連貫的論點，都要付出昂貴的代價。如果還沒完成大學學業或某個行業的學習便半途而廢，以後就會吃苦。這裡指的是「半途而廢」而不是「失敗」，雖然兩者可能不易區分。有時候，失敗是因為當事人雖然立意良善又接受了必要的訓練，但就是無法勝任。例如，需要相當的口語表達能力，擔任律師才能如魚得水；對於機械物體要有相當程度的技能，才能成為木工。有時候，人與選擇之間的匹配程度太貧弱了，即使完全投入也不足以帶來想要的結果。不過，失敗很常是由於不夠專心致志、做出詳盡卻無意義的合理化辯解，又拒絕承擔責任，這樣很難得到好的結果。

沒有選擇工作或職涯的人，通常會惶惶然飄浮不定。他們可能會試圖用浪漫的叛逆或太早就感覺厭世與憤世嫉俗來為飄忽遊蕩辯解，可能會隨便認同某些前衛的藝術探索，或是使用烈酒或重癮藥物以及即刻性的滿足，來處理伴隨而至的絕望和漫無目的之感。但這些全部都不會造就出三十歲的成功人士，再老十歲的人就更不必說了。同樣的情形也出現在一些無法做選擇並忠於單一感情對象的人，或是無法或不願對朋友忠誠的人。這些人又寂寞又孤立，過著悲慘的生活，而這一切都只會為原本引發孤立的憤世嫉俗加上更深切的痛苦。你不會想讓自己的人生陷入這種惡性循環。

我所認識的大學或職業課程畢業生，都因而過得更好。未必「很好」，未必有最佳的發揮，未必對自己的選擇滿意得不得了，未必毫無懷疑和擔憂，甚至也未必肯定會繼續從事自己所學習的專業，但他們遠勝過那些中途退出、飄忽遊蕩的人。將整個人投入其中，加上伴隨而來的犧牲，會使持續努力的人變得成熟、變成更好的人。所以結論是什麼呢？有許多事情是我們可以投入的。我們可以提出理由，說明任何承諾和投入的本質都是任意隨機的，甚至很沒意義，因為有太多選項，因為需要投入的體制很腐敗。但這些理由無法證明承諾與投入本身沒有意義：人如果不選擇方向，是會迷路的。讓自己變成某個樣子，遠勝過維持原狀而一事無成，即使變成某個樣子會伴隨著各種真實的限制和失望。憤世嫉俗的人喪失信心，認為所有目標都是拙劣的決定。但是，超越這種憤世嫉俗思想的人（更精確的說法是，以更深刻的懷疑取代憤世嫉俗的人，也就是不相信懷疑本身是終極可靠的引導的人）會表示反對：最糟的決定就是不做決定。

❖ 訓練與和諧

使人能夠專注在一件事上的訓練要從小開始。小孩子非常年幼時，就會自動開始整理構成基本生存本能的多種情緒和動機，將其化為與他人的合作及競爭策略，而健全幸運的孩子處理這件事的方式既符合社會理想，又符合心理健康。當孩子這種自我引導的經驗被本能系統的出現（當這個孩子肚子餓、生氣、疲倦、寒冷）打斷時，好的父母便會介入，解決這些對孩子脆弱的整體性造成擾亂的問題，更好的情況則是教導孩子自己解決問題。第二種過程徹底完成時，孩子就可以進入社會了。這必須發生在四歲之前，否則可能永遠不會發生。[2]一個孩子必須在四歲之前充分自我組織，讓同儕覺得滿意，否則就可能永遠在社會上遭受排斥。如果四歲時仍隨便使性子，被排斥的風險就很大。

孩子若是訓練有素或有幸受到接納，同儕／朋友就會進一步助長整合的過程。孩子在與別人玩遊戲時，就是在訓練自己，學習讓自己各種相互競爭的衝動服從遊戲的規定、服從一件事——即使規定可能有多樣性；學習讓自己自願服從遊戲的規則和清楚界定的目標。要以這種方式參加遊戲的話，兒童就必須把自己改造成更大的社會機器中的一個功能性次單元。這可以詮釋成犧牲個體性，如果個體性的定義是無限制地選擇衝動式滿足。不過，以更高層次而言，更精確許多的說法是個體性的發展：正確運作並整合的個體，會調合當下的慾望和未來的種種必需品（包括跟別人玩得盡興的需要）。如此，童年各式各樣的遊戲與比賽便緩和了嬰幼兒晚期咆哮不已的不和諧音，而這種發展的當然結果，就是融入社會的安全感和遊戲的樂趣。

要注意的是，這並不是潛抑作用。這一點必須澄清，因為很多人認為，藉由選擇來施加規訓所阻止我們做的事，就會以某種方式永遠失去。許多父母親很怕管教會傷害孩子，主要就是基於這樣的想法（通常是針對創意）。不過，適當的規訓會帶來組織而非破壞。當孩子因恐懼而服從，或是沒有任何機會可以調皮搗蛋，就不是受到規訓，而是受虐。相反的，孩子得到恰當的規訓時，無論是來自父母、其他成年人，或其他的孩子（這是最重要的），都不會打擊、挫敗，並永遠抑制孩子的侵略性，甚至不會令那種侵略性昇華，或將之轉化成別的東西，而是會整合到日益精密發展的參賽能力中，以此滋養競爭力、提升專注力，因而有助於成長中心靈的更高目的。因此，一個充分社會化的孩子並不會缺乏侵略性，而是變得極為善於積極進取，使原本可能是破壞性的驅力，變質為鎖定焦點的毅力和受到克制的競爭力，從而造就了一名成功的參賽者。剛進入青春期時，這樣的孩子可以把自己整編到更複雜的比賽中——每個人都自願參與、以目標為導向的共同比賽，而且每個人都開心並從中獲益，即使每次只有一個人或一支隊伍可以獲勝。這份能力就是文明的初露曙光，表現在個別參賽者和團體的層級。這正是同時展現了合作，以及競爭和獲勝的機會，是成功的成年人必須做出更持久的決定時所必要的全部準備。

針對此時此地最適合進行哪一場比賽，當然可能會有所懷疑和爭論，而且很合理，但如果聲稱所有比賽因此都沒必要存在，這樣就不合理了。同樣的，雖然可以爭論哪一種道德觀是必要的道德觀，卻不可能因此主張道德觀本身並無必要。懷疑此時此刻哪個比賽是適當的，這並不是相對主義，而是針對背景脈絡進行明智的考量。例如，在喪禮上不適合快樂，並不表示快樂本身缺乏價值。同樣的，宣稱道德觀既必要又無可避免，這並不是集權主義，只是觀察到基本、原始的單一向度價值必須被納入社會組織結構之中，和平與和諧才能存在，並維持下去。歐洲進入文明開化，正是因為彼此敵對的多樣性匯聚在基督教統一的教義之下。以東方國家總體來說也同樣文明開化又統一來看，或許佛教、儒教或印度教也可能做得到，但完全沒有任何教義的話就不可能了。沒有比賽就不會有和平，只會有混亂。此外，比賽必須是可進行的（正如第四條法則的內容：注意，機會就潛伏在責任被放棄的地方）。這表示建構出比賽的，一定是一套共同接受的規則，也就是許多人會願意長時間遵守的那些限制。理論上而言，可能有許多這樣的比賽存在，但在最小程度上，同樣有可能的是：這樣的比賽只有寥寥無幾。無論如何，基督教的規矩和佛教的規矩絕非肆意制定，絕對不是毫無道理的迷信，正如一場可以進行下去的比賽，它的規矩不會只是任意獨斷或毫無道理可言的迷信。若是以為就算沒有支配一切且被自願接受的比賽，和平還是能夠存在，這就誤解了一種始終存在的危險：支離破碎的部落主義（tribalism），而人類非常容易毀滅性地退回這種狀態。

一旦社會世界迫使孩子把多重的次人格整合起來，他就可以和別人玩。在此之後，他應該準備好參與比較嚴肅的遊戲，亦即工作或職業，包含高度結構化的期待、技能、規矩。年紀更長時，他也必須學習不同性別之舞。他必須整合自己社會化的人格與另一個人的社會化人格，他和另一個人組成的配對才能和平存在，長期為社會帶來貢獻，同時也一直自願這樣做下去。這是伴隨著學徒制的心理及社會整合的雙重過程，所有一切都與心智健全的外包相關。如果堅守這個過程，就會成為在社會上世故老練、有生產力、心理健康的成年人，能夠真正與人互惠相助（或許，也能夠暫時擱置養兒育女所必須的互惠需求）。

不過，整合和社會化的故事並不會停在這裡，因為在名副其實的學徒階段，有兩件事正同時發生（正如比賽進行時，一邊學習比賽怎麼打，同時也學習良好的運動風度）。一開始，學徒一定要成為傳統與結構的僕人、教條的僕人，正如想玩遊戲的孩子就必須遵守遊戲規則。在最佳狀況下，這種奴役狀態代表以某種方式心存感激地與通常被視為父權的體制結盟。學徒身分代表高熱和高壓，正如新手工匠要接受同儕的試驗，法律系實習生會被雇主試用，住院醫師要接受主治醫師、護理師和病人的試驗。這種高熱和高壓的目的就是讓尚未發展的人格（此時完全稱不上「個體」）順從於單一路徑，為了將未受規訓的入門者改造成熟練的大師。

大師是學徒制合法正當的產物，卻不再是教條的僕役，相反的，他現在得到教條的服務，有責任維持教條，在必須改變時也有權改變。他曾經讓自己受到奴役，而今則身為精義的新興追隨者——隨著意思吹的風（靈，精義，見《約翰福音》第三章第八節[ii]）。大師可以容許自己

ii「風隨著意思吹，你聽見風的響聲，卻不曉得從哪裡來，往哪裡去；凡從聖靈生的，也是如此。」編注

保有直覺，因為他藉由規訓所獲得的知識將使他能夠批判自己的概念，並評定它們真正的價值。於是，他會更清楚地察覺自己所受的規訓，看見這些教條底下的基本模式或原則，從中得到靈感，不會盲目附和當時明確表達或具體呈現的規定。他甚至會仰賴自己的個性和所受訓練的完全整合，來更改或轉化那些比較基要、強烈憑直覺的原則，從而促成一種更高層次的統一。

❖ 教條與精義

具有限制性的規訓是遊戲／比賽的先決條件，也是發展出存在統一性的先決條件，這些規訓通常可以被視為「汝不可」（Thou Shalt Nots），也就是強調有些事情絕對不可做，與此同時，凡是被認為該做的事情則正在發生。遵守這些規定，就會帶來人格的成長——這個人格會帶有某種特性或本質（前面討論過，諸如培養出個人參與許多遊戲或一連串遊戲的有利條件）。正如許多其他的情況，這個概念看來已隱含在構成我們文化根柢的故事中。《馬可福音》有一段格外明顯的例子，就是針對史上最具影響力的遊戲規則「摩西十誡」的評語，以及一段概括性更高的內容，也就是針對規定本身的評語。十誡提到：

1. 除了我以外、你不可有別的神。
2. 不可為自己雕刻偶像。
3. 不可妄稱耶和華——你們神的名。
4. 當記念安息日、守為聖日。

5. 當孝敬父母。
6. 不可謀殺。
7. 不可姦淫。
8. 不可偷盜。
9. 不可作假見證陷害人。
10. 不可貪戀。

第一誡指出，必須以最高度的一致性為目標；第二誡指出崇拜虛假偶像的危險（將塑像或圖像與它應該代表而難以言喻的那位上帝混為一談）；第三誡的意思是，當人宣稱道德靈感從上帝而來，卻明知故犯做出罪行，就是有罪的；第四誡的意思是，必須留一些時間經常思想什麼是真正的價值或神聖；第五誡令家人維繫在一起，規定兒女要榮耀、敬重和感恩，這是父母犧牲奉獻所當得的回報；第六誡是防止殺人（很明顯），但這樣也可避免社群落入經常發生且有可能跨越世代的恩怨；第七誡明定婚姻誓約的神聖性，這是基於一個假定（如同第五誡）：家庭的穩定和價值具有至高無上的重要性；第八誡允許誠實勤奮的人民從自己的努力工作中獲益，不需害怕自己的生產被隨意奪走（如此一來，便使文明社會可能出現）；第九誡堅守律法的完善健全，減少或消除律法被當成武器使用的情形；第十誡提醒的是，嫉妒和它滋生的怨恨乃威力最強大的毀滅性力量。

我們可以把這些誡命看成安定社會中最低限度的一套規定，一種可迭代的社會遊戲。十誡是《出埃及記》所設立的規條，是那部令人難忘的故事中的一段，但是也指向某個東西，這個東西既從規條裡出現，卻又將其超越，而且構成了規條的精髓。它的核心概念就是：要自願屈從一套由社會決定的規矩，這些規矩的形成具有某種特定的傳統——然後就會浮現一種超越規矩的統一性。如果你專注於一個特定目標並堅持到底的話，這份統一性便形成了你所能成為的模樣。

《馬可福音》裡有一段故事與此概念有關。故事開始於基督前往耶路撒冷聖殿的行程，他在那裡趕出兌換銀錢和作買賣的人，以無法抗拒的魅力對人群講話，然後，「祭司長和文士聽見這話，就想法子要除滅耶穌，卻又怕他，因為眾人都希奇他的教訓」（《馬可福音》第十一章第十八節）。於是他們開始商議，質疑這位外來的陌生先知，希望誘使他講出可能致命的異端言論，又「打發幾個法利賽人和幾個希律黨的人到耶穌那裏，要就著他的話陷害他」（《馬可福音》第十二章第十三節）。基督應付這些質問者的手法算是非常高明，令他們只能氣憤又憎惡地不發一語。這段故事的最後，有個可以算是最困難又高深莫測的問題，提問者是個格外狡猾但或許也心不甘情不願地覺得欽佩的對談人（《馬可福音》第十二章第二十八至三十四節）：

有一個文士來，聽見他們辯論，曉得耶穌回答的好，就問他說：「誡命中哪是第一要緊的呢？」

耶穌回答說：「第一要緊的就是說：『以色列啊，你要聽，主——我們上帝是獨一的主。你要盡心、盡性、盡意、盡力愛主——你的上帝。』其次就是說：『要愛人如己。』再沒有比這兩條誡命更大的了。」

那文士對耶穌說：「夫子說，上帝是一位，實在不錯；除了他以外，再沒有別的上帝；

並且盡心、盡智、盡力愛他，又愛人如己，就比一切燔祭和各樣祭祀好得多。」

耶穌見他回答得有智慧，就對他說：「你離上帝的國不遠了。」從此以後，沒有人敢再問他什麼。

這表示什麼？透過有紀律地遵守一套適當規條而整合的人格，同時會（雖然有可能不自知）被最崇高的理想所引導，或加以模仿，而這份理想就是令這些規定美好、合理、必要的「道德觀」的共通要素。根據基督的回答，這份理想是單一的（「獨一的主」），是徹底的體現（「盡心、盡性、盡意、盡力」的愛），然後展現成一種對自我和全人類都相同的愛。

西方文化「不知不覺」以一齣非常深刻的戲劇為根基，反映了所有這些要點，因為西方文化源於猶太基督教的概念化。以心理學的角度而言，基督代表或體現了對教條的嫻熟掌握，以及（隨之而來）精義的浮現。精義是創造性的力量，假以時日，便導致教條的出現。精義也是在可能的情況下，持續超越歷久不衰的傳統的元素。正因如此，學徒時期結束於傑作的誕生，這份傑作的創造不僅意味著獲得了必不可少的技能，也意味著獲得創造新技能的能力。

雖然基督做出了許多可謂革命性的創新行為，正如本書第一條法則所言，但四部福音書仍將他明確描繪為傳統的大師，他也如此自我描述：「莫想我來要廢掉律法和先知。我來不是要廢掉，乃是要成全。」（Think not that I am come to destroy the law, or the prophets: I am not come to destroy, but to fulfill）（《馬太福音》第五章第十七節）英文新國際版《聖經》的用詞或許更好理解：「別以為我要來廢除律法或先知；我不是來廢除這兩者，而是來實現的。」（Do not think that I have come to abolish the Law or the Prophets; I have not come to abolish them but to fulfill them.）因此，基督既以傳統的成果自居，又自命為創造傳統和轉變傳統的力量。這種創造性衝突的模式充斥著整部《舊約聖經》，而《舊約聖經》的大部分內容就是一連串的故事，敘述先知獨排眾議的精神，對抗教條被用來為權力效力時難免引起的腐化。以最深層的心理學意義而言，模仿那種典範的人，就可被視為真正符合西方文化。

如果你在某件事上盡全力付出，你就會有所不同。你也會開始變成單一模樣，而非從前那樣喧囂的眾多樣貌。那個經過適度成長的單一模樣，不僅是由犧牲、承擔和專注形成了一個訓練有素的整體，也會藉著表現出人格與社會的整體和諧，創造、破壞、轉變規訓本身，也就是文明的本身。這就是真理之道，而一切從混亂中奪取的宜居秩序，永遠要依賴真理之道的功用。

至少為一件事盡全力，看看結果如何。

RULE ·8·

設法盡量美化你家的一個房間

❖ 整理房間還不夠

我鼓勵所有人把房間整理乾淨，此事眾人皆知。或許是因為，我是以相當認真嚴肅的態度提出這個樸實無華的建議，也因為我知道，那是個比看起來更艱難多了的苦差事。順道一提，我已經將近三年沒有成功整理自己的房間了，我指的是家裡的工作室，通常我會把它維持在相對嶄新、沒受破壞的狀態。在這近三年的時間裡，我的人生發生了太多變化，像是政治辯論、生涯轉換、不斷的旅行、堆積如山的信件，以及接踵而至的疾病，我因此陷入了極大的混亂，完全無力招架。再加上我和內人剛把家裡的一大部分做了整修，只要是找不到適當地方放的東西，都堆在我的工作室，導致混亂的情形雪上加霜。

網路上流傳著一張迷因圖，並根據圖中的內容指控我很虛偽：那是一張從我在工作室拍攝的影片中擷取的定格照片，可以看到背景相當雜亂（我也無法聲稱我本人看起來有比較好）。明明自己都做不到了，我有什麼資格要大家先整理自己的房間，再試圖整頓世界？這些反對意見於我而言有直接的意義與同步性，因為當下我自己出了一些問題，我的狀況無疑反映在工作室的狀態上。我繼續外出旅行，東西也愈堆愈多，不管什麼東西都堆積在我周圍。我以狀況特殊為由來替自己辯解，而在工作室日益混亂的同時，我也把不少其他物品收拾得整整齊齊了，但我還是有一種道德義務，必須重新讓工作室恢復正常。重點不只是我想把雜亂清理乾淨，我還想讓很多事物變漂亮：讓我的房間、整間屋子、然後或許，讓整個社會都變漂亮，不管用什麼方法，只要我能做到就好。老天爺知道社會有多麼需要改變。

要讓某樣東西變漂亮並不容易，但實在太值得放手去做了。如果你學著讓自己生活中的某樣東西變得真的很美，即使只是區區一樣東西，那麼，你就與美建立了關係，可以從那個點開始把那份關係擴展開來，延伸到你的生活和世界上的其他元素中。這就是一份超凡入聖的邀約，是重新連結上孩提時期的永生不朽，連結到存在真正的美妙與壯麗，那是你如今不復得見的。你必須敢於嘗試。

如果你研讀藝術（以及文學與人文科系），這樣做就是為了讓自己熟悉人類文明所累積的智慧。這是個極好的想法、一份如假包換的必要性，因為人類長久以來都在思考該如何生活，得到的成果很奇特，卻也豐富得無與倫比。那麼，何不以此為指南？你的眼界將更為宏大，你的計畫會更為全面，你將更明智、更完整地考慮到別人，也會更有效地照顧自己。你將更深遠地了解此時此刻，因為它植根於過往；你得到結論的方式也將更為謹慎許多。你會把將來當作一種比較具體的現實（因為你會發展出某種真正的時間感），比較不會因為一時衝動的享樂而犧牲掉未來。你會培養出某種深度、莊嚴和真正的深思熟慮。你講起話來會更精確，別人就更有可能聽你說話、更有成效地與你合作，正如你與別人合作時也是如此。你會成為更真實的自己，比較不會成為同儕壓力、時尚、流行和意識型態的工具，變得駑鈍又不幸。

買一件藝術品吧。找一件吸引你的作品，把它買下來。如果那是真正的藝術作品，就會滲入你的生活，並帶來改變。真正的藝術品是通往超驗經驗的一扇窗，你的生活需要這樣的東西，因為你很有限、有所缺乏、被自己的無知所框住。除非能與超驗經驗連結，否則當人生的挑戰令人望而生畏時，你不會有力量獲勝。你需要與超出你以外的事物建立一道連結，就像從船上落水的人需要救生用具，而邀請美感進入你的生活中，就是達成這個目的的一種方法。

正因如此，我們需要了解藝術的角色，不再將其視為可有可無或奢侈品，甚至更糟，把它當成矯揉造作之物。藝術是文化本身的基底，人類會在心理上統合自我，並與他人建立有益的和睦關係，藝術就是這段過程的基礎。有一句話說得很好：「人活著，不是單靠食物。」（《馬太福音》第四章第四節）完全正確。活著需要美，需要文學，需要藝術。人生若沒有與神聖的存在連結（而美就是神聖），便會活不下去，因為這樣的人生太短促、太陰暗、太悲慘。我們必須機警而清醒，做好準備，才能好好活著，恰當地適應世界，不會毀壞事物（包括我們自己）——而美可以幫助我們欣賞存在的奇妙，促使我們尋求感恩，否則我們可能很容易抱持著有害的怨恨。

❖ 記憶與眼界

孔雀的驕傲是上帝的榮耀。
山羊的色慾是上帝的贈予。
獅子的憤怒是上帝的智慧。

女人的裸體是上帝的傑作。

否極泰來，樂極生悲。

獅子的咆哮，狼的嚎叫，洶湧波濤的狂怒，摧毀萬物的寶劍，都是凡人無法看見的偉大永恆的一部分。

——取自威廉．布雷克，〈地獄箴言〉（Proverbs of Hell），
《天堂與地獄的結合》（*The Marriage of Heaven and Hell*）

小時候，我知道我家附近一帶所有房子的外形輪廓和細部情形，我熟知那些後街窄巷、圍籬後的各個角落、鋪路上每個裂縫的位置，還有從某個地點到另一個地點的捷徑。我的地理活動範圍並不大，但我徹底探索過，擁有非常詳細的知識。現在我成年了，卻不再如此。我只在費爾維尤生活了九年，童年和青少年時期大半時間都在那裡成長，但現在依然能夠詳細描繪出當時住家的街道。我在多倫多的同一條街上居住的時間已經超過那段時間的兩倍了，但對於我家附近的房子還是只有模糊的認識。

我並不覺得這是件好事。它令我很不自在，走在街上、瞥見當地的房子時，我彷彿感覺「房子」只是一個圖示（因為，每棟房子的特別之處，對我真的有什麼實際上的差別嗎？），然後我就把注意力轉移到別的東西上。我沒有看到房子特有的木板屋頂、顏色、那裡種種的花和建築細節，儘管我有可能對這些東西很感興趣，假使我注意看的話。人生走到這個點上，我在太多地方看過太多房子了，所以走過一間房子就知道它大概可以做什麼，而它的用途非常少。因此我會忽視房屋細部的獨特性和美感——它獨一無二的特點，無論好壞。當我路過時，我只會看

一眼來確定方向，然後就繼續思考，完全心不在焉。這實在虧大了。我根本沒有用心注意成年後居住的社區，不像小時候在家鄉那樣。我與世界的本體分離了，因而在某個很重要的方面少了一種非常深切的歸屬感。

對我而言，知覺感受已經被功能性、實用性的記憶取代。這在某些方面令我比較有效率，但代價則是對於世界的豐富只有貧乏的體驗。我記得剛開始在波士頓擔任新進教授時，我的孩子們大概兩、三歲。我非常專注於工作，努力想跟上，想讓職涯向前推進，想要賺到足夠的錢、靠一份薪水養家。下班回家後，我會和譚美帶著兩個孩子米凱拉和朱力安去散步。我覺得要保持耐心跟她們相處真的非常難。我有太多工作要做，總是如此——或我自認為如此，而且多年來我一直努力鞭策自己要繼續鎖定目標。如果我們去散步，我就想知道要走去哪個確切地點、要走多久才會到達，還有折返的精確時間。當你試圖與還在學步的幼童共享合理的愉快時光，就不能採用這種態度。如果你想讓自己沈浸在那樣的體驗裡，就不能如此。如果你想觀察、參與他們在無盡探索中所享有的樂趣，就不能如此。除非你想讓自己錯過某些極為重要的東西。

我非常不容易放輕鬆、專注於當下，看著兩個年幼的孩子在住家附近穿越大街小巷任意漫步，心裡沒有特定目的地、目標或時程安排，讓自己深深埋首在與一隻小狗、蟲子或蚯蚓相遇的體驗裡，或沈浸於他們在途中發明的某個遊戲中。不過，我偶爾可以暫時遁入那樣的參考架構（那是孩子帶來的奇妙贈禮之一），看見他們所居住的純樸世界，那個世界尚未被熟練而有效率的記憶所束縛，還能夠從每件事的新鮮感產生純粹的喜樂。但我還是一心掛念著之後的要事，因而不由自主地被拉回強烈的執念：要把下一個工作完成。

我完全明白，我錯失了美、意義和參與感，無論我的不耐煩帶來哪些效率方面的好處。我很嚴密、機警、專注，不浪費時間，但我為此付出的代價就是效率、成就和秩序所要求的盲目。我不再看見這個世界，只看見我以最高速度和最低成本探索世界時所需要的極少量內容，而那其中毫無驚喜。我有著成年人的責任，有一份吃力的工作，我必須照顧家庭，這表示要犧牲現在，致力於未來。然而，身邊有幼童、發現他們全神貫注於此時此刻並陶醉於身邊的事物，使我非常強烈地察覺到伴隨長大成人而來的損失。偉大的詩人明確意識到這一點，他們也傾盡全力提醒我們：

回想當年，草地、樹叢與溪流，
大地和所有常見的景象，
在我看來
都穿著神聖的亮光，
夢境般的燦爛新鮮。
如今卻已不同於過往，
無論我走向何方，
或黑夜或白晝，
當初所見，如今已不復得見……
蒙福的眾生靈啊，我聽到
你們彼此的呼喚，我看到
諸天與你們同歡同喜，

我的內心出席你們的慶典，
我的頭上戴著冠冕，
你們圓滿的幸福，我感受到，全感受到。
不幸之日！假使我抑鬱寡歡
而大地正梳妝打扮
在甜美的五月早晨，
孩子們從四面八方，
從各處，
從千萬山谷，
摘採鮮花；而陽光暖照，
嬰孩在母親懷抱雀躍蹦跳。
我聽著，聽著，欣喜地聽著，
但是，有一株樹，眾樹當中的一株，
以及我曾望見的一處田野，
都訴說著逝去的什麼；
我腳下的三色堇
也複誦著同樣的事：
異象中的微光如今何往？
燦爛與夢想如今安在？

——摘自威廉・華茲華斯，〈永生的信息〉（Ode: Intimations of Immortality from Recollections of Early Childhold）

確實有些人從未失去孩童時期燦爛輝煌的想像，尤其是藝術家（這的確是他們之所以是藝術家的必要元素）。身兼版畫家及詩人的英國畫家布雷克顯然就是這種人，他生活在一個慧眼獨具的世界裡，比起大部分人都更緊密察覺到哲學家康德所說的「物自身」（the thing in itself）[1]，因為我們一般人成熟的知覺日益受限，只會看到周遭環境的暗淡倒影。布雷克對於每個看似孤立的事件也有精密的敏感度，會察覺到當中的隱喻或戲劇性意義，領悟到每個事件都充滿迴盪著詩意而綿綿無盡的暗示：

每位農人都了解
每隻眼中的每滴淚
在永恆中都化為嬰兒
被聰穎的女性接住
再回復其本身的欣喜
羊啼、犬吠、吼叫、呼嘯
正是拍擊天國之濱的波濤
被懲罰而啜泣的嬰孩
寫下冥府陰間裡的復仇

乞丐的襤褸敝衣隨風飄動
將天空撕成碎片
士兵佩帶刀劍槍砲
因炎夏烈日而癱瘓
窮苦人民的四分之一便士
價值勝過非洲海岸所有黃金
勞動者雙手擰出的一小枚錢幣
將買賣守財奴的大片土地
若得到上蒼庇護
就要買賣通國
若有人嘲笑孩提時的信念
將於老邁壽終時淪為笑柄
若有人教孩子懷疑
將被葬在腐爛的亂墳
凡是敬重孩童信念的人
將戰勝地獄和死神

——摘自布雷克，〈天真的預言〉（Auguries of Innocence）第六十七行至第九十行

像布雷克這種真正的藝術家，從靈感而得的想像實在太多了，因為有太多東西超出受我們

記憶所局限的知覺。過去、現在與未來全部連在一起，形成深不可測的世界整體，每個層面都與其他層面連結，無一孤立，每件事都意味著某個必要卻超出我們理解的元素，而這一切都訴說著存有的奧祕如何令人無法抗拒。慧眼獨具的靈視者專注在每個人理論上都看得到的東西：或許是花瓶裡插著複雜又美麗的花朵，每朵花彷彿憑空而出，然後便凋謝復又再生；或許是春日的一堆乾草，加上它在夏季、秋色、寒冬中的面貌，可供觀察並描繪出其存在的絕對奧祕，包含不同的光影和色澤，還有外形的基本共性，而我們很容易將這種基本共性與完整又難以理解的實體混為一談。

你如何得知，劃過天際的每隻飛鳥
皆是浩瀚無邊的欣喜世界，
卻被你的五感遮掩？

——摘自布雷克，〈一個難忘的幻象〉（A Memorable Fancy），《天堂與地獄的結合》

本章起始的圖片便是由梵谷的畫作《鳶尾花》衍生而來。以此為例，要領悟梵谷的這幅畫作，就是透過一扇窗去凝視我們的感受力曾一度揭示過的永恆，如此才能記得，在我們縮減為平凡乏味的熟悉感之下，這個世界其實是何等令人敬畏、何等神奇。共享藝術家的感受力，讓我們與靈感的來源重新聯合，可以重燃我們對世界的喜愛，即使日常生活中單調沈悶又重複的工作把我們所見的一切都縮減成最狹隘、最務實的看法。

正因有此最早的情愛
這些朦朧的回憶
不管是什麼內容
都是我們畢生的光明之泉，
是我們所見一切的最大亮光，
支撐我們，給予撫育，且有力量
令我們喧囂的歲月成為
永恆沈寂中的某些片刻：令人覺醒的真理，
永不消亡；
無論是百無聊賴或癲狂行徑，
無論是成人還是孩童，
無論是任何敵對欣喜的事物，
都不能徹底破壞或消滅！

——摘自威廉・華茲華斯，〈永生的信息〉

這一切都非常令人怖懼。察覺自己竟已變得徒具軀殼，是很恐怖的事。曾見存在於遠處的超驗性真實，就算只有片刻，也相當令人畏懼。我們自以為用精心製作的豪華畫框為偉大的畫作鑲邊，是為了美化它們，但這樣做，在最小程度上只是在向自己強調，這幅畫本身的壯麗輝煌就到畫框為止。這樣的束縛和劃界，令我們所熟悉的世界維持完好無損、文風不動，令人心安。我們不想讓它的美往外延伸，超出被施加的限制，打亂熟悉的一切。

我們會在博物館做這種事，博物館就是天才的收容所：我們隔離了每一件偉大的事物——基本上可以被散布到世界各處的每樣東西都是。為何不能讓每個小鎮都有一處聖地、專門存放一件偉大的藝術品，而不是把每件藝術品收集起來，害任何人都無法立刻欣賞？一個房間、甚至一棟建築物裡展示一項傑出的作品，難道不夠嗎？把十件、甚至一百件重量級藝術品放在單一房間裡，根本是荒謬，因為每件作品本身就是一個世界。這種大量收集的方式，有辱其獨一無二又卓越非凡的特殊性，降低了無價之寶不可取代的價值。是恐懼誘使我們將藝術禁錮起來，而這並不足為奇。

你認為一千畝很多嗎？你認為地球很大嗎？
你練習很久才懂得識字嗎？
你領悟了詩歌的含意而十分自豪嗎？
今朝今夕請和我一起停下腳步，你將擁有所有詩歌的來源，
你將擁有大地和太陽的好處（另外還有千百萬個太陽），
你將不再以第二手、第三手接觸事物，
也不會透過逝者的雙眼觀察，或以書中的幽靈為滋養，
你也不會透過我的雙眼觀看，不會從我接受事物，
你將聽取所有面向，自己過濾一切。

——惠特曼（Walt Whitman），〈自我之歌〉（Song of Myself）

成年人用簡單愚蠢覆蓋了世界，因此當我們敞開內心面對世界之美時，可能會激動莫名而不知所措。然而，如果不這樣做，例如，沒有好好地跟一個小朋友一起散步，我們就會失去這個不受束縛的世界持續帶來的莊嚴宏偉和驚嘆敬畏，人生也會縮減到只剩下單調乏味的必需品。

❖你所認識、所不認識之地，以及甚至無法想像之地

你住在自己認識的地方，從實務和概念上而言皆然。但請想像此處以外的情形。有一大片空間裡的事物是你不認識的，但別人可能至少了解一部分。然後，在所有人都認識的範圍以外，又有一片空間，裡面的事物完全無人知曉。你的世界是已知的領域，被相對未知的領域圍繞，再被完全未知的領域圍繞——然後在更遙遠處，又被完全不可知的事物圍繞。這些全部加起來就是標準、典型的地景。未知就在已知的當中向你展現自身，這樣的揭示有時很刺激，但往往也相當痛苦，而這正是新知的來源。不過，有個基本問題仍然存在：這份知識是如何產生的？人所理解並可以了解的內容並不會一下子就從完全未知蹦出來，變得徹底又不言而喻地清晰、明確。知識必須經過許多分析階段、經過大量轉換，才會變為像是司空見慣的事。

第一個階段是純粹的行動——最基本層級的反射動作。[2] 如果某件事令你驚訝，你會用身體發出第一個反應。你會防衛性地彎腰蜷伏，或僵立不動，或慌張逃走，這些都是初期的表現和分類方式。彎腰蜷伏代表有掠食者攻擊，僵立不動代表有掠食者威脅，慌張代則代表因恐懼而必須逃走。隨著這些無意識而且無法控制、以身體表現的直覺動作，可能性所構成的世界開始化為現實。可能性和潛力一開始並不是概念上的實現，而是以身體表現出來，但這仍然是表

徵性的。(它不再是我們先前所指的東西本身，而是已經變化成一種相符的身體反應，那就是一種表徵。)

或許你晚上待在家裡，只有自己一人，夜深了，一片漆黑。一陣突如其來的噪音嚇了你一跳，你整個人僵住。這是第一個變化：未知的噪音(一種模式)造成僵住的姿勢。然後你心跳加速，準備採取(不確定的)行動。[3]這是第二個變化：你準備行動。接著，你的想像在黑暗裡填入任何可能發出噪音的東西。[4]這是第三個變化，是完整而實際的一連串變化中的一部分：具體表現的反應(僵住且心跳加速)，然後是意象的、想像中的表徵。後者是探索的一部分，你可以克服自己的恐懼，以及與恐懼相關的僵硬不動(假設沒有其他太意外的事情發生)，然後探查那處現場，該處曾經是令你舒適的住家的一部分，而噪音似乎由此出現。你現在已經開始積極探索，這是直接察覺的前導(希望沒有太戲劇性的東西)，然後才會對於來源有明確的認識，之後，會再回到例行的內容和滿足的平安，如果最終證明噪音並沒有什麼大不了的話。這就是資訊從未知流動到已知的過程(除非噪音並非無關緊要，那樣就麻煩了)。

藝術家這樣的人就站在將未知轉化成知識的邊陲地帶，自願向未知進行突擊，取得其中的一小部分、將之轉化成一幅圖像。他們可能透過編舞或跳舞，藉由可向他人傳達(雖然不是透過文字)的身體展演，表現出世界所要揭示的一切；或許他們會透過演戲來表示，這是一種精密複雜的身體表現和模仿形式；又或許是透過繪畫和雕刻；他們也可能藉由撰寫劇本或小說來進行。在此之後，知識分子出現了，他們以哲思和批判來提取並清晰表達這部作品的表述與規則。

想想那些富含創意的人在城市裡扮演的角色。他們通常不得溫飽，因為藝術家幾乎不可能在商業上功成名就，而飢餓正是他們部分的工作動機（千萬不要低估了日常必需品的效用）。他們過著貧苦的生活，在城市中探索，然後發現一些過去曾有過美好時光，但如今悲慘可憐、幾乎成了犯罪區的破敗區域，他們前往探查，翻找打聽，然後想到：「嗯，稍微加工一下，這一區就會很酷。」接著他們入住此地，拼湊幾個藝廊，加入一些藝術。他們沒賺錢，但是卻將這個空間變文明了。他們的行動把太危險的事物提升並轉化成前衛先進之物，然後就冒出了一家咖啡店，再來，或許會有跳脫傳統的服飾店，接下來就有仕紳階層遷入，他們也是創意型的，但比較保守（可能比較不那麼拚命，至少比較不願冒險，因此他們不是最早前進未開發地帶邊緣的人）。然後會出現開發商，再來會有連鎖店，之後，中產階級或上層階級會在此安身立命。接著藝術家就得搬走了，因為他們不再付得起租金。這對於前衛人士是一種損失，但沒有關係，儘管這樣很殘酷，不過因為這裡已有穩定性和可預測性，藝術家就不該繼續待下來了。他們需要讓別的地區回春，需要有另一個展望來占領，那是他們的自然環境。

藝術家總是在那個邊緣地帶把混亂轉化成秩序，環境可能非常嚴苛又危險。在那裡生活的藝術家經常冒著完全落入混亂的風險，無法進行改造。但藝術家素來定居在這樣的地方，生活在人類理解力的邊界之上。藝術與社會的關係，就如同夢境與精神生活的關係。你做夢時極有創意，因此你記得某個夢境時就會想著：「這到底是從哪裡蹦出來的？」某個東西竟然會出現在你的腦袋裡，而你完全不知它是怎麼出現的、代表什麼意思，這真是非常奇怪，難以理解。這是奇蹟：大自然的聲音呈現在你的心靈中，而且每天夜裡都在發生。夢境就如同藝術，在秩序和混亂之間居中調解，所以夢境有一半是混亂的，這就是它無法理解的原因。夢境是一種靈視，它不是發展成熟、明確清晰的產品。將這些呼之欲出的靈視具體化為藝術品，就是開始把人類不了解的東西轉化成人類至少可以開始看見的東西，這就是藝術家的角色，他們擔任先鋒的位置，這是他們在生物上的適當位置，他們是最早帶來文明開化的行動者。

藝術家們並不完全了解自己在做的事。如果他們在做的是真正全新的事，就不可能完全了解，否則他們就可以說清楚那些事情是什麼意思，然後就結束了，不必用舞蹈、音樂和圖像來表現。但他們是被感覺引導、被直覺引導、被他們探測藝術模式的能力所引導，而那全都是要去體現而非明白講述的，至少在最初階段是如此。藝術家創作時是在跟某個問題對抗、搏鬥、角力，甚至可能是他們並不完全了解的問題，他們拚命想讓全新的東西明朗化，否則他們就只是宣傳家，顛倒了藝術創作的過程，企圖將已能清楚說明的事物轉化成圖像或藝術，目的則是修辭上或意識型態上的勝利。這是巨大的罪，利用較高層次來服務較低層次的目的，這是極權主義的手法，使文學藝術從屬於政治活動，或刻意模糊二者之間的分別。

藝術家一定會跟自己不了解的東西奮鬥，否則就不是藝術家，而是裝腔作勢專家或浪漫幻想家（通常是浪漫的失敗者），又或者是自戀狂或演員（而且並不是有創造力的那種）。真誠的藝術家很可能對自己的直覺有著獨特而古怪的痴迷，並受其支配，即使要面對不贊同的意見，即使非常可能被拒絕、被批評、承受實際上和金錢上的失敗，也願意全心追尋。當他們成功了，他們會使世界變得比較容易被了解（有時是以全新而更好的事物取代比較「被人了解」但當下卻已然過時的事物）。他們讓未知的一切更靠近意識、社會以及被清楚表述的世界，然後大家注視著這些藝術品、觀賞戲劇、聆聽故事，開始從中接收訊息，擁有觀點，卻不明白是怎麼發生，又為何發生。大家都從中獲得巨大的價值，或許比其他任何東西都有價值。世上最昂貴的工藝品、那些在字面意義上真正或接近真正的無價之寶，就是偉大的藝術作品。

我曾到紐約的大都會博物館參觀，裡面收藏了許多偉大又知名的文藝復興時期畫作，每幅都價值連城——假如可以購買的話。陳列這些藝術品的展區可以說是一個聖地，是神聖非凡之地，對基督徒或無神論者都是。它位於最昂貴又最有威望的博物館內，在品質最高又最令人嚮往的房地產上，樹立在全世界最活潑、最刺激的城市裡。這些收藏歷經很長的時間才完成，而且克服了重重困難。館內擠滿了人，當中不少人在前來參觀的旅途上，一定也懷著可以算是朝聖的心情。

我問自己：「這些人長途跋涉，來到這個如此精心策展的地方、認真端詳這些繪畫，是要做什麼？他們認為自己在做什麼？」有一幅畫的主題是馬利亞無玷成胎，構圖相當精妙：上帝之母升上高天，處在一種福樂滿足的狀態，被雲彩的光暈環繞著，身旁還有許多小天使的臉孔。許多人聚在此處注視著這幅作品，深感陶醉。我心想：「他們並不知道這幅畫的意義，不了解那道光暈的象徵意義或小天使的重要性，又或是上帝之母被尊崇的概念。畢竟上帝已死——據說是如此。這幅繪畫為何仍保有其價值？它為何會在這個房間、這棟屋子裡，與其他畫作一起在這個城市裡，受到嚴密的護衛而且不准碰觸？這幅畫及其他的畫作為何是無價之寶，使那些一無所缺的人心嚮往之？這些作品為何如此謹慎地貯藏在這座現代聖壇裡，世界各地都有人來參觀，彷彿這是一種義務——甚至彷彿這是值得嚮往或必要的？」

我們對待這些物品，彷彿它們是神聖的。至少我們接近它們時的舉動這樣暗示。我們帶著無知和驚奇注視著它們，記起原本遺忘的事物，極其隱約地察覺到自己不復得見的東西（或許是我們不再願意看到）。未知在大藝術家的作品中若隱若現地閃耀著，令人敬畏而難以言喻的元素開始化為現實，卻還保有豐富得驚人的超凡力量。這就是藝術的角色，藝術家的角色。難怪我們將他們危險又神奇的作品上鎖、加框，與所有的東西分隔。假如某件偉大的作品受損，消息會傳遍世界。我們感覺到文化的根柢發生一波震盪，我們的現實所賴以維繫的夢想會搖晃、移動，我們自己也焦躁不安。

❖ 一個房間

我們夫妻住在一間雙拼式的小房子裡，起居室的大小不超過四坪，但我們盡其所能把它變得非常美，也努力把其他的空間布置得很漂亮。起居室裡掛著幾幅大型畫作（當然不會符合所有人的品味；那些都是蘇維埃寫實派和蘇維埃印象派的畫作，有些是描繪第二次世界大戰，有些是表現出共產主義的勝利），還有各種的立體派小型畫像，以及深受原住民傳統影響的南美藝術品。不久前我們整修了房子，這個房間原本擺了至少二十五幅畫，包括大約十五幅十二吋乘以十二吋的小型作品，還有一幅是在天花板上，雖然是油畫，但會讓人聯想到中世紀的蝕刻畫。我用磁鐵把它固定住，那是在羅馬尼亞的一間教堂買的。最大的一幅有六呎高、近八呎寬（我非常清楚，把這些畫全堆在這麼小的空間裡，違背了前面提過的重點：應該把一個房間甚至一間房子奉獻給單一藝術品，但我只有這一間房子，所以情非得已：如果我想收集畫作，就必須放在我能夠放的地方）。在這間房子的其他空間裡，我們用了三十六種不同的顏色，整間房的牆面和鑲邊也有各種不同的色澤，所有色彩的搭配都符合一幅以五〇年代芝加哥某個鐵道站場為主題的大型寫實派畫作，繪圖的藝術家也幫我們規劃並整修房子。

我是在 eBay 上買到這些蘇聯藝術品的，賣家是專售蘇聯時期手工藝品的烏克蘭二手商。

有一段時間，大約有二十名烏克蘭商家會寄照片給我，介紹他們從蘇維埃官僚體系的遺跡搜括到的各種繪畫，大部分都很可怕，但有些則令人驚豔。例如，我有一幅很棒的作品，裡面是第一個進入太空的尤里．加加林[i]站在一支火箭和雷達裝置前面；另一幅畫是一九七〇年代的，主角是個孤單的士兵，在一組大型無線電發報器前面寫家書給他的母親。看到才華洋溢的藝術家把相當現代的事件以油畫作為紀念，實在很有意思（蘇聯的學院從十九世紀起就一直持續運作，雖然他們的創作有極大的限制，但通過的人就會變成技藝純熟的畫家）。

蘇聯的繪畫最後占領了我家，大部分都是小型作品，而且便宜得要命，我買了好幾十張。蘇聯時期的藝術圈產生了自己的印象派，通常是描繪風景，比古典法國印象派更粗獷又更刺眼，但很合我的胃口，使我想起了在加拿大西部成長的歲月。在找尋這些作品的過程中，我接觸到大量的畫作，我想，比有史以來的任何人更多吧。從二〇〇一年開始至少四年以來，我在eBay上搜尋，每天瀏覽近一千幅畫[ii]，從中找尋一兩張真正的好作品。最常見的是俄羅斯或蘇維埃風景畫賤價拋售，畫得比我在多倫多看過的藝廊或博物館收藏品更好。我會將這些畫列在我有興趣的項目中（這是eBay的特點）並列印出來、攤在地板上，然後請內人幫我縮小選擇範圍。她慧眼獨具，也受過相當的藝術家訓練。我們會刪掉有瑕疵的選項，把其餘的買下來。於是，我的孩子們是在藝術環繞下成長的，這一定留下了烙印。我收集的許多幅畫現在都掛在他們的住處（他們會避開比較有政治味的蘇聯宣傳品，而我對這些畫有興趣是因為它們具有歷史意義，也因為藝術——畫家無可否認的才華結晶——與藝術注定要服務的政治宣傳，二者持續在畫布上對抗著。我可以告訴你，隨著歲月的流逝，藝術的光芒穿透了宣傳，觀察這件事情非常有意思）。

大約在此同時，我也試著把我在學校的辦公室布置得更漂亮。我原本的辦公室已經做了些美化，遷移後，我也請那位幫我家重做室內設計的藝術家協助（我還向他購買了許多大幅的畫作，都掛在家裡），改造原本像工廠似的、採日光燈照明而且有七〇年代醜斃了的密封窗、令人渾身不舒服的新辦公室，讓它變成稍微有點品味的人可以坐在裡面三十年而不會想死的地方。基於一致性的規定（或行政系統對這些規定的解讀），學校的教授不可大肆整修這些空間，所以我和這位藝術家朋友想出了替代方案。

我們決定在離地面兩公尺高的煤渣空心磚牆上釘一些沈重的鍍鎳鉤子，以大約一公尺的距離兩兩相隔，然後用這些鉤子掛上打磨且上色過的兩公分厚木板，單面貼櫻桃木皮，瞧——我就有了一間木板鑲嵌的辦公室，只花費大約八片七十五美元的夾板，再加上一些勞力。我們會找個四下無人的週末來安裝這些木板，然後再盤算要怎麼幫天花板上油漆（我們很小心，因為磁磚上方有石棉）。假天花板、生銹的通風格柵加上日光燈，這種地方就是地獄；陰暗醜陋又枯燥，再加上省錢的特點所營造的蕭條氣氛，一定會嚴重抑制生產力，影響遠超過最便宜的建築手法和最令人窒息的燈光省下的金錢。日光燈照到的每個人都像死屍一樣，真是省了小錢、浪費大錢。

i 尤里．加加林（Yuri Gagarin, 1934-1968），蘇聯空軍及飛行員，一九六一年四月十二日成為首位進入太空的人類。編注

ii 每天一千幅畫乘以三百天，再乘以四年，就等於一百二十萬幅畫，這一定創下某種紀錄了（並不是有多重要，但想來也很有趣），主要是因為我認為要看到那麼多幅畫，在網路科技讓人類能使用大量資料之前根本就不可能辦到。作者注

我們會把天花板漆上一種名叫蓋銹麗（Hammerite）的金屬防銹塗料，乾掉之後會像搥打過的金屬片，就能把無可避免的工業風（處理得當的話也很有吸引力）改造成既有深度又獨一無二的風格，這也可以用最少的花費來達成。一張漂亮的地毯（或許是波斯地毯，在eBay上也不貴）、一些品質不錯的布簾、一張像樣的工業風書桌：用一個週末祕密進行，就會得到一個文明人可以進駐而不覺得討厭或自卑的辦公室。

但我犯了一個大錯。我把自己的計畫告訴心理系的一位資深行政人員，她曾跟我聊到我們這一區的地板實在醜斃了、每間辦公室也很陰暗，我以為我們已經達成共識：改善是正當的。我以為她和我同一陣線。我們甚至聊到要改造她在轉角的辦公室。然而當我開始興奮地分享自己的打算，她看起來不太高興，一點也不開心，接著突然脫口而出：「你不能這樣做。」我無法置信地搖搖頭，心想：「什麼？我打算讓醜到極點的東西變好，而且速度很快又不麻煩，也不會伸手要錢，你的反應竟然是『你不能這樣做』？」我說：「你的意思是什麼？」她說：「就是，如果你去做了，其他人也都會想做。」我心裡閃過四個念頭。第一：「不會啊，其他人不會。」第二：「每個人都可以去做，因為太便宜了。」第三：「我還以為我們都是頭腦清楚的成年人，是在大學裡面用建設性的交談討論改善某個重要的東西，但事實上我們是在幼兒園遊戲區嘰嘰喳喳爭吵的小孩。」第四：「我以為我是在跟正常又講理的人談話，但我顯然錯了。」她用直接威脅結束這段對話：「不要逼我出手。」我真蠢，竟然還想得到許可。（事實並不然：我是在試圖交流一件很激勵人、很美又很令人興奮的事，然而它卻以一場權力遊戲作結。）但我沒有說出我的任何一個念頭（雖然我非常想要全部說出來），只是立刻重新調整策略。

我和這位藝術家好友本來就相當熟諳中階官僚基本上既愚蠢又不會讓步的態度，所以早已想出一套比較節省的B計畫，就是仔細挑選牆面的油漆（而非使用更合我心意的木料），在能夠動手的地方就加上重點漆來發揮，並搭配地毯和布簾。我還是得跟行政單位爭取，才能用上我挑的顏色（搭配辦公室的工業風），但我贏了。B計畫並不如A計畫來得好，但仍遠勝過安於現狀。後來我再加上銅製的吊頂天花板，使用輕型的黏著式塑膠瓦，精確模擬裝飾性的金屬，再掛幾幅畫，然後加上一些合適的雕像。學生、同事和訪客進來的時候都愣了一下，發現我的辦公室是個兼具創意與美感的地方，而不是開著日光燈的超級恐怖工廠。於是，訪客都很驚奇——他們驚喜、放鬆、開心。

不久後，我發現心理系人員會帶著可能要聘用的新人來參觀我的辦公室，向他們說明多倫多大學裡可以有怎樣的創意自由。我覺得實在超級可笑，為此事思索良久。我所遭受的抵制力度大得不可思議，令我不禁納悶：「天啊，他們似乎很怕我要在辦公室裡做的事，或許是有某個我不了解的原因，很重要的原因。」然後我偶然看到生物學家羅伯特·薩波斯基（Robert Sapolsky）的一則關於牛羚的故事。[5]牛羚是群居動物，而且非常不易分辨（或許別頭牛羚不覺得難分辨，但想研究牛羚的人確實覺得很難），全都混在一起。這件事曾有一度對生物學家造成嚴重的阻礙，因為他們需要觀察單一動物個體一段足夠長的時間，才能針對牛羚的行為得到某些結論。他們觀察某隻牛羚、暫時移開目光做筆記，再抬頭掃視的時候就找不到同一隻牛羚了。最後他們決定用一種可能的解決方法：他們開著吉普車靠近牛羚群，帶著一桶紅漆，用一根桿子綁著一塊布，輕輕在一隻牛羚的背上塗上紅點，這樣就可以追蹤這隻動物的活動，希望能學到關於牛羚行為的新知識。不過，這隻牛羚現在與整個群體有所分別了，你猜會發生什麼事？隨時潛伏在牛羚群附近的掠食者會成功擊敗牠。獅子是牛羚的主要威脅，牠們無法輕易擊敗某一頭牛羚，除非牠能辨認這頭牛羚。獅子無法獵捕模糊不清而難以辨識的群居動物，無法同時追捕四頭牛羚，牠們的獵捕行動必須圍繞著一隻可供辨認的個體，因此當獅群追捕幼獸或跛行的牛羚時，牠們並不是自然展現有益的利他主義、篩選出病弱的牛羚；牠們寧願大啖健壯可口又美味多汁的牛羚，而非老邁病弱瘦小的牛羚，但牠們必須能夠辨認得出獵物。這個故事告訴我們什麼道理？要是讓自己色彩絢麗、表現顯眼，獅子就會獵殺你，而獅子隨時環伺在旁。

你伸出脖子，刀子就下來了。許多文化都有這種俗語。英文怎麼說呢？「特別高的罌粟花，就會最早被鐮刀砍下。」日文版本則是：「特別突出的釘子，最快被榔頭敲平。」這是個不算無足輕重的觀察，它有它的共通性。具有藝術性、創造性的工作有高風險，回報的機率很低。不過，特別高回報的機率確實存在，而創造性的工作雖然危險又不太可能成功，卻絕對是令我們能站穩腳跟的轉變所必要的。萬物無一不變，正因如此，純粹的傳統主義勢必難逃滅亡。我們需要新元素，即使只為保有自己的位置。我們也需要看見自己因為專長和專業領域而變得對哪些事物視而不見，這樣才不會喪失與上帝之國的聯繫、死於自己的單調無聊、厭倦、傲慢自大、無視美感，以及令靈魂麻木的憤世嫉俗。再說了，我們究竟只是無助的獵物，只能畏縮地保護自己、躲藏偽裝，抑或——我們是人類？

❖ 並非裝飾

抽象的藝術，或是只為了價值震撼（shock value）而致力於製造出厭惡或恐懼等負面反應的藝術，經常令人心煩意亂。我極度尊敬傳統美學的理念，因此對那種反應頗有同感，而且毫無疑問，有些人只是用藝術的託辭掩飾對傳統的鄙棄。不過，時間的推移流逝會區隔出真正富含靈感的作品和假藝術的不同，即使並非百分之百完善，至於不具關鍵重要性的作品通常就會遭人遺忘。我們也很容易犯下相反的錯誤，以為藝術應該美觀又容易欣賞，不必努力、也不會帶來挑戰：它應該是裝飾性的，搭配起居室的家具。但藝術並不是裝飾品，那種態度屬於天真的入門者，或是那些不願讓自己對藝術的恐懼允許自己進步和學習的人。

藝術是探索。藝術家訓練人使用視覺。例如，接觸過藝術的人，現在多半認為印象派的作品既擁有不證自明的美，又含有相當傳統的元素。一部分原因在於，我們現在感受世界時，至少有一部分是以十九世紀後半只有印象派能駕馭的方式來感受。我們無法不這樣做，因為印象派美學充滿了一切：廣告、電影、海報、漫畫、照片等所有視覺藝術形式。現在我們都看到光線之美，而過去只有印象派能夠領略，他們把這一點教給我們。但是當印象派剛開始在一八六三年的落選者沙龍（Salon des Refusés）展示畫作、因為傳統的巴黎沙龍拒絕了他們之時——那些作品都受到嘲笑和蔑視。那種感受方式（基本上是特別注意到光線而非形狀）的概念太激進了，導致許多人不適情緒發作。

我常覺得非常驚訝，連在某些方面比印象派更極端、更怪異的立體派，也變成我們很重要的視覺基本元素。我甚至曾在漫畫書裡看過立體派的多面向平扁臉孔。超現實主義也是一樣，普遍來說已經被融合，幾乎成了老套。我要再強調一次：藝術家教導大家觀看。要察覺世界是很不容易的事，我們有幸得到這些天才來教我們怎麼做，重新將我們與失去的東西連結起來，啟迪我們看見世界。我們可以從這些心理原因來思索基督說過的這番話：

當時，門徒進前來，問耶穌說：「天國裏誰是最大的？」耶穌便叫一個小孩子來，使他站在他們當中，說：「我實在告訴你們，你們若不回轉，變成小孩子的樣式，斷不得進天國。（《馬太福音》第十八章第一至三節）

美引領你回歸你所失去的。美令你想起那些永遠不會受到憤懣譏諷所影響的東西。美以某種方式召喚著，要澄清你的目標。美提醒了你，有更不重要的價值，也有更重要的價值。許多事情令人生值得活：愛，玩樂，勇氣，感恩，工作，友誼，真理，慈善，希望，美德，責任。但美是其中一項最重要的。

即便當初的光明璀璨
如今再也不復得見，
雖然不可能找回過去
青草的壯麗、鮮花的榮華；
但我們不會悲傷，而將尋找
依然存留的力量；
就在最初的同情
且永存的同情中；
就在忍受苦難時
生出的撫慰思緒中；

就在看穿死亡的信仰中，
就在產生哲思的歲月裡。

——摘自威廉・華茲華斯，〈永生的信息〉

設法盡量美化你家的一個房間吧。

RULE ·9·

舊時記憶若仍令你煩亂不安，請仔細完整地寫下來

❖ 昨天是否真的過去了？

想像一下你曾做出某些糟到不行的事，非常嚴重地背叛或傷害了別人，例如，你用閒言閒語或明譏暗諷破壞他人名聲；搶別人的功勞；你在物質上或心靈上掠奪他人；欺騙某人。或者，想像一下你曾身為這種事的受害者——而且假設你變聰明了，會努力避免重蹈覆轍。在上述兩種情況（身為加害者或受害者）中，具體事件和相關記憶都會引起害怕、罪惡感和羞愧。原因何在？

第一種情況是，你背叛了自己。你沒有適當地進行中期到長期的比賽，現在正在承受苦果。你並不是別人會選擇接近的那種人，甚至可能連你自己都不想接近自己。第二種情況是，你曾被人嚴重苛待。但是以某種真實的意義來看，你的痛苦究竟是因為背叛自己還是別人所造成的，這並不重要，重要的是你不希望重蹈覆轍。

如果你回想起那段往事，或記憶不請自來，並引起了恐懼、羞愧和罪惡感，就表示當中大有玄機。這代表你跌進洞裡或被推進去了，更精確地說，是落入深坑之中，而這並非好事。更

糟的是，你不曉得原因何在。或許你對別人太過輕信，或許你太天真，或許你故意視而不見。或許你遇到了真正歹毒的念頭，在別人心裡或你自己心裡（後者是最糟的情形，也最難克服）。但是在某個層次的分析裡，無論你是跌入深淵或被推進去，差別並不大——對於情緒系統而言便是如此，而這個系統是在演化過程中出現的，它的功用是要保護你，它只在意唯一的一件事：讓你不會重蹈覆轍。

情緒系統所活化的警報是以害怕為基礎（這個說法太輕盈了，以駭人的恐怖為基礎才是更準確的說法，這種恐怖不會受限於時間或地點），它所在乎的一切就是提醒你注意現存的危險。現實有一部分（很危險的部分）尚未經過勘測、解析度很低、欠缺足夠的細節，部分的你也是如此。你不夠敏銳、機警、危險、小心翼翼、明智、仁慈（是嗎？），於是，保護你的恐懼系統相信只要它把自己再次展現在你面前，你就有能力穿越同一座迷宮、成功脫身。

從往事得到教訓，或是在想像中無盡地重播往事的恐怖。

許多人往往不太用壓抑來應對從前發生過的可怕事件，而是拒絕徹底想清楚，只會把往事拋到九霄雲外，或是讓自己忙於其他活動。他們總有自己的理由。有時，受過創傷的人似乎真的無法了解自己發生了什麼事，例如受虐兒童要產生一種在哲思上夠複雜、足以涵蓋整個人類動機光譜的世界觀，可能會難如登天。他們根本不可能了解為何有人對他們施加身體的折磨或性虐待。如果他們很年幼，有可能甚至無法清楚理解發生的事。要理解那種事情是格外重大的挑戰，即使對成年人而言也一樣。不過，以某種不幸又可謂不公平的意義而言，這並不重要。拒絕理解或無能理解都會在記憶裡留下一個區塊：尚未探索的、活躍的，並且充滿危險。這是心理學常識：一旦遭遇任何威脅性或傷害性夠巨大的事，若始終未曾了解，就永遠無法遺忘。[1]

要在世界上找到自己的定位，就需要知道自己身在哪裡、要去何處。「我在哪裡？」這個概念最好必須包含在此之前我們體驗世界的完整紀錄。如果不知道自己走過哪些路，就很難計算出自己身在何處。「我要往何處去？」這是我們終極理想的投射，絕非只是成就、愛、財富或權力這類問題，而是關於個性和人品的發展，讓所有幸福的結果更有可能發生、所有不幸的結果更不會出現。我們勘測世界，是為了從所在之處向即將前去之處移動，從A點到達B點。我們用地圖來引導自己的移動，而一路上會遭遇成功和阻礙。

成功既會建造信心，也會令人振奮。我們不僅朝著終極的渴望移動，看來也做得很正確（因此不只向前移動，也驗證我們的地圖有效）。相反的，阻礙與失敗會引起焦慮、沮喪、痛苦，指出我們深刻的無知，顯示我們並未足夠深入地了解自己曾經在何處、現今在何處、正要往何處去。它們指出我們費盡千辛萬苦建造起來又極力保護的東西是有缺點的——缺陷的程度很嚴重，而且並未被完全了解。

我們必須回想自己的經驗，從中得出教訓，否則就會停留在過去，被回憶糾纏，被良知折磨；我們會為了失去原本可得的東西而憤世嫉俗，不原諒自己，也無法接受眼前的挑戰和悲劇。我們必須重拾自己的記憶，否則受到的痛苦會與我們的無知和逃避成正比。我們必須從自己逃避的過去中收集每件事，必須重燃每個失去的機會。必須為了失敗而悔悟，思索自己的錯誤，得到當初應得的，重新整理好自己。我並不是在說這一定做得到。我看過非常迷惘的人，根本無法燃起足以活下去的火花。以當下狀況而言，那個人變得太過微小而無足輕重了，無力對抗連過去自己比較健康時都要迴避的問題。並且，以憤世嫉俗面對未來的人會合理化自己的逃避和欺騙，這就是深不見底的地獄。若要從這樣的地獄爬出來，從前還沒得到報應的罪過有多嚴重，所需要的謙卑就有多深，這足以令任何人全身顫慄，即使猶在大夢之中的人也不例外。看來，我們都不能免除將潛在可能性化為現實的責任，如果從前犯了錯、留下並未外顯的後果（無論是什麼原因），我們都會以無法遺忘作為代價，情緒上則會因為過去的不當行為而造成良知的痛苦折磨。

假設你年紀很輕的時候，自我還不成熟，你拿來作為指引的世界地圖也同樣不夠發達，就像小孩子畫的房子，總是直線、對齊中心、只畫出正面，而且總是（幾乎）有一扇門和兩扇窗，總是有一面方形的外牆和三角形的屋頂、一根冒著裊裊炊煙的煙囪（很令人驚訝，因為冒著炊煙的煙囪現在並不常見），圓形的太陽大放光芒，地上有幾朵花——單一線條，花朵都開在頂端，在花莖一半高度的位置長著兩片葉子。這是以非常低解析度的方式來呈現一間房子，比較接近象形符號而非繪畫，側重於概念而非素描。這代表的是一般而言對房子或家的概念，就跟「房」或「家」的文字本身類似，但這樣幾乎就夠了：畫圖的孩子知道這是一間房子，別的孩子或成年人看到這幅圖也知道是它一間房子，這張圖畫奏效了，達成了目的，是一幅夠好的地圖。

不過，房子裡面經常發生駭人的事件，這並不容易表現。或許房子裡有父母、祖父母、伯叔姑嬸之類的成年人會說出這樣的話：「絕對不准、永遠不准把發生的事情告訴別人。」幾個四方形、一個三角形、點綴幾朵花，加上一個和煦的太陽，對於這種住處的恐怖只提供了一份不足的表述。或許屋子裡發生的事情根本無可寬恕，也無法理解。但是，驚天駭地的事情怎麼會是無法理解的呢？心理創傷不被理解，又怎麼能夠存在呢？在某種意義上，理解難道不就是經驗本身的先決條件嗎？這些都是重要的謎團。不過，並非所有事情都是在同一個概念層次上被體驗的。我們都曾被未知嚇呆，雖然這似乎是個矛盾的表達法。然而，身體知道頭腦沒有掌握到的事，而且它會記得、會要求要建立起對此事的理解，這份要求是無可逃避的。如果我們發生什麼事，或情況更糟，是我們進行了某個舉動，而此舉令我們恐懼到僵住不動、想起都要作嘔，就代表我們對無情的命運有義務，要把未經處理的恐懼轉化成理解，否則就要承受苦果。

❖ 不要又跌進同一個坑

我有一名個案在小時候被同住的堂哥性虐待，我們一開始會談，她就告訴我這件事，講述的同時她難過得淚流滿面。我問她這起傷害事件是幾歲時發生的，她說當時四歲，攻擊她的堂哥比她高大強壯又年長得多。聽她敘述時，我讓自己的想像力自由發揮，按照她的敘述內容，做了一些我相信（或我的想像認為）很正確的假設。我設想了青少年後期或成年前期那種兇惡、施虐狂和犯罪的奸計，接著我問她跟加害者相差幾歲，她回答：「差兩歲，他大我兩歲。」我詫異極了，這幾乎徹底改變我腦中的畫面。

我把自己原本的想像告訴她，因為我要讓她知道，她描述的往事讓我做出哪些假設。然後我說：「你現在長大了，而且已經長大很久。但你向我敘述往事的神情，就如同你四歲那年、性騷擾正發生時那樣，或至少帶有不少同樣的情緒。毫無疑問，記憶中的堂哥比你高大、比你強壯、比你年長，畢竟六歲小孩的年紀是四歲小孩的一倍半，在四歲小孩的眼光裡，他可能更像個大人。但你堂哥當時六歲，幾乎跟你一樣是小孩，所以你還可以用另一種方式思考當初發生的事。首先，請回想你現在熟識的六歲小孩，你知道他們還很幼稚，不能像成年人那樣為自己的行為負責，即使他們或許並沒有那麼完全天真無邪。我並不是要降低你的遭遇的嚴重性，也不是在質疑你情緒的強烈程度。我想要的是請你考慮一個情況：假設你聽說這樣的事情發生在你現在認識的兩個小孩之間。小孩的好奇心很強，會玩醫生病人的遊戲，如果周圍的大人不注意，這種遊戲有可能會失控變調。是否有可能這樣想：你並沒有被無法抗拒的惡意力量猥褻（假設現在的你被人強暴會經歷的那種方式）？或許當時你和堂哥只是缺乏監護的孩子。」

從某個重要的角度來看，她對於童年經驗的記憶並沒有隨著長大成熟而改變，她還在感受四歲幼童的恐懼，覺得自己落入一個年紀大到被視為成人的人手中，覺得非常無助。但這個二十七歲的自我需要更新這段記憶，她很明顯已不再處於這種虐待的危險中。重新為往事建構框架為她帶來了巨大的解脫，她現在可以將這件往事視為未被大人注意、約束的好奇心可能造成的結果，於是改變了她對堂哥、對當時的情境以及對她自己的看法。她現在可以從成年人的觀點來看這件事，這讓她擺脫了與這些記憶依然相關的大半恐怖和羞恥，而且這股解脫來得相當迅速。她自發地面對往事的恐怖，找到一個大大降低創傷的因果關係說明，不再將堂哥視為惡意而強大的加害者，也不將自己視為在這股力量之下難逃不幸的受害者。這些轉變全部發生在單次會談中，可見以過往恐怖事件為核心的故事，有著相當大的威力。

這次經驗帶給我一個深刻的哲學困惑。這位個案帶進我辦公室的記憶，數十年來未曾改變，而她走出去時的記憶截然不同。哪個記憶才是真實的？我們很容易認為原本的故事比較精確，畢竟，那就像是在四歲幼童內心翻開的書本上留下直接的印記，不會被任何治療介入更動（並因而改變）。這難道不是如假包換的正品嗎？不過，一件事在某一天代表某種意義、在另一天可能代表不同的意義，這也是真的。例如，當我們自己成為父母，就對自己父母原本那些難以理解的行為動機有了更多了解，這不是很常見嗎？哪個記憶比較正確——是小時候對於大人動機的局部性想像，還是因為長大成熟而得以修正的記憶？如果是後者，這並沒有不合理（在這位個案的情況中確實看似如此），那麼，變更過的記憶何以能比保有原始形態的記憶更加正確？

❖ 鬼魔附身

還有一位個案也有非常不平凡的記憶，後來同樣改變了。他的記憶更深沈地被包裹在謎團中，回想的方式則比較緩慢、比較令人驚訝，而且比較不像是真實的。他是非裔的年輕男同志，有一些難以理解的心理和身體症狀。不久前，有一位精神科醫師診斷他幻有思覺失調症，但帶他去醫院做評估的姨媽認為進行評估的時間不夠長，她想找我提供第二意見，於是帶他來到我的辦公室，由我和他單獨會面。

他害羞而含蓄，但是穿著整潔嚴謹，我開始詢問他的過往歷史時，他表現得完全清醒。他戴著眼鏡，眼鏡狀態很好，鏡架和鏡腳並沒有貼著膠帶，而且鏡片一塵不染。對我而言，這些觀察都很重要。思覺失調患者會失去有效自我監測的能力，所以，衣著凌亂和眼鏡破損，尤其是鏡片髒汙，都是顯著的特點（但這並非一定：所以你的眼鏡如果不及格，也不必認為自己有病）。他還擁有一個複雜度頗高的全職工作（另一個思覺失調病患身上少見的情形），除了容易害羞以外，與人交談也沒問題。我接了這名個案，開始定期與他會面。

我得先跟他見幾次面，才能確知精神科醫師為何替他下了這麼嚴重的診斷。他開始告訴我，四年以來，他一直很憂鬱又焦慮。這並不算是特別不尋常的事；他的症狀出現在他與男友嚴重爭吵並結束多年關係之後，而這也不是太特別。他們原本住在一起，伴侶關係對他的情緒和實際層面都很重要——親密關係的終止幾乎會引起所有人的痛苦和慌亂，在有焦慮和憂鬱傾向的人身上則可能引發更嚴重而持久的症狀。不過，他的症狀維持得特別久。大部分人會在一年內漸漸恢復，然後繼續前進，這並不是不可違逆的硬性標準，但四年的時間實在太久了，激起了我的好奇。他還透露了其他相當不尋常的事。他告訴我，他每天晚上試著入睡時，身體就會出現奇怪的抽搐動作，全身會扭曲成胎兒的姿勢、雙臂在臉上交叉。然後他會放鬆下來，但是接著又會重複這些動作，情況持續好幾個小時。這件事不但難以理解，而且嚴重干擾他的睡眠。這個症狀持續存在的時間跟焦慮和憂鬱差不多，而除了這樣的動作以外，睡眠品質不佳當然會導致焦慮和憂鬱。我問他自己覺得發生了什麼狀況，他笑著說：「我家人覺得我被鬼附身，我無法肯定他們錯了。」

這位個案的家庭背景有點特別，他父母從美國南方移民到加拿大，教育程度極低，非常迷信而虔誠，顯然認真相信有惡鬼附身在他們的兒子身上。我問他：「你曾經無意間把被鬼附身的想法告訴精神科醫師嗎？」他說：「有。」我說：「嗯，這可以解釋他為何診斷你有思覺失調症。」在我的經驗中，那樣的說法再加上奇怪的身體症狀就足以診斷了。[i] 不過，幾次會談之後，我很清楚他的問題並不是思覺失調症，他思考理性、頭腦清楚，完全沒有問題，但究竟是什麼原因引起了夜間這些如同癲癇發作的奇怪抽搐？我從未見過這種事。我的第一個假設是，他有非常嚴重的睡眠麻痺，這是相當常見的狀況，通常發生於習慣仰臥的人（他很常仰臥）。睡眠麻痺患者會半睡半醒，但還沒停止作夢，也無法擺脫在睡眠快速動眼期間無法移動的限制。在清醒時控制活躍動作的腦區，到了作夢時往往會受到刺激（在夢中感覺自己做出動作），但身體並沒有與大腦的活化同步發出動作，因為你的隨意肌群在生理上被一種專門具有關閉動作功能的神經化學機制關閉了，[2]不然的話，你就會下床、做出夢境中的動作，隨即發生危險。

有一次睡眠麻痺發作時，他比平日稍微清醒，因而足以意識到真實世界，但仍處在快速動眼期的麻痺和作夢階段。在這種狀況下，各種奇怪的經驗都可能發生。例如，許多人宣稱自己被外星人綁架然後接受醫學實驗，[3]這些其他方法難以解釋的夜間現象（除非有好奇又喜歡外科手術的外星生物存在）被歸因於這種無法移動的狀態，以及伴隨這個狀態而來的想像，往往怪異又駭人。[4]他相當聰明、能夠讀寫，又有好奇心，因此我送他一本《深夜驚魂記》（*The Terror That Comes in the Night*）[5]，書中說明可能伴隨著睡眠麻痺症出現的奇特現象，作者大衛・霍福德（David Hufford）描述書名所提到的深夜驚魂經驗是「老巫婆」（Old Hag）經驗（這個專門用語出自民間傳說）的一種版本。有過這類經驗的人（高達人口數的百分之十五）描述自己恐懼麻痺和窒息的感受，以及見到惡鬼。我的個案看了這本書，但告訴我他不認為霍福德的描寫精確刻劃出他的經驗。更廣泛來說，他對於睡眠麻痺的假設也持同樣看法：首先，抽搐發生在他睡著之前；其次，他並沒有感覺無法移動。

我們愈來愈熟識，我對他也有更多了解。例如，我得知他大學主修歷史，完成了學士學位。在童年和青少年時期，他父母的管教異常嚴格，從來不讓他在朋友家過夜，而且嚴密監控他的行為，直到他逃離家庭去上大學。針對前一段感情分手之前的爭吵，他也多透露了一些：他和男友當天都喝了一點酒、在別人面前起了爭執，之後一起回到同居的公寓，而到家之後爭執加劇，演變成肢體衝突，雙方開始愈來愈用力互推。當我的個案受到特別猛烈的一推、倒在客廳地板上，他就從下方猛拉男友的雙腳，而男友應聲倒地，然後他從地板上爬起來，奪門而出。過了幾天，他趁男友不在的時候回去打包，搬了出去，兩人的關係就此結束。

但是在這場衝突中，他個性中某個不太明顯的元素發揮了一些作用，因此他被男友的攻擊傷得很重。在討論這一連串事件時，他說他並不相信人類會做出暴力行為。我說：「你的意思是什麼呢？你有歷史學位，顯然讀過人類過去的種種恐怖與殘暴。你也看新聞吧……」他說，其實他不看新聞。「好吧，」我說：「但你在大學裡讀到的內容呢？那些都沒讓你明白，人類的攻擊性行為是真實而格外常見的嗎？」他說：「我有看書，但我把學到的內容全部收在某個小格子裡，沒有多想。」我覺得這種回答太驚人了，尤其當他又說出一些別的事情。「從小，」他說：「我就得到一個觀念：世界上只有好人。我父母告訴我，大人都是天使。」我問他：「這是指什麼？大人絕對不會做壞事或犯錯嗎？」他說：「不是，你沒聽明白。我父母教育我和我的弟弟妹妹說，大人就是上帝的天使，大人全都是好人。」我說：「你相信嗎？」他說他深信不疑，

i 如果在大城市的診所尋求心理衛生的協助，精神科醫師可能是用十五分鐘來評估你的生活、決定你生病的性質。我的建議是：切莫不經意提到任何怪異經驗或信仰。你可能會終身懊悔。在工作負荷超重的心理衛生系統中，要獲得思覺失調症的診斷非常容易，而這個診斷一旦建立，就非常難以動搖。以個人角度而言，我們很難不認真看待醫學的描述，甚至比你認為不信任一位合格精神科醫師（畢竟他知道自己在講什麼）的難度更高，尤其如果你正經歷奇怪的症狀。在實際層面上也很難，因為一旦這個診斷變成你永久醫療紀錄的一部分，就會非常難修改。自此，一切關於你的普通事情都會吸引過度的注意（即使是你自己的注意），任何正常的表現都會被輕忽。我完全明白，有些人懷著怪異的信仰，而他們事實上就是思覺失調，但是適度的挖掘探索通常是為了建立那份診斷，公立醫院裡忙碌的精神科醫師很少有時間仔細檢查。作者注

一部分是因為他向來就受到保護，一部分是因為他父母非常堅決強調，當然還有一部分是因為這個觀念令人安心。

我建議他針對自己的天真做一點處理，因為那對他並無好處。他已經夠年長了，也夠聰明，不該再對這種幼稚的夢想深信不疑。我們詳細討論這件事，提到二十世紀發生過的各種恐怖事件，還有不久前的大規模槍擊和其他恐怖攻擊。我請他解釋這些事，並且更加注意自己的怒氣和敵意。但他否認自己有怒氣和敵意存在，對於那些恐怖事件也無法做出任何有說服力的解釋。

於是我規定他要閱讀《普通凡人》(*Ordinary Men*)這本書。[6]這本書血淋淋地詳述在納粹統治波蘭期間，一群普通的德國警員如何變成冷血的劊子手。令人毛骨悚然完全不足以形容那些記事。我極盡嚴肅認真地告訴他，一定要把書裡的內容看成真實事件，而且要相信他自己和認識的人都有可能做出同樣令人髮指的惡行。他該要長大了。那時，我們已經建立非常堅實又融洽的關係，我告訴他，他那種粉紅泡泡世界觀所帶來的危險足以毀掉他的一生，他也當真了。一個星期後我再跟他見面，他已經讀完那本書，表情變得堅強，看起來更年長、更有智慧。我在臨床工作中經常看到，當個案融合自己內在比較陰暗的部分、不再把這些部分加以區隔時，就會得到這樣的成果。他們不再習慣性地帶著小鹿被車燈照到時的表情，而像是會做出決定的人類，不再只能任憑事情發生在他們身上。之後我要求他去讀《南京大屠殺》(*The Rape of Nanking*)，這是關於一九三七年日本在中國大肆施暴的歷史，[7]內容極為恐怖，著書的女士後來自殺身亡。我的個案也在讀了這本書後跟我討論。後來，他變得比較憂愁但更有智慧，然而，他的夜間症狀並沒有減輕。

不過，他評論說大人就等同於天使、宣稱把自己對邪惡的認識區隔出來、出現難以解釋的痙攣抽搐，這種種事情在我的大腦深處啟動了某個轉輪。多年以前，我曾有個歇斯底里式癲癇的個案（正如常見的情形，是一位年輕女性），她是典型的佛洛伊德式歇斯底里個案，身體症狀就表現出心理問題。她成長於中西部的農業地區，受到如同維多利亞時期的基督教基要派氣氛的壓抑。她在我的辦公室「發病」過一次，是完全的重癲癇發作，但是我無動於衷。我漠然看著她激烈扭動、抽搐好幾分鐘而且翻白眼。我並不擔心，也不替她難過，我根本沒有感覺。我心想：「這副情景為何沒有影響我？我的個案很明顯正處於嚴重的痙攣發作。」我沒有叫救護車。等到她清醒過來、坐回椅子上、表情茫然，我跟她說，雖然她的抽搐有完全可信的表現，但我在身體上和情緒上並沒有把它當成真正的抽搐來反應。在此之前她也有過類似的招術（是有意識還是無意識？二者都有嗎？），差一點就被送到精神病房，也可能會被診斷為精神病且接受藥物治療。我們非常認真地討論她做出的事，我讓她知道，我並不相信她有癲癇，我覺得是假的，即使對她而言似乎是真的（順道一提，她接受過癲癇檢測，結果也不太明確）。

因此，她很可能是得了「體化症」，在身體上表現出心理症狀。佛洛伊德提到，這種體化症往往是一種象徵——身體殘疾或怪癖的表現方式，與引發症狀的創傷有某些意味深長的關係。她的歇斯底里式癲癇似乎源於她對於性的矛盾心態與無知，以及相當程度的幼稚與不成熟，還有一些危險的遊戲心態。我們的討論有很大的進展。她並非不夠聰明，明智的部分還是占了上風。她的抽搐就此結束，同樣危險的戲劇性表現也不再出現，更棒的是，她不必去精神病房了，而是繼續在大學裡工作。總而言之，我認識到佛洛伊德式的歇斯底里確實存在，因為我就曾治療過一名這樣的病人。

我開始假設，眼前這位個案也很類似，被身體化的疾患折磨著。我所知道的是，那場衝突導致他的前一段感情結束，緊接著他就出現了症狀。或許他奇怪的動作與那件事有某種關聯？我也從他自己的敘述中得知他會區隔化，把一些事情密封在內心的角落，讓自己不再想起。我沒有什麼催眠的經驗，但我知道能夠區隔化的人往往非常容易被催眠，而把催眠運用於身體化疾患是有效果的（雖然是許多年前的事）。佛洛伊德以催眠治療歇斯底里病患，而在維多利亞時期，至少在上流社會裡有許多歇斯底里患者，他們都異常迷戀性關係、誇張行為和戲劇性表現。[8]因此我想不妨試著用催眠治療這位個案。

我經常在個案身上運用引導之下的放鬆技巧，讓他們舒服地坐在我辦公室中的扶手椅上，請他們聚焦於身上不同的部位，從腳底逐步往上到雙腿和軀幹，稍稍向下繞道通到手臂以下，再往上到頭頂，專注於呼吸和放鬆。在七、八分鐘的放鬆指導後，我會從十開始倒數，每倒數一或兩個數字，就要求個案更深沈地放鬆。這對於煩亂、焦慮和失眠是相當好用又快速的治療。我決定以這個方法開始，因為催眠會運用基本上相同的技術，等到達成放鬆後，再加上一些關於往昔創傷或相關事件的問題，成效則因人而異。[9]（正因如此，對觀眾催眠的舞台表演者會找二十個人上台，進行最初的催眠暗示，然後只留下幾個顯然會有反應的人。）我告訴這位個案，我認為幫他催眠，然後跟他談論與男友發生衝突的那個夜晚，可能會有幫助。我告訴他原因何在、暗示他那些夜間動作可能與那次的事件有關，接著我把再來要做的事情確實告知，他可以自由決定要拒絕或接受。他隨時可以叫停，而且結束後，他會記得當中的每個步驟。

他同意一試，於是我就開始了。「請舒服地坐在椅子上，雙手放在扶手或大腿上，讓自己以最舒服的姿勢坐好。眼睛閉上，仔細聽聽身邊的各種聲音，然後把注意力向內移到自己的呼吸上。深吸一口氣……憋住氣……吐氣。把注意力從呼吸向下移到大腿、小腿、腳盤。腳盤扎實地踩在地上，把注意力放在腳趾頭、腳底、腳踝，記得把呼吸放慢，規律地深呼吸。讓所有壓力從你的雙腳流動出去。別忘記把呼吸放慢，規律地深呼吸。把注意力放在小腿肚和脛部……」諸如此類，一直到全身。步驟通常是如此。

我還沒講到腳，個案就自然進入深層催眠狀態，頭垂得很低。我問他是否聽見我講話，他用勉強可以聽到的聲音說：「可以。」我必須把椅子向前拉，讓耳朵離他的嘴邊不到幾公分的距離，才聽得懂他說的話。我問他是否知道自己身在何處。「在你的辦公室，」他說。很好。我說：「我們要回到你和男友衝突然後搬出去之前。請告訴我事發的經過。」他說：「我們剛回到同居的公寓，兩個人都喝過酒。在酒吧時，我們為了財務和未來而爭吵，兩個人都很生氣。我們穿過房子的門口，那邊。」他用手臂稍微比了一下，雖然還是軟綿綿的，跟全身其他部位一樣。我看到他的眼皮微微張開、雙眼來回快轉，就像是處於快速動眼睡眠期。「我向後倒退，我們朝起居室走去。我推了他一下，然後他也推我，我又推他。他把我推倒在小茶几上，把我推倒在地。他拿起我們的立燈，舉到頭上，我直視他的雙眼。我從未看過如此充滿恨意的表情。我全身蜷縮成球狀，用雙手遮住臉以求自保。」他用非常緩慢的速度講出這些話，同時做出怪異又極微小的手勢，彷彿正在指出他想像中公寓裡的區域，彷彿他同時正在重新經歷這段往事。我瞄了一下時鐘。從說明到準備、放鬆、緩慢敘述，總共用掉一個小時，這是我們標準的會談時間。我說：「我不希望把你逼太緊，時間到了。等你準備好、覺得舒服的時候，就可以張開雙眼，完全清醒，我們下週再繼續。」但他沒有回應，頭還是垂得很低，雙眼繼續轉動。我叫他的名字，也沒動靜。

老實說，我有點擔心，我沒聽說過有人被喚醒時無法從恍惚中醒過來。我不太確定該怎麼辦才好。幸好他是當天晚上的最後一位個案，所以我還有一點時間。我心想：「嗯，他正處在深層催眠狀態，完全沈浸在這段敘述裡。或許他需要講完整件事，我們繼續下去好了，看看會如何。等他把內容講完，我再試著帶他醒過來。」我走到走廊去，跟陪他來的姨媽講話，通知她我們還需要一點時間。然後我回到辦公室，重新坐在他身邊，像原本那樣。我說：「然後發生什麼事？」他回答：「他臉上的表情——我從來沒看過有人有這種表情。那一刻我被迫了解到我男友可能想要傷害我，某個人、即使是大人——可能真的想要傷害另一個人。這是我第一次真的明白這種事有可能發生。」他開始哭，卻也繼續講述。「我從下面拚命攻擊他的腳，然後站起身來，開始跑。他從起居室追出來，追到我們那間房子的大廳再穿過前門。我跑得比較快，跑在他前面。當時是凌晨將近四點，天色昏暗，我很害怕。我跑到他前面很遠的地方，躲在旁邊的幾台車後面。他找不到我。我看著他搜尋了一段時間，然後他放棄了、轉身回去。」此時他大聲啜泣著。「等我確定他走了，我就去我媽媽的住處，留在那裡。我無法相信剛才發生的事。他可能會殺了我，而且是蓄意的。我完全無法接受。我把這件事從心裡丟出去，我永遠不要再想起來了。」

然後他就靜默不語。我叫他的名字，他回應了，我問他：「你是否知道你在我的辦公室，坐在你平時坐的椅子上？」他點點頭。「你要講給我聽的故事，都講完了嗎？」他做了肯定的回答。我說：「你做得很好。你非常勇敢，才能夠走過這整件事。你準備要張開眼睛了嗎？」他說準備好了。我說：「慢慢來，你準備好的時候再完全清醒過來，慢慢來。你會覺得很放鬆、很舒服，你會記得剛才告訴我的每件事，還有在這裡發生的所有經過。」他點點頭。過了一會兒，他張開雙眼，我問他剛才發生什麼事、他記得哪些事情，他便簡短敘述了當天晚上發生的事，包括我們一開始針對歇斯底里的討論。然後我請他的姨媽進來，跟她說他需要回家休息，要有人在旁照顧，因為這次的治療很激烈。成年人並非天使，人類不僅會彼此傷害，還可能一心希望傷害別人。但我的個案並不知道怎麼看待這份認知，他被父母保護也被欺騙了，他容許自己藉著「區隔化」對事實視而不見，卻無法阻止他生命中難以言喻的元素拚命地劇烈顯現，讓他意識到蓄意傷害的事實，也意識到這些意圖意味著更普遍的各種邪惡。於是他不得不複製與男友衝突時做出的防衛性身體動作。

一星期後，這位個案並沒有如期前來就診。我心想：「天啊，或許我對他造成某種嚴重的傷害。」不過再一個星期後，他準時出現了，也為前一次沒來而道歉。但他也提到他實在太過苦惱，因此太過混亂，所以無法前來赴約，甚至無法跟我聯絡。我問他原因，他說：「上次見面的隔天，我坐在市區的一家餐館，竟然看見我的前男友！」實在是不可思議的巧合！「這令我驚慌失措，真的，」他接著說，「但沒產生什麼影響，一兩天後我就平靜下來。你知道後來怎樣嗎？」「怎樣？」我問。「這星期我只有一個晚上有抽搐！而且只維持了幾分鐘！」我說：「太好了，真是太好了！可以放心了！你認為是什麼事情改變了？」他說：「那次爭吵真正對我的影響，並不是我們所想要的未來不一致，不是身體碰觸、推擠碰撞，而是一個事實：他是真的想要傷害我。我可以從他的表情看出來，他的眼神真的令我很恐懼，我無法接受。但我現在可以比較理解了。」

我詢問他，是否能再幫他催眠。「你顯然有所進步，」我說，「但我想確定我們全部完成了。」他也同意，於是我們就此開始。他像之前一樣容易進入恍惚的催眠狀態，但這次他把故事濃縮了，十五分鐘就講完整件事，前一次得講九十分鐘。他摘取了重點：他身處險境，有人想傷害他，他成功自我防衛——可以這樣說，世界上有天使也有惡魔。當我用先前的方式請他從恍惚的催眠狀態清醒過來，他幾乎立刻張開雙眼，很平靜也完全清醒。

他的狀況有很顯著的改變。一星期後，他說他的症狀徹底消失了，他不再抽搐，也不再相信人類具有純潔無瑕的美善。他長大了，會面對自己經驗到的現實，面對世界的本質。這真是一大進步。有意識地接受歹毒惡意的存在，他多年的痛苦就被治癒了。現在他對身邊潛在的危險有足夠的了解和承認，足以讓他有適當的安全感可以面對世界。他原本得知卻拒絕承認的事實，不再需要以戲劇性的具體表達方式撲到他身上。他將自己現在明白的道理結合在自己的性格裡（這是日後要導引他行事為人的一部分地圖），並且讓自己脫離了那些盤據在他內心的惡鬼。

❖ 尚未理解的惡毒歹念

另一位個案是曾在剛進入職業學院就讀時被嚴重霸凌的年輕人，他剛來找我的時候幾乎不太能開口講話，而且正在服用高劑量的抗精神病藥物。他坐在我辦公桌前的椅子上，會來回扭轉頭部和肩膀，樣子非常不正常而機械化。我問他在做什麼，他說他試圖把那些模糊的幽靈趕走。很顯然，他可以看到眼前有某種幾何圖像，所以忍不住想控制住那些東西。我從未確切理解這指的是什麼，只知道他活在自己的世界裡。

我幫他治療了幾個月，採取比從前更有結構的方式——當時我已經開發出這樣做的工具了。這位個案剛開始會談時只能做一點點溝通，但已足夠開啟談話。學校裡有某個女生很迷他，他告訴她這份感情並不是雙向的。她懷恨在心，決定要讓他生不如死。她四處散播關於他的性癖好的謠言，鼓勵她的男性友人在學校恐嚇他，又叫身邊的人在他上下學的搭車途中持續殘酷地羞辱他。他父母發現他的痛苦，通知了學校，但校方並沒有設法阻止讓他繼續受霸凌。他剛結交的朋友無法或不願意承受日益增加的同儕壓力，都開始迴避他，接著完全拋棄了他。他開始情緒失控，隨著他的行為表現愈來愈奇怪，被驅逐者的身分也被強化而固定下來，然後他崩潰了。

我請他告訴我究竟發生什麼事，並請他在構思答案的時候將時間往前追溯得久一點。我想了解是什麼原因造成他在那樣的情況下容易被影響，還有當那名被拒的仰慕者折磨他時，究竟發生過哪些事。我把這些都安排好，讓他可以書寫和講話（更精確的說法是，讓他可以講述自己在寫什麼）。我和我同事開發出一種線上書寫練習[ii]，為所有想探索和理解過去的人提供一種很有幫助的結構系統。我請這位年輕的個案試用，因為他的動機和想法受到太嚴重的損傷，

ii「往事書寫計畫」（The Past Authoring Program）的網址是www.selfauthoring.com。德州大學奧斯汀分校的詹姆斯・彭尼貝克博士（Dr. James W. Pennebaker）以及一群直接和他共事或獨立研究的同事共同發現，減少「存在不確定性的書寫」（找不到比較簡單的詞彙）可減低焦慮、增進心理健康、促進免疫功能。這些功效似乎都與複雜度引發的壓力和由此產生的荷爾蒙整體上減低有關（這種荷爾蒙過量會造成傷害）。例如，彭尼貝克指出，學生連續三天書寫自己生平最慘的事，起初會情緒低落（無疑是喚起這些記憶所引發的），但再來幾個月會有顯著的改善。其他的研究人員讓學生書寫未來的人生，也呈現出類似的效果。彭尼貝克起初認為，是情緒的表達或宣洩（遵循佛洛伊德學說）帶來這些正面影響，當事人有機會表達怒氣、悔恨或憂愁，但是經過仔細的語意分析，他們發現療癒來自於針對事件與該事件重要的理由，發展出認知和因果了解。書寫未來的功效似乎也類似，因為書寫時產生的計畫減少了不確定性，幾星期或幾個月後才會發生的事情原本會帶來可能不確定並令人難以忍受的狀況，這份計畫對此提出了一個比較簡單又界定得更清楚的結構系統。評論可參考：J. W. Pennebaker and J. F. Evans, *Expressive Writing: Words that Heal* (Enumclaw, Wash.: Idyll Arbor Inc., 2014)。作者注

無法在家裡完成這個步驟，我就讓他在我的辦公室裡書寫。我請他用我的電腦，先大聲朗讀練習中的每個問題，再寫下自己的回答，寫完之後也要大聲朗讀內容。如果我無法了解他寫的某個部分，或覺得需要更多細節，就會建議他再多寫一些、把修改的部分讀給我聽，闡明正在作答的內容。

這份練習的開頭要求他把自己的人生分成幾段重要時期，亦即將自述中的過去分成幾個時段，每段自然歸類成一個單元或主題，例如像是兩歲到幼兒園、小學、初中、高中、大學等，雖然有些人（特別是年紀漸長之後）比較喜歡按照各種不同關係中的身分來歸類。他以自己選擇的方式將過去分好階段，接著就必須指出每段時期裡的關鍵經驗：回顧過去，他相信是哪些事件塑造出他這個人，無論是好是壞。顯然，負面事件在記憶中很可能以負面情緒為標誌，例如焦慮、怒氣、渴望報復，可能也會強烈傾向於完全避免記得和思索。

我的個案把他的一生分成幾個看似對自己關係重大的時期，然後指出每個時期特有的正面和負面關鍵事件，再以因果關係加以分析，從中了解為何某些事情進展得很好、有些事情則嚴重惡化。他極度認真地專注於哪些原因造成從前那些最令他不安的事件；他評定了自己行為表現的具體詳情、他人動機，還有時間地點的特徵。他考量了這些元素產生哪些有好有壞的結果（因為我們能夠從艱困的經驗學到東西），也思索當初原本可以有什麼不同的情況或作法。至少在基本上，這些思考的結果就是從過往經驗挖掘出知覺上和行為上真正的重要意義，也更新他的自傳式地圖。

他按照學校級別把人生分成幾個階段，當他的敘述從托兒所進入公立學校時，表達就變得愈來愈清楚。追憶自己的生命讓他把人生組合起來了。當他在書寫、朗讀書寫內容，並針對我聆聽時提出的問題作答時，他對往事的描述就更詳細，而且有了更深刻的理解。我們聊到小孩會對彼此做哪些令人不快的事，於是進入歹毒和邪惡的話題——也談到了成人世界裡的那些。他對這件事的想法非常天真純樸，他說他相信全世界都是好人（即便他有過相反經驗）。他沒想過有毀滅、殘暴、渴望造成傷害的動機。

我們走過他的人生經歷，詳細述說他在加害者手中受到的一切痛苦。他變得比較了解人情世故，足以清楚表達出對她的動機有些許初步了解。她受到輕蔑的拒絕，因此很受傷、困窘又憤怒。他原本不明白自己的拒絕會產生多大的衝擊，也不知道一般而言拒絕會對人有多大的影響。此外，他似乎不知道他有權利捍衛自己。我們聊到他當時還可以有什麼不同的作法，或者日後可以採取什麼不同的方式來保護自己。他明白自己在學校承受了過多的侮辱，卻沒有設法求助。他其實可以讓學校裡適合的行政人員知道發生了什麼事。他可以在剛開始受到傷害時直接、公開地對抗加害者，要求她停手。他可以讓同學知道，他被作弄的唯一原因就是他拒絕了一次約會，而她太脆弱、太容易生氣，所以無法接受被拒絕，於是編造謊言來報復。最極端的情形是，他也可以控告她犯下騷擾和誹謗的刑事罪。這些策略都無法保證能奏效，不過都值得一試，在這樣的情況下也是肯定合理而有必要的。

當他逐步消化這一個月來在學校中的記憶，他的精神病症狀大幅減少了。每次來做治療，他的頭腦就變得更清楚。他不再表現出怪異的舉動。他報名了暑期班，把剩下的課程都修完。這是個幾近奇蹟的復原過程。

❖從潛在可能性到現實

很多人經常擔心將來的事，有時會擔心得受不了。這份擔心是從現在延伸到將來的多重路徑所造成的結果，同時也是針對這些路徑的研究和偵查。各種掛念往往不由自主地排成一列、亟待思索：工作上的麻煩事、與好友和所愛之人發生的問題、經濟和具體生存的實際問題。每件掛心的事都需要多重的決定：有哪些問題要解決？該以什麼順序來行動？要採用什麼策略？這些全都需要某種選擇：自由選擇，自由意志。選擇採取行動看似出於自願；屈服於意志力的痲痺則是很簡單的事，雖然令人在心理上非常不滿足。

與上述相反，自願又自由地做決定是困難而吃力的，感覺完全不同於反射性或習慣性路徑的自動步驟，推著我們不假思索向前走。我們不會覺得自己正以某種基本上是決定論的方式被過去推著走，就好像機械時鐘的彈簧推著齒輪、使指針轉動來顯示時間。相反的，我們做決定時是積極面對未來，我們看似注定要面對某種類似未定型的可能性，並決定是什麼形成了現在——然後則是過去。

我們確實從自己覺得有可能成真的許多事物中塑造了現今的世界。這個行為或許就是人類存在的基本事實，或許就是存有本身。我們面對很多種前景，有各式各樣的現實，每一種都幾乎明確而實在，而當我們選擇某一路徑而非另一路徑，就是把多種前景減少成現實的單一實態。如此一來，我們使世界從「變成」進入「存有」，這是最深邃的奧祕。面對著我們的那份潛在可能性是什麼？是什麼構成我們奇特的能力、得以塑造那份可能性，用起初純屬想像的東西製造出真實具體的事物？

還有另一個或許同等重要的問題與此有關，雖然可能看似不可思議，因為我們似乎不太可能在塑造現實的過程中占一席之地。但在把未來的多樣性轉變成現在的事實性時，我們的選擇不僅扮演了決定性的角色，而更特別的是，我們做選擇的道德標準就在扮演那個角色。我們的行動若是基於渴望負起責任，為了謀求改善，為了避開引誘並面對自己想要逃避的問題，為了做出自願、勇敢、真誠的行動，就會令形成這些的各方面元素都大幅改善，無論是對我們自己或對別人而言，都遠勝過逃避、怨恨、尋求報復、渴望造成破壞所造成的後果。這意味著，如果我們的所作所為符合最深刻又最普遍的道德標準，那麼，從我們面對的可能性所產生的具體事實就會很美好，而非很可怕——至少是我們所能做到的美好。

每個人似乎都懂這一點。每個人都同樣被良知折磨著，因為知道自己該做什麼卻不照做，也因為做出了明知不該做的事。這難道不是一種普世共通的經驗嗎？如果做出不道德或有害的事，或在該有必要行動時卻不作為，誰能夠在凌晨四點時逃避良知的痛楚呢？那份逃無可逃的良知，它的來源又是什麼？假如我們就是自身價值觀的根源、自己家中的主人，我們就可以自行選擇行動與否，不會因為懊悔、憂愁、羞愧而承受痛苦，但我從來就沒見過哪個人能夠做得到。即便是最嚴重的精神病人，至少都會有動機想用一層謊言遮掩自己不正當的舉動（那層謊言的深度則完全與這個不正當行為的嚴重性成比例）。顯然，即便是最歹毒的人，也必須為自己的罪惡找到合理的藉口。

如果我們沒有持守這份責任標準，其他人會認為我們缺乏道德誠信，而且還不僅止於此。正如同我們認為大家（包含我們自己）要為所犯的錯誤或應做而未做的善行負責，我們也相信（至少會表現出這樣的主張）：如果某個人自由地做出很好的決定，就該獲得那份決定會衍生出的好處。正因如此，我們相信每個人都應該公平地得到自己誠實、自願努力的成果。這類的評論似乎很自然，也必定會發生，在心理方面和社會方面，都有某種普遍又無可避免的元素在裡面發揮作用。這就意味著，無論是兒童或成年人、自我或他人，如果無法選擇也沒有自由、被當作車輪上的小齒輪來對待，都是會反抗的。而且（同樣的道理）若是沒有個人主體性、自由意志和責任的屬性，根本不可能與他人（甚至是私下的自我）建立正向的關係。

❖ 道即救世主

首先，每個人都是擁有獨立主權的個體，自發性地參與創造的行動；其次，每個人也藉由自己的選擇中所蘊含的道德標準決定創造的品質。這樣的雙重概念以無數方式反映在我們的私人和公眾關係之內。這兩個概念也被壓縮、表述於一些敘事裡，也就是位於我們文化根柢的基本敘事。這些故事無論在形而上的終極意義為何，至少有一部分是我們觀察人類從古至今的行為、從中提煉出基本行為模式所得到的成果。我們就是地圖繪製員，是地圖的製作者；也是地理學家，關切著這塊土地的布局。更精準且更正確的說法是，我們也是航程、水手和探險家的執照。我們回想自己起步的出發點，故事開始時所站的位置。我們記得從前的失敗與成功，以便避免重蹈覆轍，並複製成功經驗。為了能夠如此，我們需要認識自己的過去和現在，知道自己正朝哪個方向前進。我們將那樣的記述歸納為因果結構：我們需要知道發生了哪些事、原因何在，並且需要盡可能簡單實用地了解這些東西。

因此，我們深受擅長說故事的人所吸引，這樣的人能夠簡潔明確地分享經驗，而且切中要點。那個要點（故事的教訓）就是他們學到的心得：關於自己是誰、身在何處、正要往哪裡去、原因何在。這些資訊是所有人都無法抗拒的，是我們從先人的冒險導出智慧的方法（和原因），這些前輩活著講出了故事：「當時的生活就是這樣，這是我們所要的，原因在此。這是我們的憧憬，我們的策略、規劃和行動就是這樣。有時候我們會成功、實現目標；但更常有的情況是（這正是偉大故事中的關鍵元素）：我們沒有料到事情會如此發生，我們就這樣被踢出軌道，這就是我們遭受的悲劇和犯下的錯誤，這就是我們讓世界回復（或沒能回復）完整的經過。」如果這些故事達到普遍化陳述的頂峰，表述了對抗未知的英勇戰役，或是終結暴虐專橫的秩序、帶來恢復生機的混亂，而後（再次）建立祥和的社會[10]，我們便會格外重視。每個地方都可以看到有人熱衷於講故事和聽故事，這確實是無處不在。[11]

西方文化最基礎的故事就在全本《聖經》裡。《聖經》匯集了古代極具影響力的眾多書卷，一開頭就記載以父親面貌示人的上帝本身，描寫祂是有規則、有秩序的實體，對抗混亂，並創造出宜居的世界：

> 地是空虛混沌，淵面黑暗；上帝的靈運行在水面上。（《創世記》第一章第二節）

空虛、混沌、黑暗、水（混雜了多種屬性，頗令人費解），這是翻譯《聖經》希伯來文經文 *tohu wa-bohu*（תֹהוּ וָבֹהוּ）而得的描述，這個詞包含兩個字，就是 *tohuw* 和 *bohuw*，前者的意思比形體不明之類的意思更複雜，也可以指「廢棄之物」、「虛幻無益」（以心理學而言，可以是某個可能會被丟棄的東西）和「沙漠荒野」（不適人居又空無一物）。[12]這也與另一個希伯來文字有關，就是*tehom*（תְּהוֹם），這個字就是「深處」一詞的來源，意思是「深淵」，與更早的蘇美詞彙提阿瑪特有關，[13]在兩河流域的創世神話《埃努瑪．埃利什》中，她就是偉大的母神／惡龍（身兼大海的居民），與男伴阿普蘇攜手創造了世界。

根據這段《創世記》經文，有某個東西存在——可以說是某個潛在可能性，在象徵上與深淵、海洋深處相關，也與沙漠荒野、惡龍、母性／母權、空虛、混沌、黑暗有關。[14]這些都是藉著詩歌和隱喻，試圖為混沌賦予最初的、有秩序的、概念上的形式。深淵令人恐懼，位於大地的終點，是我們思索生命的有限和脆弱時會凝視的目標，是吞滅希望的勢力。水就是深淵，是生命之源。沙漠荒野是遺棄、孤立和孤單之處，也是暴虐和應許之地二者之間的過渡期。惡龍是古老的掠食者圖像——噴出火燄的大貓－蛇－鳥[iii][15]永遠潛伏在森林裡，在熟悉的部落村莊範圍之外。牠也是藏身海洋深處的大海怪，是耶和華說祂已戰勝的可怕怪獸，如《約伯記》第四十一章第二十五到三十四節，和《舊約聖經》許多章節的記載。

上帝在對抗可能性和虛空時，有一種屬性或另一個位格、某種能力，或是協助祂或祂所仰賴的工具，基督教觀點認為這就是道，但這肯定就是言詞的能力，無論宗教框架為何，無論是猶太教或基督教。《創世記》經文持續強調言說的重要，每一天的創造行動都是以「上帝說」為開頭，之後再強調命名的動作：「上帝稱……」。創造天地的七天就此展開：

> 上帝說：「要有光」，就有了光。
> 上帝看光是好的，就把光暗分開了。
> 上帝稱光為「晝」，稱暗為「夜」。有晚上，有早晨，這是頭一日。（《創世記》第一章

第三節至第五節）

就在上帝初次揭示自己、顯明祂的創造行動、執行最初的創造（幾乎就在我們被引介看到祂）之後，祂隨即創造了人類。除了立即性，這次創造還有三大明顯特點：強調人類要治理萬物[iv]；強調上帝按自己的形象平等地造男造女（說了兩次，《創世記》第一章第二十七節），這是驚人而不可思議的現代和平等觀點；同樣神奇且不太可能的是，強調創造人類就像創造萬物一樣是好的。如果上帝正如這最初的描述，就表示按著祂的形象被造的男人和女人也與祂有某些共通點——更簡明扼要的說，人類也有某種類似的命運、必然性或責任。

道，即上帝的工具、用來改造潛在可能的深淵。道就是真實的言詞，但似乎必須與勇氣結盟，對抗尚未實現的可能性中所有可怕的潛力，讓現實本身可以被引導出來。或許這份真實和勇氣最後都必須被歸入愛的大原則之下：對生命本身的愛，即使生命有脆弱、暴虐、背叛。這份愛的目標就是謀求萬事萬物最大的好處。真實、勇氣和愛的結合就構成了理想，在每個個體身上積極地體現，取得未來的潛在可能性，並做出最佳的運用。誰會否認這一點呢？沒有人會教導心愛的兒子在面臨困難時要恐懼懦弱地畏縮行事。沒有人會教導心愛的女兒欺騙可以導正世界，只要能便宜行事就該執行、尊重並模仿。沒有人會跟自己在乎的人說，對人生的適當回

iii 人類學家大衛・E・瓊斯（David E. Jones）認為，龍是古代人們恐懼的總和，也就是蛇、猛禽和大型貓科動物的複合體。編注

iv 責任、管治、服務；不是出自身體的力量（*Cambridge Bible for Schools and Colleges*）；管理和控制的能力；而最重要的是，與上帝治理人類一樣的治理。作者注

應就是恨意、渴望製造疼痛、受苦、傷害、災禍。因此我們可以分析自己的行為，認定我們知道善惡的路徑有別，而且我們最相信二者都存在，雖然我們刻意抗拒又自豪地爭論此事。不過，事情不僅是如此而已：上帝強調萬物的美好，反應出一個事實，也就是真實、勇氣與愛，在祂的創造作為中是聯合的。因此，《創世記》深切蘊含著一個倫理主張：在創造的行動中（可以說，無論是神的創造或人的創造），凡是從可能性當中浮現的一切都是好的，只要創造它的動機是好的。我相信世界上沒有任何哲學或神學論點比這個更大膽：相信並以行動實踐，就是信心的基礎行為。

在很後段的《新約聖經》裡記載了一個論點，提到基督對祂的門徒說過下列內容，這段評論探討的是讓人生圓滿、拾回自己遺失的東西（甚至發現你沒注意到原本存在的東西）的潛在可能性：

> 我又告訴你們，你們祈求，就給你們；尋找，就尋見；叩門，就給你們開門。
> 因為，凡祈求的，就得著；尋找的，就尋見；叩門的，就給他開門。
> 你們中間作父親的，誰有兒子求餅，反給他石頭呢？求魚，反拿蛇當魚給他呢？
> 求雞蛋，反給他蠍子呢？
> 你們雖然不好，尚且知道拿好東西給兒女；何況天父，豈不更將聖靈給求他的人嗎？
> （《路加福音》第十一章第九節到十三節）

這不是隨口說說，不是幼稚的講法，也不是在要求不勞而獲的禮物。上帝不會應允漫不經心的願望[v]。首先，這是真正的祈求，這表示願意放下一切、放下所有不符合這份渴望的一切，否則它就不是真的祈求，只是不成熟而且通常是由怨恨所引起的突發奇想和心願：「真希望我能得到我想要的東西，而不必去做必須做的事。」那樣就不合格了。所以，祈求、尋找、叩門，就是做到必須做的每件事，匯聚尚未完成的工作並將它完成，現在就做。祈求、尋找、叩門也要確定必須祈求的目標是什麼，那個目標必須配得上這位上帝，否則為何要被應允？如何可能被應允？

假設你被賦予了你所需要的一切，你的內在有潛力等候適當的需求，以便釋放出來；你的外在也是，一切都等候著要告訴你、教導你。而這一切全都是必要的，包括好事、壞事、無法忍受的事。你知道，當某件事不順利時，應該分析問題、解決問題、道歉並悔悟，然後做出改變。沒有解決的問題很少會毫無動靜地停滯，而是會像九頭蛇那樣長出更多新的頭。一個謊言、一個逃避的舉動，會滋生出更多謊言的必要性；一個自欺之舉，會使人必須用新的欺瞞來支撐那份自欺的想法。一段遭到破壞的關係若沒有處理好，就會傷及你的信譽，並同樣損害你對自己的信心，於是便降低了全新而更好的關係的可能性。因此，如果你拒絕甚至無法應付過去的錯誤，就會擴大這個錯誤的起源：擴大你周遭的未知，使那些未知轉變成愈來愈具掠奪性的問題。

與此同時，你會愈來愈軟弱、無法正常發揮，因為你沒有改變，沒有由於改變而變成你能夠成為的人。更悲慘的是，你以自己的例子告訴自己，這樣的轉身離開是可以接受的，因此

v 或許正是因為如此，基督強調：「經上又記著說：『不可試探主你的上帝。』」（此處選擇引用的英文《聖經》版本是新國際標準本〔New International Version〕而非欽定本〔King James Version〕）。作者注

你日後更有可能重蹈覆轍。如此一來，你以前沒有面對的問題，現在又更大了。你不會想讓自己落入這樣的因果過程、正向迴路。因此你至少必須向自己認錯，至少在內心悔悟，而且一定要改變，因為你曾經做錯。你必須謙遜地祈求、叩門、尋找。這就是啟蒙的一大阻礙，而每個人基本上都能夠得到啟蒙。我並非在宣稱我們可以輕易鼓起必要的勇氣以對抗人生所有恐怖的事，但是別的方法會更糟。

我們的天命就是要把混亂轉變為秩序。假使過去沒有整理出秩序，往事所帶有的混亂會時時困擾著我們。為我們帶來負面影響的記憶裡，留存著一些資訊，是生死攸關的資訊。彷彿有一部分的個人特質仍然在世上蟄伏著，只會在情緒爆發時展現出來。那些造成創痛卻無法解釋的事，指出導引我們航程的世界地圖在某個極其重要的面向有所不足。我們必須對負面元素有充分了解，當我們前進未來時，如果不想繼續被過去折磨，就可避開這些問題。表現出與不愉快的往事有關的情緒，並不會有治療的力量，要發展出一套細緻的因果論才可以：我為何處於危險？世界上有哪些東西會造成危險？我當時做了什麼或沒做什麼，才造成了我的弱點？我如何改變自己棲身的價值階級，將負面元素納入考量，以便看見並了解它？我必須讓舊地圖裡多大的部分粉碎、燒毀——連垂死的薄紙產生的痛苦一併燒毀，然後才能做到足夠的改變，好將自己的全副經驗納入考慮？我是否有信心跨越應該且必須死去的部分，讓嶄新且更明智的性格得以浮現？在很大的程度上，我們就是自己設想中的樣子，這些設想會建構出我們的世界。當信仰的基本公理（「全人類基本上都是好人」）受到挑戰時，地基會動搖、牆垣會崩塌。我們有太多理由要避免面對難堪的實情，但是，讓現狀及往事清楚明白、受到充分理解，這樣做只會保護我們。如果你因過往記憶而持續飽受折磨，還是有某種可能性等著被你發現，而這份可能性或許會是你的救星。

舊時記憶若仍令你煩亂不安，請仔細完整地寫下來。

J. Fográ

RULE ·10· 費心規劃加上努力執行，維繫婚姻中的浪漫

❖ 難以忍受的約會

我並不是婚姻治療師，但是在治療個案時，有時必須用一兩次的時間把個案的親密伴侶也納入會談，不過都是應個案的直接要求才會這樣做。我也會說清楚，如果婚姻諮商是他們的核心目標，他們就該找婚姻諮商專家。如果個案所提出的主要問題之一就是婚姻中的不滿，治療師只和其中一方討論往往會適得其反。最後，有個情況經常發生（其實也難怪）：夫妻當中有一方並不信任另一方的治療師，也就是我本人，於是我們三人直接會談就大大有助於調整這個問題。

與一對夫妻會談之前，我會先跟我的個案討論改善關係的幾項基本守則。假設個案決定撥出一些時間經營浪漫的激情，例如每週四小時之類（我指的是對自己肩負完全責任的成年人），或許這種時間長度是可以達成的，甚至可能還撥得出更多時間。不過，時間往往並沒有那麼多，而且整個經過必須仔細安排妥當。此外，剛開始實際執行這所有刻意的協商和行動時，會做得既糟糕又愚蠢，伴隨著痛苦、怨恨，還有報復的心情，然後這些負面情緒有可能日益滋長，因

而破壞關係，有時還會造成永久的影響。

剛開始與個案討論他們的狀況時，他們雙方可能已經疏離多年，兩個人都很不快樂，也很討厭我——對我的嫌惡或許還多於對彼此的仇恨。他們坐得很遠、雙臂交叉、翻著白眼（希望沒有最後這一項，因為那是不祥之兆[1]），雙方各不相讓。我會問他們多久沒有一起做點浪漫的事，上一次出去約會是什麼時候。如果問題不算太嚴重，他們會苦笑，或直接冷嘲熱諷。儘管如此，我還是會建議他們試著出門約會，甚至開始定期出門約會。第一個建議已經很令人不爽了，第二個建議更是無法忍受。他們會表示：「我們才不要去約會哩，結婚前就約會過了，那時才是約會的恰當時機。再說了，我們只會爭吵而已。」

對於這種憤怒、尖刻、膚淺的反應，以下是我的回覆：「你們提出的見解是：在你們這輩子的婚姻裡，絕對不會再陪彼此去約會了，浪漫激情和親密關係到此為止，你們要放棄了。不過，何不用點時間來賭一把？帶對方去一個很棒的地方，大膽地用手臂環抱對方，或把手放在膝蓋上（不是你自己的膝蓋）。我知道你們都很氣對方，或許你們有好理由吧。你們雙方我都見到了，我了解你們怎麼會有這種感覺（微笑），但只要試試看就好，不必非要覺得喜歡不可，不必期望自己做得很好，或是能夠放下怒氣、覺得度過了一段愉快時光。你們只要忍受就好。」

兩個人離去時都對我很火大，因為我提出這麼令人惱怒的點子。但雙方都勉強同意，而在下一次會談時便告訴我：「結果就是我們告訴過你的狀況：情況完全糟到不行。出門前、約會時、回家後，我們都在吵。我們絕對不會再冒險出去約會了。」他們經常會由於得到這種結論而表現出某種自豪，因為雙方通常會在事前就決定了這個點子完全沒有用。於是我問：「那就是原本的計畫，對吧？你們要當六十年的夫妻。你們在一次約會裡勉強付出了少許的努力。你們本來就處得不好，所以約會時有任何愉悅感的機率微乎其微。此外，你們對於我這個幼稚的建議都覺得不爽，所以兩個人都有動力要讓這次約會進行得很糟，後來也確實如此。好，你們做到了。現在，你們已經決定就是要這樣度過你們互許終身的幾十年歲月，懷著惡意和怨恨，而不要互相敬重，是嗎？

「或是，我們不妨這樣想：你們雙方都沒有任何約會技巧，所以只試一次是不夠的，或許你們需要約會十五次，或四十次——因為你們遺失了訣竅，需要練習，而且必須培養習慣和善意。可能你們本身都不是非常浪漫的人，或者曾經很浪漫，但那是很久以前的事了。這就是你們必須學習的技巧，而不是愛神邱比特白白送出的禮物。」

假如你已婚或相當於已婚，然後再假設你們每星期擁有或可以擁有兩次浪漫的安排，可能稍微少一點或多一點，但我們用每週兩次來計算，這樣就是一年一百次。想像你們要當三十多年的夫妻，一百次乘以三十年就是三千次。難道你就沒有可能把這麼多時間裡的一小部分用來精進你的技巧、調情、溝通、做愛方式？所以，如果你要先經過十五次慘不忍睹的約會，之後才能有一次差強人意的結果，這樣有什麼關係嗎？那只是三千次裡的十五次，是你們有可能共度的浪漫時光中的百分之〇點五。或許你會更敢確定你們的問題是否可以解決。為什麼你會以為像維繫婚姻這麼複雜的事情不必承諾、練習、努力就可以處理好？

「因此，或許第一次約會的情況很慘、很恐怖，你根本不想再試了，但你還是這樣做，因為你希望拯救婚姻而非直接放棄。或許下一次會進步百分之五。或許經過反覆嘗試之後，你至少有短暫的片刻記起當初為何喜歡上這個結婚對象。或許你能設法安排某個稍微刺激一點的活動，而非只是用手臂環抱住另一半，然後或許你會從對方那裡接收到一點點回應，他們現在已冰冷枯乾的內心某處其實在乎著你。如果你長期為此努力，正如當初的婚禮誓言所表示的那樣，或許你會付出時間使問題得到解決。」

或許這對夫妻很會算數，懂得思考所有浪費掉的時間，以及一輩子沒有浪漫愛情的悲苦、怨懟、死寂，於是同意再約會一次，或是兩次、三次、十次——而他們第十次來見我時面帶微笑，告訴我他們的約會很愉快。然後此時我們會更認真討論要怎樣才能保有愛與尊重，如何激起慾望和引發回應。長遠來看，要如何找出對方的奧祕之處？你能否鼓起意願和浪漫的想像、加上趣味性，讓之後三千次機會裡的每一次親密相處也這樣經營？這將需要做一些體貼的努力。

因為，每個人其實都是深不可測的謎。如果夠用心，你可能可以在你所選擇的對象身上不斷重新發現夠多的殘存奧祕之處，足以維持最初讓你們走在一起的心意。如果夠用心，你們就可以避免用大小適中的盒子把彼此貯藏在內，假使任何一方膽敢冒出頭來，就隨時加以懲罰，並且對於潛伏在表面下不遠處、你們雙方都要面對的後續可能狀況完全不屑一顧。如果你們有幸，或許可以重新燃起最初彼此吸引時的那微光一瞥，想像如果你們變得比現在更好，人生可以是什麼樣子。那就是兩個人在愛情的魔咒之下會發生的事。有一段時間，雙方都變得更美好，而且也看到了這一點，然後魔法會漸漸淡去。你們雙方都會得到這樣的經驗，這是一份禮物。雙方都會張開雙眼，看見其他人所看不到的。這樣的愛情就是瞥見了可能實現的美好，如果你們的關係維持真實的話。一開始，這是命運送來的一份禮物，但是需要極大的努力來實現和維護。一旦明白了這一點，目標就會很清晰。

❖ 根柢

在婚姻關係裡，性的面向往往讓我們看見整件事的許多部分，但並非總是如此。我認識一些時常爭吵不休的夫妻，卻擁有極為成功的性生活（至少短期內如此）；還有一些夫妻彼此性情相合，但其中一方無法點燃性愛的火花。人類和關係都非常複雜，不能簡化成單一面向，但還是要注意一點：美滿的婚姻會伴隨著互相渴望、彼此回報。很不幸，性慾並不是可以隔開來處理的東西。「我們來整頓一下性生活吧。」這種決心的志向太狹隘了，無法達成目標。

要歷久彌新地維持夫妻間的浪漫激情，就必須有個更全面、囊括整個關係的策略。無論這個策略會是如何，要成功就取決於你的協商能力。如果要協商，你和協商的對象首先必須知道彼此需要（和想要）什麼，然後要願意開誠布公地彼此討論。要知道自己需要和想要之物、要進行討論，都會有許多重大的阻礙，如果你容許自己明白自己想要什麼，當你沒能得到時，你就會確切曉得這件事。當然，你也會在成功得到時清楚知道，並因而受惠。但你也可能會失敗，會因為可能得不到自己需要（和想要）之物而驚恐害怕，以至於把自己的渴望變得模糊而不明確。而若你不瞄準目標，如願以償的機會就微乎其微。

鎖定目標對你而言有可能是個問題。如果你有另一半，問題可能會加重。你所選擇的對象對你的了解不太可能比你自己更敏銳，除了在一些無關痛癢的方面；事實上，針對你內心最深處的渴望，對方很可能更是一無所知。你沒有具體講明自己的渴望，代表這位倒楣的愛侶必須猜測什麼能取悅你、什麼會觸怒你，而且有可能會因為弄錯而受到某種懲罰。此外，對於你可能想要或不想要什麼，你的愛侶幾乎是一定會弄錯的，結果就是你會很想責怪另一半不夠關心你、怪對方沒注意到你自己也不願意注意到的事，至少會用暗示的、非語言的或無意識的方式表達。「假如你真的很愛我，」你會這樣想或感覺，不假思索，「我就不需要告訴你什麼方式會讓我開心。」這並不是通往幸福婚姻的實用方法。

這樣已經夠糟糕了，但還有另一個同樣嚴重的問題潛伏在側。如果你解決了知道自己想要什麼的問題，以言辭可表達的方式向自己承認了，也讓別人知道你的心願，那麼，你便已賦予他們一種危險的能力來源。你的知心密友現在處於要滿足你的渴望的位置，但也同樣可以剝奪你想要的東西，令你因為想要而尷尬，或以別的方式傷害你，因為你讓自己變得容易受傷了。天真幼稚的人懷有一種錯覺，以為世界上都是好人，沒有人、尤其是所愛之人，會有動機想製造痛苦和不幸，無論是由於盲目而想報復，或是單純以此為樂。然而，凡是夠成熟而超越天真爛漫的人都領悟到一件事：他們可能會被自己和別人傷害及背叛。所以又何必讓人知道祕密，進而增加被傷害的機會？天真爛漫往往被憤世嫉俗所取代，就是為了防範這樣的背叛，我們必須照實說，憤世嫉俗就是從天真爛漫改進而來的。不過，這種替代並不是智慧的最終結論，真是謝天謝地。信任反而勝過憤世嫉俗，真正的信任並不是天真。兩個並不天真的人彼此信任，是一種勇氣的表現，因為背叛總是可能發生，也因為大家都清楚了解這件事。這在親密關係的範圍裡特別強烈適用。信任就是邀請你的另一半展現出最好的自己，以你自己和你慷慨付出的信任作為誘因。這是在冒險，但若不如此，就不可能有真正的親密，而且會犧牲掉讓兩顆彼此對話的心共同努力應付人生困境的機會，剩下一顆心孤單奮鬥。

浪漫激情需要信任，信任愈深厚，浪漫愛意的可能性也愈深厚。不過，信任也有其必要條件，除了當事人必須要有勇氣，還要有足夠的智慧去懂得不信任、有足夠的勇敢冒險建立對另一半的信心。第一要件就是說實話。假使你說謊，就無法保有對自己的信任；同樣的，假使你的行為被人發現時會需要說謊，你也無法保有對自己的信任。如果你的另一半說謊，或是以行動或沈默背叛你，你也無法保有對另一半的信任。因此，能令婚姻保有浪漫元素的誓言，最重要的就是決心不對另一半說謊。

如果執行得體，這個原則還會有極大的實際優點。改天你如果做了不該做的事，或是該做的事卻沒做到，你會需要勸告、需要支持，你的需要正是你的另一半能夠提供的，只要你敢讓另一半幫助你。也有些時候，你的另一半會處於完全相同的位置上。人生太難了，沒辦法獨自走完。如果你跟另一半說實話，努力在行動上付出，讓自己可以誠實說出你做了什麼，那麼在波濤洶湧、快要翻船的時候，你就有能夠依靠的人。這確實可以是生死攸關的大事。在浪漫激情維持完好的關係中，誠實就是第一要務。

❖ 蠟燭裡的基督

我有個朋友是北歐裔的加拿大人，他太太也是。他們決定在瑞典結婚，以此向雙方共同的血統致敬。他們至少在名義上都是基督徒，結婚典禮也反映出這一點。雙方交換誓言時，新郎新娘之間高舉一盞燭光，這個儀式的意義令我深思許久。

《創世記》（第二章第二十一節到二十二節）有一個古老而奇特的比喻，記載夏娃是從亞當身上取出，用他的肋骨造的。女人出自男人，這呈現了一種奧祕，扭轉了正規的生物學順序，也就是雄性動物是由雌性動物所生。這段經文也引發神話學上一脈相承的推敲，試圖解釋這個創造行為的不可思議，而它所根據的假設就是：上帝最初造的亞當是雌雄同體，是半男半女，後來才分開成為兩性。這不但意味著神聖統一體的一分為二，也代表了男女在與對方結合之前都是不完整的。[2]新郎新娘一起拿著蠟燭，就表示兩個新人的聯合。蠟燭被高舉並點燃，意味著某個更崇高、地位更高的元素正代表或執行這份結合。光，是天上的光、是黑暗中的光、是照亮、是啟迪。在現代的電燈被發明之前，通常是用蠟燭來達成這個目的。常青樹是聖誕樹的標準選擇，代表永不止息的生命，因為常青樹不像落葉木那樣每年「凋亡」，故而象徵了生命樹，也就是宇宙的根基。[3]因此至少在北半球，我們會在十二月二十一日左右點亮生命樹。[4]也正因如此，聖誕節就在十二月二十五日，光明的重現與普世救主的降生有關，表示在地獄陰間的一片漆黑中永遠會有光明再次浮現。

基督素來被視為第二個（完全的）亞當，而正如有人所推敲的，認為先有雌雄同體的第一個亞當，然後上帝才創造男女兩種獨立性別；也有一種推測，認為基督的靈性完美是男性和女性元素達到理想平衡而有的結果[i]。[5]兩個彼此聯合的個體，要不顧一切到不再躲藏或迴避、完全誠實的程度，並且本著共同存在的目的來修補自己，實在是極為困難。這也是為何雙方要立下永恆不變的誓言：「上帝配合的，人不可分開。」（《馬太福音》第十九章第六節）「我與你連結，」其中一方宣告同意。「我也與你連結，」另一方也這樣說。雙方如果頭腦清楚，都會想到彼此應該改變自己和對方，以便預防任何不必要的痛苦。所以，婚後的雙方必須臣服於哪一項

i 這個概念不斷出現在好幾個世紀的煉金術作品中，這些文獻壓倒性地代表完美的人（以心靈或心理學意義而言，就是賢者之石的擁有者）即為心靈的女性要素和男性要素神祕結合的結果。〈第二條法則：想像自己可以成為什麼樣的人，然後專一鎖定目標〉便以二元同體的雷比斯討論過這一點。作者注

最高指導原則？並非只以言辭上的抽象概念來啟迪教化，也不只是應該在思想和言談中誠實，而是應該要用行動表現出來，這正是道應該成為肉身的古老概念。

結為夫妻的兩個個體很可能為一個不恰當的概念化問題投入一場終生的搏鬥，也就是：「在婚姻裡，誰要服從誰？」畢竟，一般而言，每個人都可能這樣推想：這種協議就是零和遊戲，一邊是贏家，一邊是輸家。但夫妻關係不必也不該是哪一方是贏家的問題，甚至也不該為了接近公平而讓兩個人輪流當贏家。相反的，夫妻雙方可以決定兩個人都服從一個原則，一個更高層次的原則，而這構成了雙方在啟迪和誠實精神中的結合。雙方性格中最佳元素的理想結合成了一種隱約存在的形象，應該經常被視為婚姻的統治者，也正是被視為容易犯錯的個體實際上可能達到的，最接近神聖的狀態。這就是蠟燭儀式代表的意義：彼此都不管轄對方，彼此都服從這份啟迪的原則。在此情況下，並非一方必須遵從另一方所想要之事（反之亦然），而是雙方都應該以最正面的將來為目標，並同意真實便是繼續走下去的最佳途徑。這種定位和真誠將產生一種帶來轉變的對話，在語言及非語言上皆是如此，只要約定的雙方都致力於遵守對話的成果。自願順從於這份更高層次的啟迪原則，就會帶來結合，並恢復生機。

想像一下你剛參與一場這樣的儀式，你的參與代表什麼意義？你是否相信你適才以行動演示出的概念？你是否相信男人和女人曾為一體、後來被分開，必須再恢復為一體？你可以用戲劇、詩歌和隱喻的概念來相信，而非只用理性和機械式的概念，那樣就能夠引領你進入深刻的真理。你想找到你的靈魂伴侶嗎？這顯然是種浪漫的修辭法，不過浪漫小說的存在有其深刻理由。或許你邀約某人出來約會，去看一場浪漫愛情的電影，你們都看著劇中男女主角找到自己的靈魂伴侶。如果有幸，看電影時你會想到：「嗯，或許跟我坐在一起的這個人也是我命中注定的伴侶。」最理想的情況下，這同樣正是你約會對象的心願。在現實生活中，這或許太奢求了，但你內在浪漫的那部分還是渴望此事。

我們的天性裡有一種無可避免的渴念，盼望某個人可以帶來完整和圓滿。你會覺得缺了什麼，唯有恰如其分的、浪漫愛情的結合能為你提供。事實確實如此——你的確缺了某個東西。若非如此，性就不會演化出來。自從生殖繁衍的發展超越單純的細胞分裂以來，人類的整個生物進程似乎就是由這項事實所驅動：兩個不同的生物共同製造出一個相對新穎的自己，比僅僅複製自己現有的身體更好。你有自己的特質、盲點、成見，其中有些是絕對而隱含在內的，往往與你獨一無二的才華密不可分：你所獲得的優勢往往會帶有相對應的劣勢，你是獨特的個體，有獨特的屬性。如果你獨自一人、無依無靠，難免就會向某側傾斜，偏到一邊去，而這通常不是最佳狀況。

我們對婚姻制度冷嘲熱諷，這是我們的不成熟和幼稚所造成，而這個制度還有我們未能領悟的用途。婚姻是一種誓言，這是有原因的。你們一起公開宣布：「我永遠不離開你，無論生病或健壯，不管貧窮或富有——你也不會離開我。」這其實是一種威脅：「無論如何，我們都不會擺脫對方。」你們被銬在一起了，就像兩隻生氣的貓被蓋在水桶裡一樣，基本上不可能逃脫。如果你頭腦還清楚（除了新戀情帶來的樂觀情緒以外），你也會想著：「天啊，這個可能性太恐怖了。」在你裡面有一個聲稱渴望自由（其實是想迴避任何永久並因而變得可怕的責任）的部分，很想要有一個暗門，必要之時即可穿過這扇門，逃之夭夭。這樣似乎很方便，有些婚姻確實令人無法忍受。但這是個極其危險的選項。你真的想要從今以後一輩子不斷地問自己你做的選擇正確嗎——因為你總是擁有離開的選擇？極有可能你並不想要這樣。世界上有七十億人口，至少有或許一億人（假設）可能成為你的最佳拍檔。你當然沒有時間逐一試用，而你找到理論上最佳人選的機率趨近於零。不過，你的重點不是找到而是成為，如果你不明白這個道理，你就有麻煩了。此外，如果你有逃生通道，把你和另一半困在一起的房間裡就不會產生足夠的熱氣去觸發你們雙方必要的改變：長大成熟、開展智慧。因為成熟和智慧的開展都需要一定程度的受苦，而只要有一個出口，受苦就是可以避開的。

你跟另一半的相處並不會輕鬆愉快——不會輕易如此，除非你同意打不還手、罵不還口（即便如此，你還是會採取報復），因為你們是不一樣的人。正因如此，沒有人會輕輕鬆鬆一拍即合。而你和另一半不但有所不同，你還充滿許多不足之處，另一半也是這樣。但這樣還不夠慘，另外，還有一個事實：即使是充滿善意、人品高尚的兩個人，一起被鎖在婚姻裡，就要一同面對平凡、乏味、無趣、悲慘、可怕的一切，因為人生有可能（在某些時刻是一定會）艱辛到不可思議，問題會非常棘手，就算你用盡全力、贏得成功而且令人欽佩，還是會遇見一些殘酷和粗暴的情況，而且為時未必短暫。如果你們守在一起，或許人生會比較美好（就我看來，這是一份希望，也是一份可能性），不過殘酷粗暴的情況還是存在的。什麼東西會令你自願處理你們的差異，建立真實的協議、真正的共識？你會需要持續不斷地以十足信心彼此協商，達到某種和平又有益的調和狀態，否則的話，就要度過彼此掐住喉嚨的六十年了。

在臨床工作中，我看過整個家庭都處在這種情況下。想像看看五個人圍成一圈，每個人都用手掐住前面那個人的脖子，而他們掐住脖子的力道足以在幾秒鐘內讓對方斷氣。這是一種決定，是多年來沒有說出口的爭吵和拒絕協商所形成的：「我要殺了你。這不過是讓我花上一輩子的時間而已。」很有可能你也想要慢慢掐死某一個家人，或是有一個家人正在掐死你。或許沒有，希望沒有（或許你不願承認，即使你知道確實有）——但這再常見不過。如果你沒有與另一半和平協商，那就是你將要落入的處境。社會動物有三大基本狀態：專制（你聽我的指令）、奴役（我聽你的指令）、協商。專制顯然對被奴役的人不太好，但是對暴君也不好——此人變成暴君，這件事絲毫沒有令人顯得高貴之處，只有譏諷嘲笑、殘酷刻毒，加上紊亂的怒氣和衝動。奴役也不是好事，對奴隸和暴君而言皆然。奴隸很悲慘、可憐、憤怒、怨恨，他們會利用各種能夠取得的機會向暴君報仇，而暴君的下場就是被奴隸咒詛與傷害。隨意對人揮棍並不容易獲得最佳表現，尤其是在此人努力做好事時，而這種壓制心靈的舉動正是暴君最殘酷的技倆。不過，如果你想成為暴君，可以確定的是你的奴隸將在有能力的狀況下報仇雪恨，即便他們所做的遠遠沒有完全發揮實力。

內人曾告訴我一個可怕的故事，是關於她在安寧病房擔任志工時觀察到的一對夫婦。作先生的即將離世，他太太在幫他修剪指甲，剪得有點太多，每剪一刀都會流血，因為她剪得太徹底、傷到指甲下的肉。你看到這類事情，腦袋隨即就會告訴你這當中駭人的真相：「我完全明白現在是什麼狀況。」一段虛假而殘酷到不可思議的婚姻關係走到最後階段就是如此，極其隱微，不像殺人那樣公然進行。不會有人知道，除了這對夫妻自己（即使在當時的情況下，他們很可能正用盡全力不要知道），以及仔細的旁觀者之外，而旁觀者看到的是個垂死之人和他的妻子，妻子為了某些原因，決心要讓他死得更慘。這並不是理想的結果，你不會希望結局是這種情形或類似境況。你想要溝通協商，而問題是：「什麼力量會使你義無反顧地進行協商？」如果你想讓婚姻關係保持浪漫，這就是必須探討的祕密之一。

❖協商、專制、奴役

協商是極為困難的事。我們之前討論過關於決定你想要什麼、再鼓起勇氣讓別人知道的問題。接下來，有人會運用一些技巧來迴避協商。或許你會問另一半想要什麼——可能你們正歷經某種艱難的狀況。「不知道」是很常見的答案，小朋友就常這樣說，青少年更是如此。但是，在一場真誠而不能迴避的討論裡，這是不能接受的答覆。有時「不知道」確實表示了該表達的意思，回話的人是真的不知道。但這幾個字經常表達的是：「我不想談，你滾，別煩我。」這種反應往往伴隨著惱火或徹底的憤怒，足以嚇止發問者。這會使討論卡住，可能永遠就停下來了。或許這種情形發生了一兩次或頻繁的十幾次，因而你（在這個情形裡，你是發問的一方）受夠了另一半的拒絕，或是你決定不要再膽小怯懦、不要再因為錯付愛心而犧牲自己，你不想接受「不知道」這種答案了，因此你堅持達成目標。「那，隨便猜猜看，」你這樣說。「看在老天的份上，說點什麼都好，什麼都可以。就算是錯的，至少是個開頭。」「不知道」不只表示「你滾、別煩我」，而且往往還表示「拜託你走開，做好所有你該做的事情、搞清楚問題在哪裡之後，再回來告訴我——如果你真的這麼聰明的話」；或是「你明明知道要我去想我有什麼問題讓我超級煩，我就是故意什麼都不知道、就是不在狀況內，你竟然不讓我繼續這樣下去，實在是有夠無禮。」但這並非無禮——就算是，你還是需要知道另一半想要什麼，對方也一樣。然而，如果你們連開啟對話都辦不到，雙方要如何解決問題？這並不是無禮，而是愛的慘痛表現。

在這種情況下，堅持不懈是必要的，一種極其迫切的必要，就如同外科手術。堅持很難、很痛苦，因為這需要勇氣，甚至需要魯莽的蠻勇，才能在另一半明確叫你滾開（或罵得更難聽）

的時候繼續跟對方討論。但這是一件好事，是可佩的作法，因為當一個人為了自己不想談的事情而覺得煩擾時，很可能內心對這件事的想法是分裂的，想迴避問題的部分就會生氣，而另一部分則想討論和解決問題。不過，這樣做在認知上是很吃力的，在道德上會是很大的挑戰，也會帶來情緒上的壓力。此外，這樣做還需要信任，而大家都會測試對方的信任程度，例如被問及某個敏感問題時表現出生氣的樣子，就是為了確定那個膽敢提問的人真的夠在乎，足以克服一或二或三個阻礙、甚至十個阻礙，以便深入可怕的問題核心，而逃避再加上怒氣並不是唯一的招術。

還有一個重大的阻礙就是淚水。淚水很容易被誤認為是悲傷所導致的痛苦，能夠非常有效地令心軟的人把自己的不忍心放在錯誤的地方，因而完全無法有所進展。（為何說是放在錯誤的地方？原因在於，如果你為了對方落淚而不去煩他，他的痛苦在當下是立即止住了，但問題會持續存在直到解決之日，而這一天可能永遠不會來到。）儘管淚水往往代表哀傷或苦惱，不過也經常（或許更常）代表憤怒。例如，假使被你窮追不捨的人不但落淚了，還滿臉脹紅，就很可能是生氣而不是傷心（並非一律如此，但這是相當常見的信號）。淚水是一種很有效的防衛機制，因為要鐵石心腸的人才能抵擋淚水，但淚水往往是試圖迴避的最後一招。如果你能通過淚水這一關，就可以有一場真正的交談，只不過想進行對話的人必須意志非常堅決，才能夠避開怒氣（防衛的第一招）所產生的辱罵與傷害，以及淚水引起的不忍和憐憫（防衛的第二招）。這就需要結合自己的陰暗面（固執、嚴厲，以及必要時冷漠無情的能力），並將之用於長遠的好處。千萬不要愚笨地把「好心的態度」和「真正的好事」混淆了。

請記得上面討論到的選項：協商、專制、奴役。在這裡頭，協商是最不可怕的，即使它並不容易，而且以短期而言或許是三者中最難的，因為你必須現在就努力解決，天曉得必須做到多麼深入的程度、必須去除多少壞死的組織。說不定，你搏鬥的對象是你妻子的祖母、是她的心靈，因為當年她被酗酒的丈夫惡劣對待，沒能解決的虐待加上兩性間的不信任，造成的結果就代代相傳，餘波盪漾。兒童的模仿能力驚人，他們遠在能夠使用語言之前就已得知大部分隱約了解的事，而且不分好壞都會模仿。正因如此，人們才說祖先的罪惡會臨到子孫，影響三、四代（《民數記》第十四章第十八節）。

當然了，希望會驅使我們熬過協商的痛苦，但只有希望並不夠，還需要義無反顧的拚命，而這就是「直到死亡將我們分開」的效用之一。如果你們是認真的，你們就絕不分離——如果不是認真的，你們就還是孩子。那便是誓言的重點：彼此救贖的可能性，或達到你在這世上能夠最接近彼此救贖的可能性。在真正成熟的婚姻中，如果你的健康狀況維持良好，你會在婚姻裡度過上面提到的六十年，就好比摩西在曠野沙漠找尋應許之地一樣，有許多問題必須解決，之後才可能建立和平。因此你結婚後就會長大，你以和平為目標，彷彿那是你的靈魂賴以存在之物（或許這比生命賴以維繫之物更為重大），你要使它順利，否則就會悲慘受苦。你會被迴避、怒氣、眼淚打動，或是被慫恿著採用離婚的暗門，讓自己不必面對必須面對的問題。但是當你被激怒、在哭泣或是在分開的過程中，你的失敗將縈繞心頭、揮之不去，你誤入下一段感情時也會如此，你尚未解決的問題都原封不動，你的協商技巧也毫無進步。

你可以把逃之夭夭的可能性藏在心底，也可以迴避永恆不變的承諾，但如此一來，你就無法達成轉變，轉變很可能會需要你集結一切力量。但是，協商所隱含的種種困難也帶有極為巨大的指望，亦即完全成功的人生的一部分：**你可以擁有美滿的婚姻**。你可以的，這是一種成就，一種觸摸得到、有挑戰性、卓越不凡、不太可能達到的成就。在人生中，這種重量級的真實成就並不多，合理推估就只有少少四個吧：假如你努力奮鬥，建立了堅實的婚姻，這是第一項成就；因此你建立了一個堅固、可靠、真誠、有趣的家，這讓你敢把孩子帶進來。然後你可以生兒育女，有了堅實的婚姻，對你而言那樣是行得通的，這是第二項成就。你為自己招來了更多責任，你需要用最好的一面來承擔。然後，如果你運氣好又很謹慎小心，就會擁有品質最好的嶄新人際關係。之後你會有孫子孫女，當你的生命開始日漸消逝時，新的生命會圍繞在你身邊。在我們的文化中，大家活得彷彿生命只會到三十歲，但事實並不然，我們會活很久，不過一切也是轉眼間就結束，屆時，你應該要達成一個充實的人生所該完成的成就，而婚姻、子女、孫兒再加上伴隨這些而來的煩惱與心碎，在人生中占有遠超過一半的份量，要是錯過的話，損失可就太慘重了。

你遇過一些人，他們多半很年輕，不夠明智，不曾經歷什麼卻滿懷著憤世嫉俗的犬儒心態，以此代替了智慧，他們直截了當甚至自豪地說：「我不想生孩子。」有很多十九歲的年輕人說這種話，就某方面而言是可以接受的，因為他們才十九歲，有的是時間，畢竟十九歲懂什麼？有些到了二十歲後半段的人也這樣講，尤其如果是沒有誠實面對自己的女性，但為數並不是太多。也有些四十幾歲的人這樣說，他們是用過去式語法，其中可能有些人說的是真心話，但大部分都為時已晚。對於這件事，沒有人會說真話。我們尤其向年輕女性說謊，欺騙她們在一生中最可能想要的是什麼，但要公然挑明這件事，在當今的文化中是一大禁忌。我們的文化有一種難以理解的怪異堅持，強調典型的人生最重要的滿足是在事業上找到的（這本身就很罕見，因為大部分人擁有的是工作，而非事業）。不過，在我的臨床工作和一般的專業經驗裡，女性在二十九歲、三十五歲或甚至四十歲時，無論聰明才智、天賦、訓練、專業如何，也不管親職的渴望、年輕時的錯覺或文化的洗腦如何，如果不想履行讓一個孩子來到世界所必要的犧牲，她就是個很不尋常的女性。

以下是我強烈建議避免的悲慘之路，主要是針對閱讀本書的女性（雖然明智的男友和丈夫們也同樣應該注意）：在二十九歲或三十歲時決定要生小孩，然後卻生不出來——我不推薦這種情況。你會無法彌補。我們太脆弱了，沒辦法虛擲人生的贈禮。每個人在少不更事的時候都認為：「嗯，懷孕是理所當然的事。」只有在你絕對不想要也不應該生孩子，還有你十五歲時在汽車後座偷嘗禁果的情況下懷孕，才真的是會讓你發現自己麻煩大了。但是，懷孕成功並不是一種可以預料的必然結果，完全不是。你可以在年紀較大時努力試著生孩子，不少人就被鼓勵或鼓勵自己這樣做，但有高達三成的夫妻並沒有順利懷孕。[6]

婚姻如一灘死水的人若是開始幻想婚外情可以滿足他們得不到的需要，就會遇到類似情況：也就是不去注意人生會帶來什麼、不會帶來什麼。當我的個案正在考慮這種事情，或是正陷入婚外情時，我會努力帶他們回歸現實。「我們好好把整件事想過一遍吧，不只是針對這星期或這個月。你五十歲了，你這個對象二十四歲，她有意破壞你的婚姻。她在想什麼？她是怎樣的人？她懂什麼？」「但她真的很吸引我。」「沒錯，但她有人格障礙。真的就是如此，因為她究竟打算跟你怎樣？還有，她為什麼願意破壞這段婚姻？」「她不在乎我有沒有結婚。」「喔，我懂了，所以她不打算與某個人建立真實的關係、不要任何程度的長期不變。這會很適合你，是吧？你想想看。你的妻子會有點難受。許多謊言會隨之而來。你們有孩子，等到東窗事發的那一天（一定會有那一天），他們會作何反應？你對於即將來臨的十年法庭人生、要花掉你幾十萬元並令你陷入監護權大戰、占用你時間心力的訴訟，有什麼想法嗎？」

我遇過幾個陷入監護權之戰的人，他們真的寧可自己罹患癌症。讓自己被法院這種危險的機構掐住，可不是鬧著玩的，你會有很多時候真心覺得不如去死算了。你的「韻事」就會是這樣，簡直要命。外遇的騙局還不止於此，因為如果你和某個人結婚，理所當然，你通常會看到對方最糟的缺點，因為你必須與對方一同分擔人生真實的難處。你把輕鬆容易的部分留給外遇的對象：沒有責任，只有高檔餐廳、打破規則的刺激夜晚、為浪漫激情所做的精心預備，而且你讓一個人負責處理生活中的現實問題，另一個人則悖離現實還從中得益，這樣的特權會導致毫無現實感。發生外遇時，並不是跟對方一起過日子，而是擁有無盡的甜點（至少剛開始時），你只需要把每份甜點上面的鮮奶油挖起來大快朵頤，就這樣。你們在自己的最佳狀態下相會，一心只想著上床，毫不在意生活中的問題。一旦外遇轉變成一種帶有任何永久特質的關係，這段感情的一大部分立刻被打回原形，變回你婚姻中的困擾。外遇毫無益處，當事人最後都會受重傷，尤其是孩子，而你應該給孩子們最基本的忠誠。

我並不是蠻不講理拚命推崇婚姻家庭至上。你無法期望每個社會制度都適用於每一個人。有可能你的另一半是個精神有問題、人面獸心的畜生，是天生無可救藥的大騙子，是罪犯、酒鬼、虐待狂，還可能五項全中。若是如此，你一定要逃之夭夭。但那就不是暗門了，而是曠世大災難，就像颶風那樣，你應該遠離它的路徑。你可能會很想下這樣的結論：「喔，那如果同居而不結婚呢？我們彼此都試試看，這樣很合情合理。」不過，你邀請某個人跟你同居而不給彼此終身的承諾，這究竟代表什麼？且容我們適度嚴苛且務實地自我評價，不要假裝自己是在短程試駕二手車。只同居不結婚就表示：「當下你及格了，我猜你對我的感覺也是這樣，否則我們就會結婚了。但出於一種我們雙方都不具備的普通常識，我們將保留在任何時刻把對方撤換成更佳選項的權利。」如果你不認為這就是同居代表的意思，也就是說，作為一種充分清楚表達的倫理聲明，請你試著擬出看起來更可信的描述。

你可能會這樣想：「噢，博士，你對每件事都看不慣。」那麼我們何不想想統計數字，而非只聽我這個被視為老派但其實不然的意見？只同居而沒結婚的男女朋友（就是跟夫妻一模一樣，只差沒有正式結婚）分手的比例遠高於已婚夫妻的離婚率。[7]即使你後來跟這名對象正式結婚而且忠於婚姻關係，跟起初並沒有同居的夫妻比起來，你還是更有可能離婚，而非比較不會離婚。[8]所以，試婚這個概念該怎麼說呢？聽起來很誘人，但是並不可行。

當然了，除了同居可能並不可行之外，那些比較會因為性情問題而離婚的人，也比較可能未婚同居。要讓這兩個因果關係的元素脫勾並不是容易的事，但其實這並不要緊。兩人同居而沒有白頭偕老的承諾、沒有公開宣布，也未經過正式儀式和認真考慮，並不會製造出比較堅實的婚姻。這樣也沒有任何好處，尤其是對孩子而言，在單親家庭（通常是缺少父親）成長的壞處很多。[9]就是這樣，句點。因此我根本不認為同居是正當的社會替代方案。而且我是以婚前就跟內人同居的過來人身分這樣說，在這件事上，我並不是清白的，但這並不表示我當時做得對。此外還有一個原因，而且是相當重要的原因：在你的一生中，你並沒有太多機會可以讓一份親密關係好好開花結果。或許你要花上兩到三年才會遇到可能的真命天子或真命天女，然後再花兩到三年來確認這個人確實是對的人，這樣就用掉五年了。無論你現在幾歲，你年齡增加的速度遠超過你所想像，而你能夠擁有的家庭生活——婚姻關係、親子關係以及其他——多半都在二十出頭到三十五歲之間，那麼，你會有幾個五年的好機會？三個？幸運的話會有四個？

這就表示，在你等待的同時，選擇性會持續減少而非增加。假使你的另一半過世了，你不得不在四十歲或五十歲時跟人交往，那也是沒辦法的事。你遭遇了悲劇，人生就是如此。我看過朋友經歷這種事，這不是我會隨便希望所愛的任何人遇到的事情。讓我們繼續按照正常狀況來談吧：所有十六到十八歲的人都有許多共同點。還沒定型，可塑性高。這不是侮辱，而是事實。也是因為這樣，他們可以去讀大學、在第一個學期就跟室友結為一輩子的好友（完全沒有嘲諷的意思）。然而，等到你四十多歲時，如果你真正活過的話，你已經變成一個舉世無雙又獨一無二的人。我在四十幾歲時所認識的人，有些已經相處了十幾年或更久，但我仍然覺得他們是新認識的朋友。這完全是隨著年紀漸大而變得複雜的作用。而這還只是友情，不是愛情——不是共同生活、甚或是將兩個不同的家庭連在一起。

所以，如果你擁有婚姻和兒女，家庭氣氛很好，因為你生性不屈不撓，很怕因為沒有藉由協調來達成和平、沒有付出必要的犧牲來建立和平而導致生不如死，那麼，此時你無疑會比較想在事業上放手一搏，更可能的也許是好好投入工作。這是你可以得到的四大成就中的**第三項**，因為你短暫的人生當中既有好運氣，又有不屈不撓的精神。你學會如何在最親暱又最私密的密閉範圍中建立豐沛的和諧關係，而其中的部分智慧便流露在你的職場上。你是年輕人的心靈導師，是有益的同儕與可靠的部屬，你不會把你所在的地方搞得一團糟，而是會為之加分。假使每個人都這樣做，世界就會減少很多悲劇與不快樂的事，或許甚至會變成一片顯而易見的樂土。很有可能，你會習得如何善用家庭與工作以外的時間、休閒活動的時間，讓自己過得很有意義、很有收穫，而這就是四大成就裡的**第四項**，它也跟其餘三項一樣會有所成長。或許你會做得愈來愈出色，可以解決愈來愈多困難的問題，以自己特有的方式成為人類精神的光榮。

這就是人生。

再回到婚姻這件事。你要如何規劃並勤勉地維持婚姻中的浪漫激情？你必須下定決心問自己：「你想在人生中有一些浪漫激情嗎？」如果你確實思考過，不是在怨天尤人、不會樂於試圖讓現已疏離的另一半得不到這份嘗試將帶來的歡愉滿足——答案通常是肯定的。性關係的浪漫之情包含探索、歡樂、親密、興奮，都是人類覺得需要接觸非凡的感受時所夢寐以求的，你很想要。人生的樂趣並不多，相當珍貴，你可不想沒有正當理由就放棄了。你會用什麼方式達成？假如運氣好的話，浪漫激情會發生在你和你喜歡的人之間；假如你運氣更好而且有充分的投入和承諾，就會發生在你和你所愛的人之間。這完全不是件容易的事。如果你和某個人建立了家庭，你就得做出極大量的協調，才能讓「喜歡」和「愛」保持下去。

❖ 家庭經濟

以下是一些實際面的考量，看似與浪漫的主題很遙遠，但這些討論是不可或缺的，因為我們超越（或遺失）了傳統的角色，卻尚未訂定出替代方案。在此之前，或許是在避孕藥發明而導致生物革命之前——男人負責做男性的工作（不管是哪些工作），女人負責做女性的工作（不管是哪些工作）。現代人嚴重過度高估自己對自由和選擇的耐受性，而傳統角色遠比現代人能了解的狀況更有幫助。在一個變動沒那麼迅速的社會中，每個人對於自己的本分都有某些概念。這樣並不會消除緊張關係（沒有什麼東西會消除緊張關係），但至少有一個模板。當你和某人住在一起，你們雙方應該做的事如果沒有模板可供依循，那麼你們就得為此爭吵——或是協商，如果你們善於此道，但你們或許不諳此道。很少人善於協商。

如果你要與所愛（希望也喜歡）的人共組家庭並和平相處，而且期望愛意和喜歡持續下去，你會需要以某種方式決定誰要做哪些事，這就是角色的交換。誰整理床鋪？應該在什麼時間做好？需要達到什麼樣的完成度，雙方才能接受？如果這一點沒有處理好，談話很快就會變得很負面：「我把床鋪整理好了。」「欸，你做得不太好。」「你對每件事都不滿意。如果你覺得我沒有把床鋪整理好，那我以後就不做了，你自己整理。」「欸，或許你應該把自己的標準提高，而且可能不只是整理床鋪的標準要提高。」解決這個爭吵需要好幾天，如果能夠解決的話，而這還只是床鋪而已，只是早上剛起床的十分鐘。於是，或許之後的六十年（又是這麼長的時間）都不整理床鋪，或整理得很糟並滿是怨恨，而除了整理床鋪之外，還有太多需要應付的家務事。如果沒有解決，這個問題就會存在於每一天早晨，每週、每月和每年的每一天，雙方早上醒來或只要進入臥室就至少會在心底覺得生氣，然後別的事情就開始失控。這樣真的太慘了。

以誰的事業為優先？是什麼時候、什麼原因？要如何教育和管教兒女、由誰執行？誰負責打掃？誰負責擺餐桌？誰倒垃圾？誰清掃浴廁？如何開立銀行帳戶並負責管理？誰採購日用品？誰買衣服和家具？誰付錢？誰負責處理稅務？此外還有太多太多事情。要把一個家經營好，或許有兩百項工作，複雜程度就像是經營一份事業，而且更困難的是要設法與一個家人共同經營，其中大部分事情每天都在重複，畢竟生活多半是由重複的例行工作組成的，你可能要為其中的每一項責任進行協商，否則就會永遠在推拉角力，用非語言的方法，以頑強、沈默、興致缺缺的「合作」進行爭執。這對你們的浪漫激情毫無益處。因此，一定要把家計的家務內容安置在堅固的基礎上。

這些需要解決的問題困難到不可思議，因為這表示你和另一半必須刻意將家務的責任分門別類成各個層級，必須針對每一項既討厭又看似瑣碎的細節（但貌似瑣碎是一種假象）進行協商：誰負責備餐？在什麼時間備餐？假使這個工作要與別的工作平衡的話，有多少價值？你如何感謝一個在廚房裡表現得很好的人？誰負責把碗盤放進洗碗機？誰負責洗碗？用餐之後多久必須把碗盤從餐桌上清空？該用哪些碗盤？要吃什麼食物？孩子們要扮演什麼角色？要並肩而坐嗎？三餐時間要固定嗎？每個問題都可以變成腥風血雨。一個人這樣想，另一個人那樣想，誰知道誰是對的？於是你們得為此爭吵，必須達成共識。這當中困難重重，或許會帶來幾百次爭吵，幾十次必定是跑不掉，但這些爭吵是有目的的，就是吵到解決方案出現、不再有必要為這件事爭吵為止。這意味著和平就是目標，而和平只有透過協商才能達成，協商則需要堅定的承諾，足以抵抗嚴重而深刻的衝突。

根據我在臨床和婚姻上的親身經驗（兩者各三十年之久），你接下來必須做到的事，就是每星期確實與另一半交談大約九十分鐘，只談實際上與個人有關的事情。「你工作上的情形如何？」「你看孩子們是怎麼了？」「家裡需要做些什麼嗎？」「有什麼事情令你困擾，我們可以加以處理？」「我們必須做什麼事，下星期才不會餓肚子？」只做純粹、實際的溝通。一部分是因為你有你的故事、另一半也有自己的故事，你們還有一段共同的故事。為了認識你的故事，你必須講出來；另一半要知道你的故事，就必須聆聽。這樣的溝通必須持續進行，不必一次就聊九十分鐘，或許可以是每天十五分鐘，不過你要讓這些務實溝通的路線暢行無阻，這樣你才知道另一半此刻的狀態，反之亦然。如果每週少於九十分鐘，你會積壓一些東西，你們彼此的故事就開始展開，到了某個時間點，累積的數量就太龐大了，你根本不知道自己是誰，當然也不知道另一半是什麼樣的人，你們變得彼此疏離，雙方的關係喪失凝聚力，情況就糟了。

例如，我在協助他人處理婚姻問題時，我們會處理一些非常平凡的事。我沒興趣建議去度假或參加特殊活動，或任何異於平常的事。並非因為這些事情不重要，而是日常的例行內容才是最不可少的，非搞定不可。我想知道哪些互動關係構成你典型一天的內容。或許你們一同起床，一起吃飯，每天都一樣。或許起床、準備面對新的一天、用餐，會占用五個小時，而那就是你清醒時間的三分之一了，因此也就是你人生的三分之一。每七天（一星期的工作時間，一整個人生經歷）裡就有三十五個小時。別弄錯了。問問自己和另一半：我們希望這些時間如何安排？我們如何讓早上起床時間愉快安心？我們吃飯時是否能斯文又關心地注意到彼此，或許不因電子產品而分心？我們是否能讓三餐美味可口、用餐氣氛宜人？傍晚回到家時，假設例行工作花費十分鐘，也就是每週再用掉一個小時、每年五十個小時，相當於一點五星期的工時。你每年用一點五個星期的工時在走進家門時受到迎接，這在你的生命中是相當大的部分。是否有某個人在門口迎接你、表現出很高興見到你的模樣，還是每個人都在使用智慧型手機並因而對你視而不見，或是你只會面對冗長無盡的抱怨？你會想要怎樣組織這段時間，好讓自己不會害怕返抵家門的那一刻？在你們一起做的事情之中，有些很平凡乏味，你每天都得做，但這些就是你們完整的生活，把這些事情處理好，就是把自己打造得更有力，遠超過你所了解的程度。如果可以成功獲勝，在家政工作中建立和諧，你們雙方就贏得了一大勝利，然後就可以全心構思如何安排浪漫假期，無論是到精品飯店或父母親的度假小屋，或是費用全包的度假村，或是探險假期，或是前面提到過而你們雙方都不太想嘗試的每週兩次約會。

第一步，先把這些事情整頓好，看看結果如何。例如，你們將會擁有寧靜的用餐時間，不會受挫失望或血壓飆高。你們會需要為這樣的成就而奮鬥，但重要的並不是你們是否奮鬥（因為你們必須奮鬥），而是結果是否達到和好安寧。締造和好安寧就是設法達成協商過的解決方案，你們夫妻所面對的每一項責任、每一個機會、每一道阻礙，你都會想要也需要得到經過協商的解決方案。等到你的人生變得複雜而難以理解時（難免會的），至少你有人可以徹底討論，而且兩個人可以集思廣益，即使意見並不一致。總之，要先知道自己想要什麼並與另一半討論，然後才有辦法維護你們關係中的浪漫激情。

別人會幫助你維持身心健全，而這正是結婚的一部分優點。理由何在？你有一半不正常，你的另一半也是（或許不是一半不正常，而是非常不正常）。不過，希望你們大致上不是同一半不正常。偶爾會遇到一些夫妻，兩人有同樣的弱點而且還彼此加乘，例如兩人可能都太愛喝紅酒，一起漸漸走向酗酒。為了避免這種結果，你會希望只有其中一人喜歡喝酒，而非兩個人都一樣。這在喝酒的當下或可能喝酒的情況中會造成一定程度的短期衝突，但是就長遠的結果（避免當中一個人變成酒鬼）來看很可能會有裨益。不喝酒的人會在社交場合淺酌一兩口，以免太過死板而令人討厭；喜歡喝酒的人如果適度的自制，就會得到有益的譴責。

很幸運的是，一般而言，你們的個人特質很可能會隨機分布，你與另一個人結合時，有可能會在你的弱點上面發現對方的強項，反之亦然。當你們二人合一、重新創造出原始的存在（那是一種象徵性的概念），你就有機會生出一個明智健全的生命，這對你們雙方都有好處，對你們的兒女更是有益，有希望適應一般而言正常合理的行為，而且對於友誼和世界也有幫助。

有許多朝向功能性合一的移動，都是對話和溝通帶來的結果。如果你年紀夠長，就會了解人類損壞得很嚴重。少不更事時，你可能會有兩種毫不質疑的隱含假設，但二者都不正確。第一種是假設有位完美的對象存在，你甚至有可能遇到這位假設中的完美伴侶，你透過自己的錯覺這樣看待他，便不顧一切傻傻愛上了他（傻是因為你愛上的是自己對完美的投射，而不是這個人——這樣會把你的感情對象搞得一頭霧水）。第二種是假設有某個人對你而言是完美的。基於這些假設，你至少犯了三個錯，這種成績相當可觀，畢竟你只做了兩個假設而已。

首先，沒有任何人是完美的，世界上只會有受到損害的人——很嚴重的損害，雖然未必都無法修補，然後還有不少個人癖性。此外，假使真有某個完美的人，這個人只要看你一眼就會嚇得尖叫逃跑。除非你在欺騙他人，否則你最後怎麼會跟比你更好的人在一起呢？假如這樣完美的人接受你作為約會的對象，你應該會非常害怕。一個頭腦清楚的人對新的潛在感情對象會有這樣的想法：「天啊！你應該是瞎了，或是極度渴望，或是跟我一樣破損！」那是個很駭人的想法：跟一個至少跟你一樣麻煩的人註冊簽下終身約。這絕對不像獨自生活那麼慘，但仍是避開小厄卻惹上大禍——至少大禍的火焰會將你改造。於是你結婚了，如果你有勇氣的話；如果你有任何長遠的眼光，又有能力立下誓言且負起責任；如果你有任何成熟度，開始將你們兩人改造成一個通情達理的人。甚至，參與這段無法確定的過程，會使你們兩人成為一個通情達理又有可能得到成長的人。所以，你們要交談，每件事都要談，無論多麼痛苦。你們也要彼此和睦。如果能夠做到，就是謝天謝地了，因為預設的情形是彼此衝突。

❖ 壓軸：浪漫激情

本章並沒有太多內容直接討論浪漫激情，至少沒有探討如何維持浪漫。浪漫是玩樂，當任何種類的問題出現時，玩樂就不容易發生。玩樂需要和平，而和平需要協商，即便情況如此，但如果你能有玩樂，就算你運氣好。

婚姻的浪漫激情，亦即親密和性，這是個很複雜的主題，每個問題底下都潛藏著一隻惡龍。例如：如果你捲入了婚姻，你們在性關係上應該如何彼此對待？答案不會是「沒有性關係」，因為這個契約協定是以雙方合意的方式安排浪漫激情的生活，這是婚姻穩定的一項絕對先決條件。或許不是每天做愛十五次，或許也不是吝嗇地每年做愛一次，而是在兩個極端之間的某一點，這是你們必須協商的起點。

我的觀察是，典型的成年夫妻——就是有工作、有兒女、有剛才討論過的家計問題、有各種擔憂、責任、掛念之事的那種夫妻，大概每週會有一或二次甚至三次（可能性不高）還算過得去的親密性愛。如果處理得當，這個頻率會是雙方都可以接受的。我的觀察是兩次比一次好，但一次遠比零次好，零次很不好。如果你們是零次，你們其中一方是在欺壓另一方，另一方則是在屈從。如果你們是零次，其中一方將會外遇——身體上的、情緒上的、幻想中的，或三者的某種組合。我不是隨便說說。當浪漫激情消失、親密性愛的頻率跌到谷底時，一定會有某些東西被捨棄掉，一定會用某種方式表達反對，一定會強烈表達出「這樣不夠好」。我不是在建議大家外遇，但假如你的性生活絕跡了，你就是在讓自己走上這條路。或許你想採用這個路線、促進外遇發生，因為你想假裝犧牲來博取同情：「我老婆在外面有男人了，我好慘。」她怎麼會做這種事呢？「呃，或許我們的性生活不夠好。」（這個答案可能需要經過一番挖掘才會浮現。）「你指的『不夠好』的具體情形是什麼樣子？」「呃，我們兩年沒做愛，然後她就有了別人。」

這並不是太驚人的事。你從一開始就該認為你的另一半是個相當正常的人類，某種程度的性愛滿足是一種合理的需求，比如每週兩次，在極為忙碌的情況下則是每週一次。剛結婚那幾年，要表達對另一半的浪漫愛意可能不是問題，但是要活下去就會有太多事情需要做。約會很費力，就算你還單身。我完全明白約會也包含冒險的奇遇，但其中有很多只會發生在電影中，不會發生在交友網站、傳簡訊、咖啡店、餐館、酒吧，也就是剛開始的尷尬見面發生的地方。你真的得下功夫，而且如果你單身，你就會下功夫，因為你很寂寞、極渴望被關注、極渴望身體的親密。(平均而言，單身者的性生活比已婚者少很多，雖然我認為有一小部分人在性生活上的成績可以說是所向無敵。但我認為即使是在這方面成績斐然的人，也不會給自己帶來什麼好處。)

所以，如果你單身，就會為約會下功夫，因為你很寂寞、得不到愛情的滋潤，但約會並不是簡單的事，你必須從生活中挪出時間心力，必須規劃，必須運用想像力、付出金錢、找到可接受的約會對象，而且正如大家說的，要親吻很多青蛙之後才能找到王子或公主。結了婚的人往往會鬆一口氣，因為不必再做那些通常達不到預期目標的努力了。但這絕對不表示你現在脫離了險境，可以穿著破舊的內衣褲和襪子、靠在椅背上，認為休・海夫納[ii]所有假想的享樂都會自動出現在你家裡。還是需要很多努力，除非你想讓浪漫愛情消逝無蹤。你必須用語言談論，必須進行困難又尷尬的談話：「親愛的，要在哪一天呢？星期二和星期四？星期三和星期五？星期一和星期六？」你心裡會想：「天啊，這實在太固定、太世俗，太事先計畫了。實在太多

ii《花花公子》雜誌創辦人。譯注

安排、太有預測性、太小資產階級、太違反浪漫、太呆板了。這會貶低人、限制人，把性愛變成一種責任，如此一來樂趣何處尋？哪裡還有自發性、輕爵士、雞尾酒、突如其來的吸引力呢？哪裡還有晚禮服和黑色小洋裝呢？」這些是你的期待嗎？即使是不自覺地存在於你愚昧幻想中的期待？你約會的時候做到這些的頻率有多高呢？曾經有過嗎？還有（請記得，我們談話的人都已成年），你想要兩份工作（兩個生涯、兩份薪水）、兩個孩子、合理的生活水平——還要自然發生？你不打算「勉強接受」任何較低的標準嗎？

祝你好運了。以我的臨床（和個人）經驗而言，若是沒有大量的努力，這種事情根本不會發生。會發生的情形是，生活中絕對必需的事項會冷酷無情地開始壓過理想中的必需事項。或許你在一天當中有十件事要做，做愛是第十一項，並非你認為做愛不重要，而是你連十項中的第五項都做不完。你必須騰出空間和時間，在我看來，你必須刻意這樣做。你可以想想：「用一些時間跟我曾經墜入情網的對象相處，會是什麼感覺？」你得徹底想想。或許在你上床睡覺之前，只有時間看半小時的電視節目；或許你有一個半小時或一個小時，因為生活太繁忙了。沖個澡或許不錯。擦點口紅吧，滿好的。再噴一點香水。穿件有吸引力、有情趣效果的衣服。如果你是男性，請幫太太買一套內衣；如果你是女性，請鼓起勇氣穿上。如果你是男性，或許你可以在男士用品店或情趣用品店找到相當性感的穿著，不會太極端、也不會品味太差而產生強烈的反效果，害你不自在。當對方展現勇氣時，加上一兩句讚美也是不錯的點子，或許效果可以維持一整年。試著建立一點自信，試著用一些柔和的光線——或許可以來一點燭光（有人必須去買蠟燭，也應該被鼓勵去做，而你如果想把那些容易受傷的成分完全排除掉，就應該把嘲諷維持在最小的程度）。切記這個原則：千萬不可因為另一半做了你想要他或她繼續做的事而加以懲罰，尤其是那些需要真正的勇氣才做得到的事，那些真的超出而且多過責任所要求的事。

假使你正在想像感情出軌，何不試著安排你可以想像出的浪漫場景，因為那就是那些想出軌的人會想像的內容（如果這個人有想像力的話）。試試看跟你的另一半發生風流韻事吧，或許作丈夫的可以布置臥室、作太太的可以準備浴室。剛才已經提到燭光了，那來點音樂如何？是不是要確定房間很乾淨，而且（能夠的話）在美感上很吸引人？這可以是一個起點。或許你們兩個人不會全速變老增肥、太快就變得既不健康又有疑病症，進而導致對彼此互相惱怒，而許多夫妻正是這樣。如此一來，或許你們雙方都可擁有自己所需要的，甚至得到自己想要的東西。但你得承認自己的渴望，必須與另一半協商。你喜歡什麼？她喜歡什麼？你們會讓對方知道嗎？你們會冒險拚命實行嗎？你們會學習新的花招，即使剛開始嘗試時覺得自己很蠢嗎？

這些都很不容易。有些人會一同或為彼此做一些事，卻不會互相聊到這些事，如果是夫妻的話，這並沒有好處。或許你是本著交易的心態，出於善意來處理此事，希望能夠決定自己需要和想要什麼，準確安排好正確的交易。你可以問自己：「你看，我要如何安排才有可能在未來的二十年中繼續對我的另一半滿懷愛意，不會誤入歧途而做出什麼蠢事，像很多人那樣？我對性愛滿足的最低前提是什麼？」你可以試著說服自己相信這並非必要，相信你可以安於現狀、視其為無物。但是你辦不到，只要你有任何自尊或理智。有些事是你會想要或需要的。有可能如果你坦誠溝通那些事是什麼，同時讓自己坦然面對另一半傳達的訊息，你們兩個人不僅能夠從彼此得到自己想要的東西，還會超乎你的預期。

安排一些約會，並練習精心設計然後具體行動，直到你成為這方面的專家。進行協商，這也是要練習的。讓自己意識到自己想要和需要什麼，並且通情達禮地讓你的另一半參與這個祕密，畢竟你還能告訴誰呢？讓自己致力於更崇高的理想，一段誠實又勇敢的關係有必要仰賴的理想，然後，以維護你心靈完好無損的嚴肅性來實踐。要堅守婚姻誓言，讓你義無反顧地誠實協商。不要容許另一半用無知的斷言或拒絕溝通對你置之不理。不要那麼幼稚，也別期待愛情的美好會自動維持，自以為不必全力以赴。把家庭的必須物品按照雙方都能接受的方式分配好，不要專橫欺壓、也別讓自己變得卑躬屈膝。確定自己需要什麼才能覺得滿足，無論是在床上還是床下。或許，只是或許，你會保有一生的摯愛，而且得到一個知心密友，而我們所居住的，這個在宇宙盡頭的地球就會變得更溫暖一點、更舒服一點。你會有這份需要的，因為艱困的時刻隨時都在步步逼近，你最好擁有些什麼可以與之對抗，否則絕望即將臨到而揮之不去。

費心規劃加上努力執行，維繫婚姻中的浪漫。

RULE 11 別容許自己變成怨恨、欺詐或傲慢的人

❖ 故事就是重點

你有很多理由可以怨恨、欺詐、傲慢。你正要或即將面對可怕又混亂的力量，而你有時將會落敗。焦慮、懷疑、羞愧、痛苦、疾病、良心的煎熬、撕心裂肺的哀傷、破滅的夢想加上失望、被出賣的事實、受制於社會生活的專橫、老邁瀕死的醜態——你要如何能不墮落而發怒、犯罪，開始連希望本身也覺得憎惡？我希望你能明白如何抵抗這種退步、這種變得低劣邪惡的墮落。若要能做到此事，也就是說，若要了解自己的個性以及受到黑暗引誘的事實，你需要知道自己該抵抗什麼，需要了解自己趨向邪惡的動機。而怨恨、欺詐和傲慢這三巨頭即可用來分析我所能簡述的邪惡。

我們用以了解世界的方式是否有可能提供對抗誘惑的保護，以免經歷那些最低劣不堪的道路？先人的智慧已諭示一項重要原則：更清楚地陳述問題、更深入地理解問題，會有相當好的效果。我們將以一種概念上的轉換來開始這份嘗試，但概念的轉換對於現代全然服膺物質主義的人類頗有困難，且令人費解。首先是一個問題：世界由什麼組成？要回答這一題，我們需要

思考的是現實，也就是世界——它由某個有生命而清醒的人充分體驗，主體生命的豐富性都完好無損地保留下來，包括：夢境、感官經驗、感受、驅力、幻想。這就是在你獨一無二的個人意識中所彰顯的世界，甚至是你與你獨特的個人意識正面交鋒的世界。

以早上醒來的動作而言，如果你被問到在那一刻的感受知覺，你可能會提到睡在隔壁床的任何人同樣會看到的具體物品。你可能會描述堆積在臥室裡的所有東西：書桌、椅子、衣物（擺得凌亂或整齊，取決於你的性情和偏好，或許還有你昨夜的狀態）。你很可能會以這種非常客觀而寫實的方式回答，基本上就是聲稱看到現場的家具設備。當然，你的答案有幾分事實，雖然你可能沒有自己所認為的那麼注意身邊熟悉的物品。何必浪費時間精力去察覺你可以簡單就記住的東西呢？

不過，臥室裡的家具和其餘內容物並不真的就是你剛醒來時察覺到的東西。你已經對於就寢的地方和裡面包含的物品瞭若指掌，沒有理由繼續刻意花力氣理解。相反的，你比較容易在**心理上**感知周遭環境，開始考慮在你勢必會占用的領域上該如何表現、結果會發生什麼事。你醒來時會看到的是大量的可能性，在此其中有許多關係著眼前的這一天，還有一些則關係著即將來到的幾星期、幾個月和幾年。你醒來時真正在意的是一個問題的答案：「我要如何運用此刻在眼前上演的可能性，即便它們可能很複雜、令人擔心、很刺激、很乏味、受到限制、無邊無際、帶來幸運、狀況悲慘？」

在潛在可能性裡，有著你能夠得到的一切。這就是可能性尚未實現時所覆蓋的範疇，沒有人知道它的完整範圍。尚未彰現出的部分可以製造出什麼，原則上是沒有限制的，凡是可能存在的一切皆以此為發源地。你也可以思考在一座永恆的寶庫、一個豐裕之角[i]（這其實就是它的其中兩種代表）裡，還可能會遇到什麼事物。但這只是故事的一半而已，而問題就在此處。如果你所面臨的可能性展現得不恰當（因為你出了錯；因為世事無常），你的麻煩就大了。在那裡，在未知當中，亦即在未來當中——你的意識再次清醒時真正要應付的對象，有一切的美好等著你，也有一切可怕、痛苦、凶惡、致命的問題等著你。因此無論潛在可能性會是什麼，都不會依循物質邏輯的簡單規則。那些遵循著我們視為真實遊戲規則而運作的事物（當我們認定凡真實者亦合乎邏輯時），同一時間只能是一種事物，肯定不會同時是它們本身，又是它們的相反。然而，潛在可能性就不是這樣了，它不能如此歸類。它同時是悲劇和喜劇，良善和邪惡，還有其間的一切。它也不是可以具體觸摸到的東西，像是我們認為必定可以觸摸到的實體。它甚至並不存在——只是**有可能**存在。或許最好將其視為現實的結構，在現實於此刻具體展現之前，它就在現實看似以最不證自明的方式存在之處。但人類這樣的生物不會以全副心力活在當下，因此當下可能並不是最真實的，至少就人類的意識而言並不是。我們必須非常努力「活在此時此地」，這是哲人的忠告。如果任由我們自己做主，我們會把心思用來探查未來：**有可能會是如何？**試圖回答這個問題，這就是人生。這就是真正與現實相遇。**現況如何？**這個問句關於已逝的過去，是已完成的事。**有可能會是如何？**這是新存有的浮現，是新的探險歷程，是現存的意識結合各種弔詭可能性的廣袤區域所帶來的。

如果最真實的是可能性而非實際性（正如事實證明的，我們注定要對付的是可能性），那麼，針對可能性所做的探究才是最重要的探究。不過，要如何探究不在這裡、那裡或任何地方的事物？如何檢視尚未呈現之事物，如何探索可能但尚未存在之事物？如何能夠清晰地彼此傳達那樣的嘗試，針對最有效的概念化、方法和策略交換資訊？就我所知，答案就是：藉由述說

「現況如何」和「有可能會是如何」的故事來傳遞與交流，這就表示，如果可能性是我們所搏鬥的現實的終極元素，那麼，我們最需要知道的智慧就包含在故事裡。

我們自然而然地把自己的人生想成一些故事，也以此方式傳遞自己的經驗。我們自動告訴別人我們身在何處（布置好舞台）、正往何處去，以便能夠從我們朝目的地前進時湧現出的可能性創造出現在。沒有人會認為這樣的描述有何反常。但我們不只是把自己和他人的生活描繪成一連串事件，而是呈現得更加深入。當你描寫某個人在世界上的活動時，你敘述此人如何察覺、評估、思考、動作。你這樣做，故事便展開了，而你愈擅長這樣的描述，你的記敘就愈像故事。此外，我們體驗到世界上住著一些人物，他們就代表我們必須全力對付的問題。未知、意料之外、新奇異常，代表了滿是可能性的世界，它們以戲劇形式呈現出來，而我們所期待且奮力使之實現的世界，以及我們自己，則被描述成同時面對著未知和可預測事物的參與者。我們用故事來代表這一切。

我們以故事來溝通，而且人人都了解這些故事，是否可能因為每個人在世界上的生命基本上**就是**一則故事？這會不會意味著，經驗的世界其實難以跟故事區別，不可能透過比故事更精確的方式表述？基本上，我們都要適應世界，適應世界的現實。因此如果我們自然而然把世界

i 這裡指的是希臘神話中，母山羊阿瑪爾忒亞的角。當宙斯還在幼年時期，克里特島上的寧芙仙女們養育著他，還用母山羊阿瑪爾忒亞的奶和蜂蜜餵養他。有一次，母山羊的一隻角被樹枝勾斷，一個女神撿起這隻羊角，用鮮花和樹葉將羊角包裹起來，並在其中裝滿各種新鮮水果，送給了宙斯。宙斯為了感謝仙女的照顧，又把它轉贈給養育他的仙女們，並對她們許諾說，可以從這隻羊角裡傾倒出她們想得到的一切，而且永遠取之無盡、用之不竭。譯注

理解成一則故事，那麼，作為一則故事的世界或許就是最準確或至少最實際的（準確和實際不是很容易區別）。你可能會反對，認為科學的世界觀在某種意義上更為精準，而科學的觀點基本上並不是故事。但就我所知而言，科學觀點仍套疊在故事裡，而這則故事講述的大致上是：「審慎且不帶偏見地追求真理，可使世界變為所有人的更佳住處，減少受苦、延長生命、製造財富。」否則為何要實踐科學？若沒有那種動機，怎麼會有人要接受科學訓練的艱苦和嚴苛？例如，如果你有成為真正研究者的聰明才智和訓練，就擁有更有效的賺錢方法。以內在動機而言，對科學的愛好嚴格來說並不是完全無涉利害的學習。我所認識的偉大實驗家和科學作家都對自己從事的工作滿懷熱情，他們受到情感的驅動，希望自己的學識（儘管並非出於私利，因為現階段除了學習之外，並無具體目的）將有某種真實的正面結果：讓世界變得更好。這就為整個追求帶來一種敘事元素，就是伴隨著任何好情節的動機，以及構成了最佳故事的人物轉變。

我們將自己的經歷概念化為一則故事。簡單說，這個故事描述了我們此時所在之處，以及我們正要前往之處，還有沿途上所執行和經歷的策略與奇遇，也包括旅程中我們的衰落和重建。你始終在那樣的架構之內察覺和行動，因為你始終位於某處、正前往另一處，也總是在評估，相對於你的目標而言，你此時身在何處，而目前正發生什麼事。故事裡的這種思考方式有一部分表現於我們會將世界視為各種角色，每個人角色分別代表我們身在何處、要往何處去、會遇到什麼意外事件，或是把我們自己視為其中的參與者。我們在各處都看見生氣勃勃的意圖[1]，也肯定會以此方式將世界呈現在我們的兒女面前。正因如此，湯瑪士小火車有一張臉孔、上面掛著微笑，太陽也有臉孔和笑容；正因如此，即使是在成年人眼中，月亮上住著一個人，眾神散居在諸星之間。每件事物都被賦予生命，這反映出我們傾向於把一切事物當作具有意圖的人格，無論那是什麼，也不管是否有生命。正因如此，你也不介意自己的車子長著一張臉（正前方，臉的位置都在那裡），而它確實就有。

我們如此行動（察覺、思考、反應），因為人類的每個成員做任何事情時，好歹都有別人在場，始終都是。人類在形成現狀這段漫長的生物性發展過程中，遇到的每件事大抵都是社會性的，如果不是與人互動，就是與動物互動。或許是進行獵捕，或者是放牧蓄養，一旦動物被馴化，人類也可能逗動物玩。又或許是動物在獵捕人類，人類必須對動物有所了解以便逃走或自衛。這些部族內、部族間、跨物種的互動模塑了人類的大腦，形成我們的基本類項，將它們描繪成社會性而非客觀性的，與科學的類項不同。人類並不是天生具備理解元素週期表的本能，完全不是，而是在幾百年前才終於能夠了解，還耗費大量刻意投入的時間心力才制定出來。此外，即便別人做了極費力的必要工作，建立這套出色的化學分類系統，我們要學會也是困難重重，這套系統本身並不是那麼有意思（至少對大多數人而言），因為沒有故事與之相連。它精確而有用地表述現實的客觀實體，毫無任何疑問，只不過，要精通那種抽象觀念真是難上加難。

相反的，如果有人跟你講一個故事，會立刻吸引你的注意。那個故事有可能相當複雜，而且有認知上的難度，需要聚精會神幾個小時；它甚至可能是如何發現元素週期表的故事，還加上伴隨這段過程的歡欣喜悅和困境難題。這些都不要緊，只要講得好，就會吸引注意力，而且有可能會被人記住。如果你想教小孩子某件事，讓他們專心，就要跟他們講故事。小孩子會一再要你講故事，他們不會抓住你的大腿、拜託你：「爹地，睡覺前要再講元素週期表的一排內容喔！」但他們有高度的動機想聽故事，有時甚至每晚都要聽同一則故事。這就暗示了故事的深奧與重要。你或許認為故事很單純，但你的孩子專注聆聽時，是在處理任何一個像樣的故事所蘊含的多層次意義——如果你所講的故事是傳統而深奧的，你就不太可能意識到這些意義。

我們都是人類，這意味著我們的經驗裡有某些共通點，否則我們就不都是人類了，連溝通都辦不到。很弔詭的是，為了要溝通，你和別人之間必須有一些不言而喻的東西。假設你告訴某個人：「我今天早上非常生氣。」如果有任何跡象顯示你希望對話繼續、對方也同意，對方會問你為何生氣，但是不太可能問你：「你說『生氣』是什麼意思？」他們不會這樣問，因為他們從自己的經驗已經得知「生氣」的涵義，這是可以推測而毋需說明的。事實上，你之所以能夠談及任何事物，就是因為有些東西是你完全不必提及、可視為理所當然的。例如，全世界都知道人類有某幾組共通的基本情緒——跟許多動物也共通。[2]母熊站在小熊前面、張口露齒大聲嗥叫，每個人都看得懂。正是這些毋須說明的事最為明確地使我們身而為人，構成了人類的本質，雖然它在社會和環境的作用下會維持可變。

好，再看回故事——其實，我是要談故事的由來。我們會先看到一些人物角色，他們存在於世界各地，使我們理解世界的潛在可能性。你與他們相遇時，運氣好的話，會開始對他們與怨恨、傲慢、欺詐的關係有足夠的了解，並藉著了解而得到某種保護。

❖ 人類劇本裡的永遠不變的角色

混亂的惡龍

在我兒子朱利安四歲左右時，他很迷《木偶奇遇記》的電影，尤其是大鯨魚莫斯托變身成噴火龍的那一段劇情，他看了不下五十次。不過他並沒有明顯享受其中，而明顯的是他會怕這個高潮場面，我能從他的表情看出來。他害怕得很有道理，他所認同的劇中角色當時真的是命懸一線。這當中的危險和犧牲主題相當強烈，但最令他著迷的也正是那個場景。

他一再重看這個電影，究竟是在做什麼？特別在電影帶給他的情緒是害怕的狀態下？一個孩子怎麼會自願讓自己臣服於這樣的事？朱利安正在運用剛形成的心智機能，包括理性和潛意識，來處理這種故事裡的人際關係。《木偶奇遇記》這類的故事密度很大、包含多層次又複雜的內容，會抓住孩子們的想像力，久久不散，這並非偶然。孩子年紀小，以某些方面來說，他們什麼都不懂，因為個人生活經驗極少。但是從另一方面而言，他們也是非常古老的生物，而且絕對不是愚蠢或心不在焉。他們被《木偶奇遇記》這樣的童話或故事所吸引，正表示他們在這些故事中感受到多大的深度，即使你這名成年旁觀者已經不會察覺到了。

大鯨魚就是混亂的惡龍，是潛力與可能性的象徵代表，可能是好的，也可能是壞的。這個角色的表述在各處出現，孩子們都看在眼裡，就算他們不懂得這些角色意味著什麼。例如在迪士尼的經典故事《睡美人》裡，壞王后梅菲瑟誘捕菲利浦王子，把他囚禁在城堡的地牢裡，告訴他一個迷人的神仙故事。當她屈尊俯就地將他從地牢釋放出來時，還高興地向他描述六、七十年後他就會是個崩壞的老人。她把他描繪成英雄的拙劣贗品，而且自得其樂，離開時又把他的牢房上鎖，登上階梯回到王宮，傳出邪惡的狂笑聲。她就是經典的毀滅性人物：伊底帕斯之母，不讓兒子離開家園，以免彰現出他的天命。

王子逃出地牢，因為得到了正面女性的幫助，也就是三名好仙女，她們顯然就是與梅菲瑟相反的神話角色。壞王后看著王子登上寶馬、冒險穿越她的守軍、行經即將倒塌且迅速關閉的索橋，從城堡的死亡陷阱一路向外奔馳。她愈來愈感到驚慌氣餒，在塔樓之間跳躍穿越，最後站上了至高的一點，在盛怒中召喚了地獄的烈火，把自己化身為巨型噴火龍。每位觀眾都理所當然接受這一幕：「壞王后當然要變成惡龍，沒問題。」為什麼這會是普遍接受的橋段？表面上看來，這種變身毫無道理可言，前一刻壞王后還站在那裡，雖然暴怒至極卻完全可以理解；然後她轉了幾圈，就變成一隻巨型的噴火爬蟲類。或許你此時心裡正暗自想著：「你何必拿這個來做文章？連我四歲的小女兒也看得懂啊！」壞王后變成惡龍，我對此並無意見，這完全是不言可喻的情節，甚至可能出現在通俗電影裡，直接被接受——太顯而易見了，因而很難使大家注意到一個想法：在這其中，發生了非常奇怪的事。

然而，假如英國女王伊莉莎白二世在沒完沒了的節慶活動進行中忽然變成一隻巨型噴火龍，某種程度的驚愕就會是既適當而又預料得到的事。即使是大國的最高統治者，人類也並不會變身成危險的大爬蟲，然後攻擊賓客（大部分派對上都不會這樣）。但如果這種事發生在故事的脈絡中，我們就會接受。不過，這並沒有解釋箇中奧祕。並非任何變身都可以在故事裡面發生。假使梅菲瑟披戴閃亮的粉紅色行頭，開始把玫瑰花拋到菲利浦王子脫離囚禁、躍馬奔逃的路上，這就完全不合理了。它不符合梅菲瑟的本性，也不符合每位觀眾對於每部電影暗中抱持的敘事期望，而他們也不太可能欣賞這種錯亂，除非處理得特別細膩而且有更高層次的目的。不過，梅菲瑟變成惡龍就沒有問題，為什麼？一部分是因為，自然界就可能經常從危險但仍可理解的偽裝恢復為完全的混亂。例如，這種情形會發生於我們剛搭好營火要烤熱狗、圍坐一旁唱著營火晚會歌曲時，卻忽然颳起一陣乾熱的大風，而原本假設長期乾熱的森林會為營帳提供遮蔽，此刻卻會燃燒成沖天的熊熊大火。正因如此，當壞王后變成混亂的惡龍時，沒有人覺得驚訝。

想像一下，如果你是史前時代的原人，夜宿於帳篷，那個地點就是清楚界定的領域，暫時很安全也可以預測。你的朋友都在那裡，親族都在同一處，你有長矛、也會用火，過得很安全，至少在當時情況下都還算安全。但如果你隨意閒逛到離營火六十公尺遠的地方，就會有某種長著尖牙厚鱗的可怕動物把你吃掉，那就是可怕的未知裡會存在的東西。這個想法深植在我們心裡。例如，我們知道人類天生就害怕爬蟲類掠食動物，是很有道理的。我們不僅僅只是準備好學習害怕這些動物（我們當然可以學），這股害怕是與生俱來的。[3]無論出於何種意圖與目的，實際上我們心裡有一個畫面，就是潛伏在黑夜裡的可怕掠食者。正因如此，小孩子一旦長到能自己行動的年紀就會怕黑了。[4]「爹地，黑暗裡有怪獸！」在夜裡，他們會這樣堅持強調。然後爹地會向兒子或女兒保證世界上沒有怪獸。噢，大人弄錯了，小孩子完全正確。此刻在黑暗中的特定處所或許沒有怪獸，但是當你身高只有九十公分而且長得鮮嫩美味時，這無法帶來太多安慰，未來可能會、將會有怪獸出現。正因如此，比較有用的作法是，讓你的孩子直接從你的舉動得知黑暗裡總是有一些不祥又危險的東西，充分預備好的人有責任勇敢面對、奪取怪獸所看守的寶藏（以神話原型來看）。這是成年人和兒童都可採取行動並大有斬獲的事。

朱利安與小木偶皮諾丘相遇前的大約一年半，我曾帶他去波士頓的科學博物館，那裡有一副霸王龍骸骨，我覺得非常巨大，從朱利安的視角來看就更龐大了，他不肯走到比距離三十公尺更近的地方。距離四十五公尺時，好奇心令他再往前走，但是我們更靠近時他就停住了，那也是一種神經學現象。他的好奇心驅使他向前走，靠近這隻怪物，好讓他可以收集一些有用的情報，直到恐懼令他僵住為止。我可以確切看到那條界線在哪裡。或許那條線界定了萬一怪獸忽然轉頭要抓他，他需要離得多遠才能保有安全。

人類心靈之內深藏著一個想法，就是潛在可能性可以是一處最大的恐怖之地，是某個無限掠食者（或無限種類的不同掠食者）的發源地。從實際面來看，確是如此，因為人類從最起初就是被捕食的動物，雖然在人類有效地武裝並集結之後，要捕食人類就非常困難了（我個人對這件事很滿意。我曾在有很多灰棕熊的地方紮營，世界上有灰棕熊是好事，但我寧可這些灰棕熊生性害羞、不要太餓、離我遠得像圖畫）。但是有些靈性和心理的力量以掠食者的方式運作著，那也有可能毀掉你，還代表更大的危險。有些人內心惡毒而變成犯罪分子，他們的惡念就屬於這一類；此外還有一種邪惡，引發極權主義的復仇、搶奪、貪婪戰火，或是純粹的嗜血和破壞狂。這種惡毒也存在你心裡，這就是最大的惡龍，正如制服這樣的惡毒也正是最偉大又最不可能達到的個人成就。

你的神經學構造就是會在非常深的層級上以這種戲劇的方式詮釋世界。你的大腦有一個很古老的部分，稱為下視丘[5]，這一小塊腦區位於脊髓頂上，控制許多基本反應，這些反應會表現出化為概念的危險和潛在性可能。這兩種模組的其中之一負責自保（飢餓、口渴，以及此處最重要的一項：面對威脅時的防禦性攻擊）和生殖（性興奮和基本的性行為）。第二種模組則負責探索[ii]。下視丘的其中一半驅使我們運用先前探索所得之物，來平息和滿足生命的基本需求，包括受到攻擊時的自保能力。下視丘的另一半則不斷地探問：那裡有什麼東西？可以用來做什麼？危險性如何？它有哪些習慣？那麼，故事是什麼？吃喝快樂吧，直到糧食用盡——但也要不斷提防怪獸。然後就可以冒險探索危險卻包含希望的未知世界，去發現那裡有什麼。原因何在？你已得知許多需要知道的事，雖然你所知道的根本還不夠。你知道這一點，因為人生還不夠好，因為你終將一死。在這種種情況下，顯然你該學習更多，因此你被驅使著去探索。現實的主要表徵就是一座由永恆掠食者所把守的永恆寶庫，因而是一種完美的表述，呈現出在你的存有最根本的深處，會對世界發出本能反應的情形。

❖ 自然界：創造與毀滅

我們都有關於自然界的畫面。這個畫面或許類似美麗的風景畫——自然界親切和善，而且含有煥然一新的力量。這種畫面正是感情豐富的環保主義者世界觀的根據。我出身於亞伯達省北部，對於自然界的看法可不是這樣，因為在我的家鄉費爾維尤，大自然往往每年有六個月的時間幾乎要把所有動物凍死，另外至少有兩個月的時間會用昆蟲吞噬牠們。這是自然界比較不浪漫的部分，腥牙血爪的物競天擇。自然界的這個部分牽涉了傷害、疾病、死亡、瘋狂，以及可能也將會降臨到你身上的任何事情，因為你身為生物體，位於生物界連續體的負極。

未來的潛在可能性尚未化為現實（前面提到過，是由混亂的惡龍所代表的）。但是，你在生活中會直接面對自然界，而自然界不能被視為絕對的未知。自然界有其親切和善的一面：你存在於此，活生生的，而且有時很快樂；你有美食可享用，有吸引人又有趣的人跟你互動，也

ii 事實上，科學文獻中有一個常見的例子，就是可以將母貓的整個大腦取出，只留下下視丘和脊髓，如果環境受到合理的限制，這隻母貓仍可維持相當正常的狀態，而且探索的表現會變得過度亢奮。這個現象相當驚人。試想：如果以手術移除貓的大腦的百分之九十五，牠會無法停止探索。你會以為一隻實質上無腦的貓會坐著不動，但事實並非如此，牠大腦裡面愛探究的部分仍在存在。作者注

不缺迷人的事物可看、可做。世界上有不少令人驚奇的美景。海洋是如此美麗、不朽又浩瀚無邊。自然界有如此豐富又奇妙的元素。但在此之外，也有絕對的恐怖駭人：毀滅、疾病、受苦，以及死亡。這兩種經驗元素是並存的，甚至必須有後者，前者才會存在：即便是你自己看似健康的身體，每個細胞超出效用期限就會死去，新的生命冒出來取而代之，二者間極其微妙的平衡正是你繼續存活的先決條件。

這兩種存在元素在我們的想像中以擬人化形式呈現出來。其中之一就是壞王后，是毀滅和死亡的女神；另一種則是與她相對的正面角色，是好仙女、好心的國王、年輕慈愛的母親，以無限關愛照看著無助的被照顧者。為了好好活下去，你需要熟悉這兩種角色。如果你年紀小、被母親虐待而只熟悉壞王后，那麼你會因為缺乏愛而受到損傷，因為欠缺關注而發展受阻，隨機受制於恐懼、痛苦和敵對情緒。你沒辦法活下去，長大後很難有功能、有能力，沒有不信任、仇恨和報復的渴望。你需要找到某個人來扮演善良的王后：一位友人或家人，一個虛構人物，或你自己心靈的一部分，它的動力來自於因為知道自己的受虐是不對的事，誓言把握任何機會逃離不幸的環境，並將之拋諸腦後，使人生達到適度的平衡。這個方向的第一步或許就是即使自己受虐，也要斷定自己其實值得被關愛；第二步則是在能夠的時候給人關愛，即使自己所接收的關愛少得可憐。

如果你了解自然界的兩極，它的恐怖和慈悲，你會認識經驗的兩個基本元素，二者都是固定、永久、無可避免的，你也可以開始了解諸如趨向犧牲的極大拉力。犧牲會取悅天神，這是一種宗教比喻，而了解這些不開心的天神是誰，還有他們不開心時是何等恐怖，則是邁向智慧的真實的一步——真實又令人羞愧的一步。現代人很不容易了解犧牲的意義，因為現代人會想到諸如祭壇上被焚燒的祭品，而那是落實這個概念的古老方式。但我們以心理學將犧牲化為概念時則毫無問題，因為我們都知道一定要放棄當下的滿足，才能避免後患。於是你把某些東西獻給負面的天神，讓正面的天神現身。你接受漫長又艱難的訓練才能為護理師、醫師或社工師。這種犧牲的態度事實上是關於未來的重大發現，且結合協商、條件交易、設法對付未來的能力，也就是：放棄衝動式的滿足；放下你需要和想要的事物；結果就是長遠來看會得到有價值的東西（並且逼退恐懼）。你放棄輕鬆狂歡的時間，相反的，讓自己淹沒在人生的種種艱難裡，目的是希望呈現出來的困難可以變少——為了你自己，這樣做將會讓你獲益；也為了當你藉由適當的犧牲發展出的力量展現出來時，你會幫助的其他人。我們總是以這種方式在做交易，以行動表現出一個信念：我們可以與現實的框架達成協議。奇怪的是，往往真的可以。如果你很明智，你便會隨時這樣做，為最壞的可能性、為壞王后的出現做準備。你知道她的存在，做了必須做的事，不讓她迫近——按照你的智慧，也根據你的運氣。如果你成功了，慈祥的大自然就對你微笑——直到她不笑的那一刻。但至少你對情況有某種程度上的掌控。你不是坐以待斃或幼稚盲從的人，或是像劉姥姥進大觀園——至少不會比你難免的情形更慘。

自然界也是混亂，因為總是給文化帶來大破壞，文化就是它的存在對立物，也是我們接下來要探討的主題。畢竟正如羅伯特．彭斯所言：「鼠與人的最佳計畫／總是常出錯。」而且它往往是身披正面或負面偽裝的自然界所造成的。要使生命的脆弱和生殖的必要（加上懷孕、生產及育兒的所有不確定性）以及對於確定、可預測性和秩序的渴望達到平衡，這並非易事。死亡就更別提了（畢竟連癌症也只是另一種形式的生命）。但這並不表示混亂的價值比不上秩序。如果沒有無可預測性，就只剩下不毛與貧乏，即使稍微減少無可預測性看似極為理想。

這個自然界／混亂的綜合體經常可見於流行文化的代表中。前面提到，迪士尼電影《睡美人》裡面有壞王后，正如《小美人魚》裡有烏蘇拉、《白雪公主》有格琳希爾德皇后、《一零一忠狗》有庫伊拉、《灰姑娘》有崔梅恩夫人、《魔髮奇緣》有葛索媽媽，而《魔境夢遊》有紅心女王。她代表自然界裡嚴酷惡劣的元素。《睡美人》的例子又有特別密切的關係，電影一開頭的情節便是國王和王后等候已久，急著想有個孩子。福氣臨到，孩子出生了，他們給她取名叫歐若拉，意思是拂曉。他們興奮不已，舉國歡欣，因為新的生命來到了。他們計畫舉辦一場盛大的洗禮宴會，立意甚佳，但沒有邀請壞王后梅菲瑟。這不是因為他們無知，他們原本就知道她的存在，也熟知她的權勢。這是他們刻意的盲目，而此舉相當不智。他們想把剛出生的寶貝女兒藏起來，不接觸世界的負面元素，而非決定儘管負面元素是事實，還是提供她力量與智慧來戰勝。結果就是讓歐若拉變得天真而脆弱。梅菲瑟還是出現了，她肯定會的，這裡傳達的寓意便是：要邀請壞王后進入你孩子的人生，若不如此，你的孩子長大後會很軟弱、需要保護，而且無論你採取什麼步驟來阻止壞王后，她還是會出現。在受洗儀式上，表現客氣、不請自來的壞王后不只是到場而已，她還送了一份大禮（以詛咒的形式）：歐若拉會死於十六歲那一年，被紡織機的紡錘刺死。這一切都是因為壞王后沒有獲邀參加小公主歐若拉的受洗儀式。要不是當場有一位富有同情心而強大的賓客出面求情，也就是前面提過的代表正面女性的三位仙女之一，這份詛咒才從喪命改變成深沈的昏迷，只比死亡稍好一點的狀態。

剛滿十六歲但遠遠尚未覺醒的小美女們發生的事情就是這樣：她們不想清醒，因為還沒養成勇氣和能力來面對自然世界的負面元素。她們沒有獲得鼓勵，而是受到庇護。如果你掩護年輕人，就會毀掉他們。你過去沒有邀請壞王后前來，即使只是短暫造訪。如果你的孩子完全沒做準備，當壞王后出現，火力全開，你的孩子要怎麼辦？他們會不想活下去，會想要失去意識。更慘的是，如果過度保護孩子，你就會變成你試圖庇護他們免於遭受的危險本身。你剝奪了他們年輕的生命所必要的冒險經歷，弱化他們的個性，你變成毀滅的動力本身，也就是吞噬他們自主意識的女巫。

許多年前，我有一位個案就是真人版的睡美人。她是個高挑的金髮紙片人，而且非常不快樂。她在本地的專科學校讀書，希望能自我提升以便進入大學就讀。她來找我是因為她不想活了，但其實她也不想死，至少不會主動想死。她試圖服用煩寧[iii]和類似藥物讓自己失去意識，包括從（好幾位）醫師那裡取得的足量安眠藥。這些醫師無疑工作太過繁重，沒有確實掌握她的狀況。她讓自己每天睡上十五或十六個小時。她很聰明，看了不少書，還拿她以前寫的一篇哲學論文給我看，裡面探討的是她的人生和生命這件事的無意義。她無法忍受各種形式的責任，也無法處理她在各處看到的殘酷無情。舉個例來說，她是一名極端的素食者，這件事與她對生命有嚴重而激烈的恐懼直接相連。她甚至無法走進超市裡陳列肉類的走道，因為其他人看到的是為家人備餐用的肉片，她看到的則是整排的遺體部位，那種景象只會令她確信生命在本質上是難以忍受的。

她的親生母親在生產過程中去世，她由父親和繼母撫養長大，而繼母是個極為難纏的人。我只在我的辦公室見過她一次，那次原本是要幫她的繼女做一次臨床治療，但她一整個小時都在痛斥我。起先是罵我這個臨床治療師毫無用處，然後又因為我「毫無疑問」把個案所有問題

iii 學名為二氮平，一種抗焦慮症藥物。譯注

怪到她繼母的角色上而罵我。我努力打岔而講出的話大概不超過十個字。這真是不同凡響的表現，而我相信是因為她每天打兩、三通電話到學校給我的個案（我聽過其中一些錄音），而我堅持要求她打電話的次數必須減少為十分之一，而且語氣肯定需要比較悅耳一點。我的意思並非一切都是這位繼母的錯，我也不認為是如此。我很肯定她有沮喪失望的理由：她的繼女沒有以任何方式真正地過生活，而且把兩年制就要拿到證書的科系讀成昂貴又表現不佳的四年。不過，每天三通電話的內容主要是憤怒和辱罵，這顯然沒有增加這位個案活下去的渴望。我建議應該以每週一通電話為基準，也鼓勵我的個案如果對話內容變得太難聽就掛掉。她開始具體實行，我推測是這整件事導致她的繼母要求跟我見面、表達抗議。

這位睡美人向我描述她的童年很快樂悠閒，她說當時就像是童話裡的公主，身為獨生女，是父母親的心肝寶貝。但等到她一進入青春期，這一切就全都變了。繼母的態度從信任轉為極不信任，她們開始爭執，之後彼此的關係就始終充斥著爭吵（我見到她的時候，她已三十出頭）。性關係的問題浮現了，繼母的反應彷彿是她天真無邪的孩子被調包成邪惡的冒牌貨，而繼女的反應則是接連跟一些一無是處的人交往，在某種層面上，她或許認為自己就該跟這些人在一起（因為她失去了小公主完美的純真），在另一層面上，這也是對繼母的完美懲罰。

我們共同設計出一份暴露訓練方案，幫助她克服對生命的恐懼。第一步是參觀附近的一間肉鋪，那些年來我跟店主熟得像朋友一樣，我向他說明這位個案的狀況（經由個案的同意），詢問是否可帶個案到他的店裡、讓她看看切肉的工作檯，之後，在她準備好時，再帶她到後面參觀整個團隊如何切割畜體、經由通道裝卸台送出肉塊。他立刻就同意了。我們一開始的目標就只是一起走到這家肉鋪，我跟她保證隨時可以暫停或完全停止，無論如何我絕對不會欺騙、慫恿甚至勸誘她，逼她去做她無法忍受的事。第一次進行時，她努力做到走進肉鋪、伸手放在陳列櫃上，全身顫抖且雙眼含淚（這在公開場合並不容易），但她成功了。到第四次的時候，她已能夠看著屠夫使用刀子和鋸條，把還看得出動物模樣的大型畜體切割成販售用的標準肉塊。毫無疑問，這樣做對她很有幫助，例如，她比較不常用藥物讓自己失去意識了，也比較會去上課。她變得比較堅韌、比較努力、比較嚴格——這些形容詞並非都是稱讚之意，但有時正是處理過度多愁善感的解藥，因為太過多愁善感會有幼體化的危險。我們也安排讓她在附近的農場待一個週末，那裡養了一些常見的家禽家畜（豬隻、馬匹、雞隻、山羊），農場主人曾經是我的個案，我拜託他在照料牲口時讓這位女士跟他一起去。這位女性個案是個徹徹底底的城市女孩，對於動物一無所知，因此很容易將動物浪漫理想化，完全就是與她童年環境相符的童話風格。她在鄉下待了兩天，決心仔細觀察動物，因而幫助她產生比較不那麼浪漫的看法，好好認識人類飼養和食用的動物真實的本性。這些動物有一部分的知覺和感情，我們有責任不對牠們施加必要以外的痛苦，但牠們並不是人類，也絕對不是小孩。這一點需要在具體的層面上有所了解。過度多愁善感是一種疾病，是發展的失敗，對於兒童和需要照顧（但不能有太多照顧）的人是一種詛咒。

這位睡美人是個異於常人的作夢者。我的一些個案通常一個晚上會記得兩、三個夢境，雖然未必都有詳實的細節。而這位睡美人不但記得許多夢境，而且全部記得很完整，此外，她在睡覺時經常頭腦還很清楚，會意識到自己在作夢。我從沒見過像她這種人，她可以問夢中的人物他們代表什麼（象徵上的意義），或是他們要給她什麼訊息，而夢中人物還會直接告訴她。有一次她來找我時，把其中一個夢境的內容告訴我：她獨自走進一座原始樹林的深處，在黑暗陰鬱之處遇到一個穿著小丑裝的小矮人，小矮人主動表示，如果我的個案有問題想問他，他可以回答。她問這個奇怪的人物：她要怎樣才能完成學校課程，拿到證書，這項艱困的任務已經令她投入上面提過的四年時間，還得與必要的學校當局進行許多協商，才能獲准繼續學業。她得到的答覆是：「你必須學習在屠宰場工作。」

在我看來，夢境是自然狀態的陳述和表達。並不是我們創造出夢境，而是夢境向我們展現。我從未看過有哪個夢境呈現出我認為不真確的事物，也不相信（與佛洛伊德相反）夢境會試圖掩飾其中所代表的意義。夢是一個過程的初期部分，而這整個過程會產生發展完全的想法，因為這些想法肯定不會神奇地無中生有。我們必須面對未知，像是混亂的巨龍或是可怕的壞王后，而我們根本不知道該怎麼做。夢境成為第一個認知的步驟，緊接在諸如害怕、好奇或僵住等基本的情緒、動機和身體反應之後，將未知轉化成可以操作，甚至可以清晰表達的知識。夢境是思想的發源地，也往往是神智清醒時不容易出現的思想發源地。夢境不會掩飾任何事物，只是不太擅長清楚呈現，而這絕對不代表夢境不會深刻。

總之這個夢並不難詮釋，尤其是因為其中的主角（小矮人）直接說出了內心話。因此我仔細聆聽這位個案的敘述（請記得，這是在她去過肉鋪和農場之後），也問她我們可以怎麼做。我不知道要如何安排參訪真正屠宰場的行程，甚至也不知道我們住的城市是否有這樣的場所，就算有，我也無法想像屠宰場是否歡迎訪客，無論動機為何。但是她深信自己已聽到真理，必須去做這樣的事。因此我們討論了她變堅韌的種種結果，還有她已經成功把吹毛求疵的繼母擱置一旁，該次治療時間暫時不去管它了，雖然她（我也是）正決心以某個東西作為屠宰場的適當替代品。

一個星期後，她按照預訂時間回診，宣布了一件我完全無法想像她——或任何人——會說的事：「我想我需要參觀遺體防腐處理。」我完全無言了。我自己可不想參觀遺體防腐處理，一點也不想。我曾在科學博物館看過人體的各個部位，在記憶中留下了些東西，一直揮之不去。將近十年前，我還去看過流行一時的人體塑化雕塑展，看得我驚駭萬分。我會成為心理學家而非外科醫師或驗屍官，是有原因的。不過，重點不是我，我的個案睡美人小姐才是主角，她渴望醒來，我絕對不能因為自己的心願或沒有興趣，干擾了住在她潛意識心靈森林深處的小矮人所要傳授的任何智慧。我告訴她，我會盡力而為。結果遠比我所預期的更容易安排。我只是拿起話筒、撥電話到本地一家殯葬業者的辦公室，對方立刻答應，我實在太意外了。我想他早就看盡了哀慟和恐懼的人，很習慣平靜且睿智地跟他們應對。事就這樣成了，我擺脫不了這趟行程，我的個案則希望全程參與。

兩個星期後，我們前往那家殯儀館。我的個案問我是否可以帶一個朋友同去，我答應了。這名殯葬業者先幫我們三個人導覽，讓我們參觀小禮拜堂和棺木陳列室。我們問他如何承受這樣的工作，無窮盡地專注於死亡、受苦、哀傷。他說，他真心覺得有責任盡量讓客戶最痛苦的時刻變得最不痛苦，他也從中得到振奮。我們兩人都覺得很有道理，也因而了解他怎麼能日復一日繼續這樣的工作。導覽結束後，我們進入遺體防腐室，那個空間很小，或許只有三十平方公尺，有一具裸身的老人遺體就放在不銹鋼檯面上，一動也不動，膚色灰暗而且有屍斑。這個小房間的空間不夠，為了讓我們保有一點距離，我和這位個案與她的友人就站在門外的走道上觀察處理程序，觀察的過程完全沒有因為我們與這位殯葬業者稍微分開而受阻。他把血液和別種體液引流到體外，這些體液的流動相當平凡無奇，但以某種意義而言又更恐怖，我想是因為它們平凡乏味的處理方式，似乎這麼珍貴又重要的東西應該受到更高規格的對待。他進行一些外科手術的調整，將眼皮縫合、把臉部修整好，然後注射防腐液體。我注視著，然後看著我的個案。一開始她低頭看著走道，避開在她眼前展現出的場面。但是幾分鐘後她開始掃視這個作業程序，十五分鐘後，她觀察防腐步驟的時間比移開目光的時間更多，但我可以看見，她握著好友的手，而且抓得很緊。

她親自目睹了，以前深信會嚇到自己的事情（很合理的想法）其實並不會這樣。她可以處理這種經驗。她並沒有驚慌、想嘔吐、逃走，甚至沒有哭。她向殯葬業者詢問是否可以伸手放在遺體上。這位業者遞給她一隻橡皮手套，她便戴上手套、直接走進作業站，在安靜沈思的狀況下，將戴手套的手放在這具遺體的肋骨位置，然後就這樣放著，彷彿是在安撫自己和這名可憐的逝者。處理的程序不久後便結束了，我們向殯葬業者致上真心誠意的感謝，便靜靜地一起離開。

我們三個人都表達出相同的驚訝，竟然能有如此特別的參觀行程。我的個案得到非常重要的認識，知道自己能夠忍受生命中的恐怖。同樣重要的是，她有了恐怖的參考點：從那一刻起（我完全不是在宣稱她的治療完全成功），她擁有真正引發敬畏的東西了，真正嚴肅、駭人、生動又實在的東西，可以與生活中其他幾乎必然比較輕微的恐怖作為對比。生活中平凡的悲慘不幸，會跟她自願走過的經歷同樣具挑戰性嗎？肉鋪會比如此近距離接觸有血有肉的死人更嚇人嗎？她難道不是在向自己證明，她可以面對恐怖的自然界可能丟給她的最慘遭遇，並且勇敢面對嗎？這對她而言就是一個弔詭又無可抹滅的安慰來源。

這位個案就像是童話裡的睡美人，她的家人沒有邀請壞王后（也就是自然界可怕的一面）

進入孩子的人生裡。這導致她對人生基本的嚴酷完全沒有預備：性需求的複雜難題，以及每個生命都需要吞吃別的生命（而且最終會受制於相同的命運）。壞王后在公主進入青春期時再次出現：她化身為這位個案的繼母，她的個性顯然有一百八十度的大轉變；此外，她自己也沒有能力處理長大成熟的責任，以及在生物上存活的嚴峻責任。《睡美人》這個故事有多重情節且相當深奧，正如古代那些好幾千年之久的童話故事，她就像睡美人一樣需要被探索、勇氣和堅毅的力量喚醒。這些力量經常以帶來救贖的王子為代表，但她在自己裡面找到了。

❖ 文化：安全與專制

如果混亂的惡龍以及雙雙出現的善惡王后代表著潛在可能和未知，那麼明智的賢君和獨裁的暴君就代表社會和心理結構，這些結構使我們能夠將結構覆蓋在那份潛在可能性之上。我們透過文化的透鏡來詮釋現在。我們計畫未來，試圖使自己曾被教導和自己決定要重視的事物成為事實。這一切看似美好，但是用太死板的方法來了解此時在我們面前的狀況和我們應追尋的目標，可能導致我們看不見新穎、創意和改變的價值。當指導我們的結構只是安全可靠而非不容變通，我們便以好奇心來鬆動對慣例和可預測性的渴望，這份好奇心令我們被自己概念系統外的東西吸引，而且欣賞其價值。當這些結構衰退至停滯靜止，我們會逃避，而且否認還有自己尚未了解也還未遇過的事物存在，而這表示我們讓自己在必要改變時無法改變。明白這兩種可能性都存在，對於建立人生所必需的平衡是至關重要的。

我們可以用一個詩歌式的隱喻來代表此處所討論的經驗元素（其實這正是我所說的世界通

常被看待的方式）。我們可以把混亂惡龍的領土想像成夜晚的天空，在晴朗的夜間，從你頭頂上無限綿延開來，這就代表永遠超出你理解範圍的事物。或許你站在沙灘向天仰望，完全沈浸在思索和想像裡，然後你注意到海洋：海洋就像星空一樣浩瀚無邊，但相較之下卻可以觸摸得到，它具體展現又能夠認識。這就是自然界，它不只是潛在可能性，它就在這裡，帶著不可知的特質，而不會完全在理解之外。但它還沒被馴化，尚未被帶進秩序的範圍之內。它的美麗在於它的神祕性。月亮表面反射光線；波浪永遠拍打著，使你平靜入睡；你可以在它熱情友好的水域中泅泳。但那份美麗是有代價的，你最好小心鯊魚和有毒的水母，還有會把你和你的孩子拉到水底的激流，還有暴風雨，它可能會摧毀你溫馨而熱情好客的海灘小屋。

再想像你所站的海灘是在島嶼的岸邊，這個島就是文化，大家都生活在此。可能彼此和睦、相處融洽，統治者善良慈悲；也可能飽經戰亂而受到壓迫，饑餓、窮困又被剝削，有如人間煉獄。這就是文化：是明智的賢君，或是獨裁的暴君。我們必須熟悉這兩種角色，正如認識壞王后和好仙女，才能確保在心態上有適當的平衡，這是完全適應人生變化無常所必要的。如果太過強調明智的賢君，會使抱持這種態度的人看不見不公不義和非必要的苦難，而這些問題都是我們這個人性太重的社會結構難以避免的缺點所導致。太過堅持獨裁暴君的重要，就表示對於往往很脆弱的結構欠缺正確評價，是這些結構將人類連結在一起、保護我們不被混亂侵害，否則混亂必定大行其道。

我們很容易採用的意識型態系統就可以用上述這樣的概念化來理解，這些系統在政治和個人層面令我們分裂成兩極。這些系統是文化的敘事，可以視為攀附在更根本的宗教性、神話性或戲劇性底層結構上的寄生蟲，而底層結構的本質很古老，是經由演化而來，深具生物性。意識型態具有本質上富宗教性的故事結構，但是並不完全，其中包含某些經驗元素或固定角色，卻忽略了另一些部分。然而，這種表述仍然含有力量，因為被納入的內容仍保有其根本的神話性／生物性特質，還有在直覺上的意義，但遺漏的元素卻表示保有的元素無論表現得多麼強大，偏頗的情形卻會限制其效用。這種偏頗在主觀上令人滿意，因為簡化了原本太複雜而難以理解的內容，但又因為其片面性而相當危險。如果你使用的地圖缺少世界的某一塊，當那個缺少的元素展現出來時，你就會完全措手不及。如何能夠保有簡化的優點、又不會受害於伴隨而至的盲目？答案就在於，真正不同類型的人要經常彼此對話。

大家在政治方面（比如說，意識型態上）所相信的內容，大多是以天生的性情為基礎。如果情緒或動機容易朝某一邊傾斜（這多半是生物性的因素所導致），他們就容易採取比如保守派或自由派的傾向。這並不是意見的問題。再想像一下，各種動物也有合適的地位，也就是適合牠們的地方或空間，牠們的生物性就很適合那個位置。獅子不會出現在大海上，殺人鯨不會在非洲草原上漫遊，動物與牠們的環境是一致的。

人類也很類似，至少在抽象範疇是如此。不過，我們在幾乎每個地方都能夠隨遇而安，因為我們在必要時會改變地理環境，也會修正自己的行為。但我們會有知覺上或認知上的合適位置。例如，自由派人士深受新的想法所吸引，而被新想法吸引的好處很明顯，有時問題需要新的解決方法，而發現新方法的正是那些喜愛新奇概念的人。這些人往往不會特別井然有序，[6]這或許是因為，如果你被全新的想法所吸引和推動，也想加以測試和實行，你便需要能夠忍受舊想法瓦解後、新想法正式接管前的中間期混亂。如果你是保守派人士，你會有相反的好處和問題。你對於新的想法戒慎恐懼，不會特別受到吸引，這有一部分是因為你對新想法的可能性比較不敏感，比較在意它們預料外的後果。畢竟，當一個新想法處理好一個問題，並不表示不會製造出另一個或另外幾個問題。如果你是保守派，你會喜歡每樣事物在應該的時候維持在它們該在的地方。當大家都以常規性、負責任且可預料的方式行動時，你就處在你想在的地方。

當一切都正常運作，而改變可能會造成危險時，保守派人士就是維持現狀所必要的。與此相反，當現狀的一切不再有效，自由派人士就是進行改變所必要的。不過，我們並不容易判定某件事何時需要保持、何時需要改變。正因如此，若是有幸，我們會有政治活動和附帶的對話，而不是戰爭、專制暴政或屈服。我們必須熱切地大聲主張穩定與改變的不同價值，才能決定二者各適用於何時、如何分配用量。

很值得注意的是，基本政治信念的差異，會在這兩個關係密切的父親之中，決定哪一方會被視為基本事實。自由派強烈傾向將世界視為獨裁暴君正壓制著仁慈女神——枯槁無效的文化正以任意的苛責腐化壓迫著公民和外國人，又或者現代社會的軍事及工業結構正以汙染、大規模滅絕和氣候變遷威脅著有生命的地球，也就是蓋亞大地。當文化變得極為專橫殘暴（絕非罕見的情形），這種觀點顯然很有用。相反的，保守派會將世界視為睿智的賢君——地位、秩序、可預測性都有保障，而它正在壓制、馴化和訓練壞王后——自然界的失序和混亂。顯然這也是必要的。無論自然世界如何美麗，我們都應記得，世界總是會造成人類挨餓、患病和死亡，若是沒有文化的保障所形成的防護盾牌，我們會被野獸吞噬、在暴風雪中凍僵、在沙漠曠野中氣力衰竭，並因為食物不會自動出現給我們享用而餓死。所以，會有兩種不同的意識型態，二者都「正確」，但都只道出故事的一半[iv]。

要讓對於經驗世界的看法達到適當的平衡，就有必要接受文化具有兩種元素的事實。具有保守傾向的人在性格上會被現狀吸引、視現狀為防護，他們必須了解單有秩序是不夠的。因為未來和現在都不同於過去，以前有效的作法現在未必有效；他們還有必要了解，前輩先人所留下的安定，以及那份極容易由安定轉變而成的殘暴專橫，二者之間的界線會隨著生活方式的改變而變換和移動。同樣的，比較傾向於自由派的人很容易在各個地方看見獨裁暴君，他們必須致力於培養對社會和心理詮釋結構的感恩，因為這些結構持續不斷地為我們遮擋自然界和絕對未知的恐懼。任何人都很難看見被自己的性格本質遮蔽而看不見的事物，正因如此，我們必須持續傾聽與我們迥異的人，還有一些因為有差異而能看見我們無法察覺的事物，並做出適當反應的人。

❖ 個體：英雄與死對頭

如果夜空是混亂、海洋是自然界、島嶼是文化，那麼個人就是孿生子之一——他既是英雄，也是敵對者，被困在島嶼中央，與孿生手足搏鬥。混亂、寶藏和惡龍都含有負面和正面的元素，自然界也是（壞王后和慈母），而文化亦然（獨裁的暴君和明智的賢君）。個人同樣是如此。正

iv 當然，我知道保守派也傾向於反對大政府，這跟我提出的基本論點有牴觸。但是在西方民主社會裡，這主要是因為保守派在文化中展現出的信念，基本上取決於憲法永遠的真實可靠性，以及政府比較固定性的元素（因此以大寫的C作為文化這個英文字的開頭），而非取決於目前可能當選的保守派或自由派分子太多變又太難預料的一時興起。在同樣的民主社會裡，自由派傾向於依靠政府解決跟他們有關的問題，但那是因為他們比較相信現有政治人物的力度（尤其是如果他們本身就是自由派），比較不相信底層結構永遠的真實可靠性。作者注

面元素就是英雄的部分：此人能夠適度為自然界犧牲，與命運達成協議，以至於使德澤廣被；此人清醒、機敏、專注、健談而能承擔責任，以至於邦國政體的專橫成分受到牽制；此人意識到自己的缺點和惡毒欺騙的傾向，以至於保有適當的定位。負面元素就是所有卑劣可鄙的事，如果你有判斷力的話，這在自己身上尤其明顯，但別人也會呈現到某個程度，在故事裡也是，而且會更為清楚。這些元素就是懷著敵意的兄弟手足，這是個非常古老的神話概念：英雄與敵對者。這兩股力量、兩種擬人化人物的原型表徵就是該隱和亞伯，這是一個層次的表述。基督和撒但也是一組，代表一種更根本的二元性，畢竟該隱和亞伯是人類（是最早以人的方式出生的人，因為亞當夏娃是上帝直接創造的）。而基督和撒但，就是永恆本身被擬人化（神格化？）的元素。

這樣一來，就有英雄、有敵對者；有賢君、有暴君；有正面母性人物和負面母性人物；有混亂本身。這是以六個人物代表世界的結構（混亂是奇怪的第七元素，在某種意義上就是所有元素的終極源頭）。我們必須了解這七個元素全都存在，都是人類生命中的永恆因子，是所有人的經驗中都必須處理的元素，無論富裕或貧窮、幸福或痛苦、才高八斗或資質魯鈍、身為男性或女性。這就是人生——這些元素就是人生。若是只知道其中的一部分的演員陣容，無論是在意識裡或無意識裡，都會導致缺乏防禦而想法幼稚，並由於毫無準備而可能被欺詐、怨恨、傲慢所控制。如果你不知道寶藏是惡龍看守的，或者不明白美麗的自然界可能立刻變臉而對你面露凶光，又或是沒想到你以為理所當然的安寧社會竟會不斷被獨裁和暴政所威脅，或者不了解自己內心住著一個想讓所有負面變化發生的敵對者，那麼，首先你自己就很貧乏，需要追隨一種意識型態，由它為你提供不完全又不充分的現實表述；其次，你的盲目會對自己和別人造成危險。如果你很有智慧，你的政治哲學就會包含這七種人物的表徵，即使你無法明白說出這些詞彙。例如，我們永遠應該清楚記得，有一隻巨型掠食者潛伏在我們建構出的現實的薄冰之下。記得我女兒年紀非常小的時候，我曾經有過一個關於她的想像，正刻劃出這個事實。在亞伯達北部（前面提到過，這是我成長之地）有好幾年的冬季，在湖水結冰後會有好幾個星期的積雪，冰層光滑而清澈透明，像岩石般堅硬又荒蕪，帶有些許美感和神祕。（當石頭掠過這片寬闊的區域，在光滑的表面上滾動時，會發出悅耳如鐘鳴和回響的聲音。）我想像當時還穿著尿布學走路的小女兒米凱拉坐在離我有著一段距離的冰層上，我可以看到在她的下方有一隻巨大的魚，是一隻鯨鯊（此處的具體化身是肉食性的），就在她底下一動也不動，在冰層底下的水裡垂直豎立，而且張開大口等候著。這就是人生，還有死亡，還有會摧毀我們努力得來的確定性的純粹混亂；但這也是將先知吞滅的大魚，若沒有奪命就會賦予智慧與重生。

那麼，英雄人物對於另外六個角色的正確態度是什麼（假設剛才的小故事已經充分處理過混亂了）？很顯然，我們必須努力維護大自然，因為生命所需的一切都有賴於自然界的恩慈。不過，我們也要注意並認真看待一個事實：這個大自然會傾盡全力毀掉人類，人類完全有理由建造各個結構，即使往往要在環境上付出令人遺憾的代價。[v]文化的情形也類似，我們都理當

[v] 與此同時，我們無疑製造了不少「不自然」的東西（另一個意識型態的想法，它的根據就是一種片面的觀點：自然界是人類的掠奪貪婪的受害者），但我們這樣做並不是為了無足輕重的原因。正因如此，我對人類還有一點同情，也同情構成人類整體的個體，還有我內心無法原諒那些說這種蠢話的人：「如果地球上沒有人類，情況會比較好」。這是激進環保思潮中的種族滅絕元素，是一種意識型態造成的結果，這個意識型態眼裡只有死對頭、獨裁暴君、善良的母親這三種存在的主角。如果你深入地仔細思考，會發現這是相當可怕的事。作者注

要感恩，基本上是因為前輩先人付出極大的代價，將智慧和結構贈予我們；而這並不表示這些好處是公平分配的，因為事實並非如此也永遠不會如此，正如大自然的贈禮也沒有公平分配。這樣的感恩也不能成為合理的藉口，讓我們以盲目的樂觀看待社會的本質。我們身為個體，同時努力對抗敵對者的傾向和獨裁的暴君，就需要意識到一個事實：這些功能性的階級結構有可能在眨眼間變得毫無效益、專橫暴虐、昧於現實。我們有責任確保這些結構不會變成完全的不公正而腐敗、開始根據權勢或無功受祿的特權來分配酬賞，而不是根據勝任能力。我們必須時常注意且仔細調整這些結構，讓它們維持足夠的穩定和適當的活力。身為勇於追尋善之目標的個體，這是我們的角色和責任的根本。我們一方面以民主制度去達到目標，定期選出負責的人員，然後再以意識型態與他們相反的人取而代之。這樣的能力和機會便形成民主社會的基本成就之一。如果沒有能力定期選任賢能者擔任領袖，或無法僥倖找到這樣的人，也不妨先選出一群看不見一半現實的人、下次再選出另一群看不見另一半事實的人，那麼，經過將近十年的過程，至少社會上大半的重要事項會被照顧到某種合理的程度。

我認為，稍稍悲觀卻也特別務實的策略，就是符合美國式體制的創立者所懷有的遠見（還有英國等早期民主派和議會派人士的行動與立場，他們逐步演進的體制為上述那些創立者明確宣示的主張奠定了基礎）。他們的基本觀點並不是烏托邦思想，他們相信將來的後繼者會跟他們一樣有缺點、有瑕疵，正如他們的前輩也是一樣。當你不被意識型態所蒙蔽，看得清楚這個世界和其中所有戲劇性角色時，你會作何反應？你並不會期盼人性的無限完美、將你的系統鎖定某種無法達成的烏托邦，以此作為目標。你試圖設計一個系統，讓罪人如你即便眼目昏花又心存怨懟，也不會造成太嚴重、太永久的破壞。以我的保守傾向程度而言，我相信這種遠見的智慧。我相信這是一個比較恰當的觀點。我們不要太華而不實。我們可以設計一些系統，讓我們保有些許的平靜、安穩、自由，或許還有可能日益改進，這本身就是一種奇蹟了。我們應該要有智慧來懷疑自己是否會帶來個人、社會和自然界同時的正向改變，特別是這些進步的源頭是否為我們自身固有的、個人心中自覺的努力（這種努力通常極為稀少，雖然我們堅稱相反）。

❖ 怨恨

你或其他人為何受到怨恨的折磨？那種可怕的情緒混合狀態攙雜了怒氣和自憐，又沾染各種程度的自戀，加上報復的慾望。一旦你了解世界如同一座劇場，也辨認出各個主角，原因就顯而易見。你會怨恨，是因為有絕對的未知及其驚駭恐怖，是因為自然界密謀對你不利，是因為你是文化中暴虐元素的受害者，也是因為你自己和其他人的歹念。這些原因就夠了。這不會令你的怨恨變得正當，但肯定會使這種情緒可以理解。這些存在方面的問題都並非微不足道，事實上，這些問題的嚴重性足以點出真正的問題不在於「你為何怨恨」，而在於「為何不是每個人隨時都在怨恨每件事？」我們就是一些強大到難以置信卻往往很惡毒的超個人力量的核心。以隱喻來說，就像有一隻恐怖的掠食性爬蟲動物分分秒秒都在追捕你，就像追逐著殘暴又膽小的虎克船長的那隻鱷魚，牠吞下的那只鬧鐘總是不斷發出滴答聲。此外還有大自然本身，她有一百萬種恐怖的手法，就是執意要逼死你。再來就是社會結構的暴虐元素，這些元素形塑了你，也可以說是教育了你，使你成為現在這個近似文明開化並且不完全有用的生物，但同時也把你裡面極大量的生命力碾碎，將你扣在某個格格不入的位置上。你原本有許多可能性，或許其中一些超出你後來成為的狀態，但社會生活的需求將你減少、縮小了。

還有，你被自己纏住、無法掙脫，這不是好玩的事。你會拖延，懶惰又會說謊，做了一些害人害己的事。難怪你覺得自己像是受害者，面對著一些列陣攻擊你的狀況：混亂；自然界蠻橫的力量；文化的暴虐；你自己本性的歹毒惡念。難怪你心懷忿恨。而且有種情形一定會發生，就是那些列陣攻擊你的力量在某方面而言似乎遠比攻擊別人的力量更嚴重、更不公平、更沒道理、更持續不斷、更無法預測。你處在這種情況下，怎麼能不覺得被犧牲掉而滿心怨恨？人生最不缺的就是原始的殘酷暴行。

但這種邏輯有一點問題，儘管看似無可避免。首先，並非每個人實際上都自視為受害者，並因此被怨恨折磨，而且當中有一大部分的人曾經遭逢非常艱辛的痛苦。事實上，我覺得我們可以合理認為，通常那些日子過得太安逸的人，自尊受到錯誤的縱容和抬舉的人，才會採用受害者的角色以及怨恨的姿態。相反的，你會遇到一些人，他們曾遭受極大的傷害，甚至修復無望，但他們並沒有心懷怨恨，而且絕對不會自命為受害者。這種人並不是太常見，但也不會太少有。可見怨恨似乎不是受苦本身無可避免的結果，除了人生難以否認的悲劇以外，還有別的因素也會造成影響。

或許你（或是同樣悲慘的狀況，跟你很親近的人）得了某種重病，在這種情況下，很常會問一個問題（問誰？問上帝嗎？）：「這種事為何發生在我身上？」你的意思是什麼呢？你會希望是發生在你的朋友、鄰居甚至隨便一個陌生人身上嗎？你當然可能會很想把不幸傳給別人，但這種反應既不合理，也不是頭腦清楚的正派人士會做的選擇，而且肯定不會使事情變得比較公平合理。平心而論，「為什麼是我」這樣的問題，有一部分是心理上的適當反應，一般而言，如果你發生不好的事，你應該自問是否曾做過什麼，增加了可怕事件發生的機率——前文已有仔細的討論；因為可能你有功課要學，這份功課將減少問題再次發生的機會。但我們往往根本不這樣做。「這種事為何要發生在我身上？」這個問題通常包含著責備的成分，是基於一種不公平的感覺：「世界上有那麼多壞人，他們看來都沒有因為不良品行而受罰，都過得好好的」或是：「全世界有那麼多人身體健康，他們這麼幸運而我卻如此不幸，實在是格外不公平。」這表示「為什麼是我」這種問題通常會被受害者的感覺汙染，意思就是不公平。這種不符事實的誤解認為你身上發生的可怕經驗只有你遇到、是特別針對你，而我們要探討的，正是這種使得發生悲劇導致產生怨恨的部分原因。

不幸事件正在發生或將要發生在你身上，這個事實就是現實結構本身的一部分。可怕的事情會發生，無庸置疑，但這些事情真的沒有規則可言。你可能會想：「這麼說根本於事無補。」不過，對於隨機的元素有些許理解是可以有幫助的，它會擺脫個人成分，協助你建立一些屏障，免得逐漸產生那種自我本位的強烈怨恨。此外，還有一個非常有用的理解：人類生命中的每個負面元素，基本上，都會有正面的對應元素加以平衡。

多年來，身為臨床心理學家，我體會到一些心得。我經常看見在人生當中受到傷害的人，他們大可心懷憤恨，而他們的理由通常都並非微不足道之事。我會這樣提議：「我們把你的問題拆開來仔細分析吧，即使其中有許多是真實的。我們會試著了解哪些是你的錯，因為其中會有一些確是如此。另外還會有一些只是人生的災難。我們會非常仔細地進行描述，然後我們會開始讓你練習克服你帶進這個處境而導致問題更嚴重的所有成分。我們會開始制定一些戰略性計畫，看看你可以如何對抗人生中全然悲劇的部分，而且我們會讓你以真實、坦率、勇敢的方式來做到。然後我們等著看會發生什麼事。」

有些人會有進步。並非所有人都是。我有一些個案甚至去世了。我們正在進行臨床上的處理，他們卻忽然罹癌或車禍去世。我們沒有肯定的路徑，即使是最崇高的行動。世事的毫無道理總是在伺機而動，隨時可能展現出來。我們沒有理由或藉口可以天真或樂觀到愚蠢的程度。不過，大部分的人確實有所改進。鼓勵會幫助人準備好面對問題，這種自願的對抗驅散了部分的恐懼。這不是因為身邊的問題變得比較不危險，而是因為面對危險的人變得比較勇敢。一個人能夠變得多麼強大、多麼勇敢，會令人難以置信。當一個人自願承擔重任時，他能夠挑起哪一種負荷，簡直就是奇蹟。我知道不可能擁有無限的能量，但我也相信，以某個意義而言能量是無限的。我相信，愈是鍛鍊出自願面對問題的心態，就可以承擔得愈多，而我相信這沒有上限。[vi]

人類不但會受到鼓勵，進而能夠從心理的角度擊退恐懼與怨恨，還可以變得更有能力。他們不但會從一種靈性的角度對付人生中關於存在問題的重擔，更會開始成為更好的人。他們開始約束自己內心的惡念和怨恨，而這些東西所造成的慘狀使世界比必然的暗淡陰鬱更為可怕。這些人變得更誠實，成為更好的同伴好友，做出更有幫助和意義的生涯選擇，開始鎖定更崇高的目標。因此他們在心理上更能應付問題，也減少自己和身邊的人必須應付的問題數量。然後，他們比較不會承受非必要的痛苦，他們的家人也是。然後，同樣的情形或許就開始發生在他們的各個社群中。而這個神話故事還有另一半的重點：惡龍所貯藏的寶藏，也就是自然界仁慈的成分，以及社會和文化所提供的安全與庇護，加上個體的力量。這些都是你在困境中的武器，而且都是實在的，也可能帶有足夠的力量，只要加以充分運用，將在你的人生破碎瓦解時帶給你應付的方法。問題在於：你是否能夠整理現實的結構，讓自己能找夠到這個寶藏，讓自然界的正面部分對你微笑，讓自己被睿智的賢君治理，而且你就扮演英雄的角色？希望你以這樣的方式經營自己，讓每件事朝這個方向傾斜。這就是我們所擁有的一切，遠勝過一無所有。如果你勇敢面對痛苦和惡毒而且真誠又勇敢，你會更為強大、你家會更為強大，世界也變得更好；否則就只剩怨恨，導致每件事都會更慘。

❖ 欺詐與傲慢

欺詐有兩大種類型：一是不應為而為之罪，你完全明白自己所做的事是錯的；一是應為而不為之罪，就是你放任不管的事——明知應該關注或表示意見卻不去做的事。或許你的事業夥伴做的帳冊不老實，你卻決定不審查；或是你假裝沒看見自己的不良行為；或是你沒有細察家裡的小孩、青少年或伴侶的不法行徑。你就只是順其自然。

各種類型的欺詐是出於什麼動機呢？我們公然說謊——也就是不應為而為之罪，即便完全了解自己正在說謊。理論上，這是為了讓自己省事，不管對別人造成的影響。我們試圖為一己之私而令世界傾斜，試圖為自己取得好處。我們竭力避免即將臨到的應得懲罰，而且經常是藉著推到別人頭上來避免此事。另一種（或許比較不容易察覺）情況是，我們犯下應為而不為之

vi 如果前面沒說過，我現在肯定可以這樣說：「從以前到現在，我一直都很敬佩內人面對生命中的試驗時所展現出的十足勇氣和優雅，例如她在二〇一九年上半年被診斷出末期癌症後。我感到很丟臉，因為我一點都不相信自己能做到這種程度。作者注

罪，以為迴避的問題會從此消失無蹤，但通常並不會如此。我們為了現在而犧牲將來，往往因此而承受憤慨的良知發出的明槍暗箭攻勢，卻無論如何都固執而頑強地持續下去。

那麼，對於那些竄改和曲解現實結構、不惜犧牲他人甚至犧牲自己的將來以謀求此刻自身利益的行為，人類用什麼藉口來合理化呢？這個動機顯然深植於怨恨中。用來合理化謊言的藉口，就是一種潛藏在怨恨心靈最深處的看法：世界上的恐怖驚駭，都具體瞄準這個試圖為謊言辯解的受害者。但我們需要將傲慢連同怨恨納入此處的討論，才能真正了解人類為何做出欺詐的事。並沒有明顯的事例指出這些內心狀態就算沒有另外兩項也可單獨存在；它們可以說是狼狽為奸。

❖ 不應為而為

欺詐與傲慢的第一種陰謀，可說是否定或拒絕神性、真理與美善的關係。聖經《創世記》一開頭的篇章記載，上帝從混亂中創造出適於人居的秩序，是藉由話語、藉著道：勇氣、愛、真理。我們可以說，勇氣就是上帝願意對抗在存有以先的虛無，這或許就類似我們設法從一貧如洗發達起來的過程，或在天災人禍導致生活亂成一團之後進行重建。愛就是終極目標，是渴望創造出最佳的成果。愛為存在提供上層結構，或許就如同對和諧安詳家庭的渴望會提供一種上層結構，容許說出實話。上帝用來對抗我們所指的虛無的道，也就是真理，這個真理具有創造力，卻不只是創造：它似乎創造出美善，也就是愛所要求的最佳成果。上帝如此堅持要受造之物是美善的，並不是沒有原因。傲慢和欺詐聯手反對一個觀念：鎖定真愛的勇敢真理便創造出美善。它們用來取而代之的觀念是：任何念頭無論大小，都有權利、有機會為了狹隘又自私自利的目的顯露出來。

助長欺詐的傲慢還有第二種形式，是與篡奪神性的職權有關的。說謊者無論是藉由行動或不作為、藉由言語或靜默，都已選擇要讓變化中的哪個元素（尚未成形卻可能發生的混亂之中的某個元素）呈現或不呈現。意思就是，欺詐者擅自決定要改變現實結構，這是為了什麼？為了一個希望，這個希望是基於一種想法：欺詐的作法所變出的任何一種自我本位式的謬誤，都比真相大白會發生的事實更好。欺詐者表現出的想法是，他所帶來的虛假世界無論多麼短暫，對他自己而言，至少比不這樣做更有利。這樣的人相信自己可以藉由假裝來改變現實的結構，而且可以僥倖成功不被責罰，這就是傲慢。如果經過仔細思索，這兩種想法要如何能夠成立並不是很清楚的事（而它當然意味著通常並沒有仔細思索）。第一，犯錯者將會明白自己的言行不會被人信任了，於是，真正的自尊仰賴這份實情到什麼程度，說謊者的人格就難免被欺詐的言行損害到這種程度，至少此人不會生活在真實世界裡，或者，不會和別人生活在同一個世界裡，因此他會變得比較軟弱無力，比起他明白事實真相、沒有以虛假取而代之的情況更軟弱。第二，說謊者要真心相信自己「會僥倖脫身」，就得相信自己比所有人更精明，也就是任何人都不會注意到（這個想法或許把造物主上帝也包括在內，無論是否言明）。或許他騙過一次、兩次、十次都安然無事，愈騙愈大，也因為僥倖成功而膽子更大。但他每一次成功，傲慢就更增加，因為成功會帶來酬賞，驅使他努力使酬賞加倍，甚至增多。這勢必會促使他編造更大、更冒險的謊言，每個謊言都關係著從驕傲的高處摔得更慘。這個策略似乎是行不通的：這是一種正回饋循環，要把陷入其中的人拖得愈來愈低、摔得愈來愈快。

欺詐底下的第三種傲慢與一種看法有關，就是認為欺詐的行為（前面提過，亦即折彎或扭曲現實結構）會強有力地自行成立，即使事實難免會澄清而改正，騙局也不會被揭發或破壞。欺詐者的想法背後含有傲慢自大，認為謊言永遠改變了世界的樣貌，因此現在過生活的方式可以進行得彷彿那則謊言是事實。然而現實非常複雜，幾乎每件事似乎都會觸及其他的事。例如，要讓外遇出軌的後果不繼續蔓延開來是相當困難的。當事人會被看見；大家會開始傳舌；有更多謊言產生而必須被認證，才能解釋出軌行為用掉的時間。氣味會持續存在；外遇關係中的情愛會開始被敵意或藐視取代（尤其當被背叛的一方是個真正的好人，沒有為他或她所遭受的罪惡行為提供任何藉口）。

為欺詐提供藉口的第四種傲慢與一種扭曲的正義感有關，通常是由怨恨所引起的。有人之所以在這第四種情況中使用欺詐，是因為他們對於自己在人間地獄及悲劇中的受害者位置又怨又怒。這種反應完全可以理解，雖然並不因此而變得比較不危險。這當中的邏輯很簡單，甚至很動聽，尤其是那些曾經真正受到傷害的人：「我愛怎樣就怎樣，因為我曾受到不公平的對待。」這種理由可能會被視為單純的公平正義，雖然此時被欺騙的人很少就是做出不公平的對待而被拿來合理化虛假謊言的人。此處的傲慢就在於，認為不公平的對待以存在而言是專門針對個人的，而不是存在本身可以預見的一部分，而存在的確具有一些未知的危險，包括自然、社會和個人方面皆然。如果你成為了某個超級嚴重的歹毒惡作劇的受害者，那麼何不盡自己所能，為自己稍微做一點撥亂反正之事？然而，那整套論證只會讓人生更慘。如果你對於行為不端的辯解是人生醜惡，那麼，繼續行為不端的邏輯依據，就不可能是你應該從事一種只會令人生更加醜惡的行為模式。

❖ 應為而不為

當某件事正在發生，你知道這是不對的而且很可怕，卻完全不去介入（包括你自己應該做的事也不做），只是袖手旁觀，這可能有很多種原因。第一個原因就是虛無主義。虛無主義與驕傲之間的關係或許不是立即而明顯的，此二者與應為而不為之罪的關係又更不明顯。但虛無的心態是一種肯定的姿態：萬事萬物都無意義，甚至皆為負面。這是一種評價、一種結論，而在我看來，這是一種驕傲之罪。我認為，人類會對自己的無知有適當的感覺，因而被適度束縛在謙遜裡，不會冒極大的危險去咒罵或毀掉存在的結構本身。

應為而不為之罪的另一種動機會是什麼？就是宣稱取巧省事乃無可非議，這就表示，絕不讓任何重要事情真正的責任落到你的肩膀上。你可能會認為這完全可以接受：「我何必耗費額外的努力和風險，既然已經有人準備行動了；有人在努力爭取了；有人還不夠老練、不懂得開溜，才會被找上。」但每個人都應該輪流，每個人都會接收到社會互動的好處，也都要承擔責任來確保這個互動繼續維持。小孩子三歲時如果沒學到這一點，就交不到朋友，這是很有道理的，他們不知道如何進行可以持續進行下去的遊戲，而這個遊戲正是友誼的精髓，也是企業組織裡優秀的上級、同儕和部屬的態度。

我們還要批判性地思考一種假定，就是沒付清帳單全額就開溜是可以接受的事，甚至是明智之舉。這是以另一種方式評判存在。「我取巧省事也沒關係」的第一個重點是「沒關係」，這就是以偏執來評判和咒罵存在。這句話的第二個重點「我取巧省事」是一種自願接受的詛咒。如果你依序承擔困難的任務，別人會漸漸信任你，你會漸漸信任自己，而且你會更能夠把困難的工作做好，這些都是好事。如果你都不做，會發現自己的狀態就好比每件事都有父母堅持代勞的孩子一樣：你喪失了面對人生的艱難挑戰時茁壯成長的能力。如果「我取巧省事也沒關係」要成立，條件就是說話者的人格特質當中毫無能夠被真正的冒險經歷召喚出來的元素。凡是在需要站出來時卻退後以迴避天命的人，也會令其他人失去一些好處，假使這個取巧省事的當事人決心全力以赴的話，這些好處或許就會臨到他們身上。

應為而不為之罪的最後一種形式與缺乏自信有關，或許是對人類整體缺乏信心，而原因就在於人類的脆弱是根本的天性。《創世記》裡有一幕，亞當夏娃的雙眼明亮了，他們了解自己的脆弱和赤裸，此二者都是自我意識的重要內容。與此同時，他們發展出善惡的知識，這兩個發展同時出現，因為我們必須了解如何傷害自己，才有可能真正有效地傷害別人。而且你並不知道自己會被傷害，直到你多多少少有完整的自我意識，直到你明白你可以忍受極為難受的痛苦，直到你了解你可能會送命，直到你看到自己存在的界線。一旦全都明白了，你就會認識自己的赤裸，就可以用惡毒的念頭把對於弱點的認識用在別人身上，然後你就會明白善惡，並且能夠行善和作惡。

當亞當被要求說明自己做了什麼事（食用了禁果），他責怪女人害他發展出痛苦的自我認識，也歸咎上帝創造女人。他這樣說：「你所賜給我、與我同居的女人，她把那樹上的果子給我，我就吃了。」（《創世記》第三章第十二節）世界上的第一個人拒絕為自己的行為負責，他的拒絕與怨恨（因為獲得了痛苦的知識）、欺詐（他明知自己做了自主的選擇，無論妻子的表現是什麼）、傲慢（他膽敢怪罪上帝，怪罪上帝所造的女人）相關。亞當想取巧閃避問題，正如你會這樣告訴自己：「我不需要跟太太爭吵。我不必挺身對抗專制的上司。我不必遵循我相信為真的原則。我可以避開責任順利脫身。」這當中有一部分是懶惰和懦弱，但也有一部分是出於對自己的能力深深不信任。你和亞當一樣知道自己赤身裸體，你對於自己的缺點和弱點相當熟稔，你的自信心消失無蹤。這不難理解，但終究於事無補又無可原諒。

❖ 傲慢欺詐帶來存在上的危險

《箴言》第九章第十節說：「敬畏耶和華是智慧的開端；認識至聖者便是聰明。」我們可以用這段話來理解欺詐和最深層的定向本能之間的關聯。如果你明白欺詐會腐化和扭曲最基本的本能的作用，而這些本能是要引導你度過生命中的難關，那樣的前景應該足以嚇到你、令你謹慎言行。一個真實坦率的人可以依賴自己天生對於意義和真實的感受，以此作為可靠的引導，來處理人生中每一天、每星期、每一年要做的選擇。有一條規則很適用，也正是電腦程式人員相當清楚的規則：「垃圾進，垃圾出。」[vii] 如果你欺詐（尤其是欺騙自己），如果你說謊，你會開始扭曲引導你定向本能的機制。這個本能是一種潛意識的引導，會在你的認知器官底下運作，特別是在成為習慣之後。如果你是用自己明知不真實的事所衍生出的假定，來重新為支持你自己的潛意識機制布線，那麼你意味深長的本能會以它訛誤的程度帶著你去不該去的地方。當你需要自己所擁有的每一種身心機能來做出適當決定，卻發現自己已經因為欺詐而發生病

vii 電腦科學與資訊通訊技術領域的習語，意思是輸入錯誤、無意義的資料進入電腦系統，電腦也會輸出錯誤、無意義的結果。編注

態，無法再仰賴自己的判斷力了，你可能會落入人生的一大危機，這是可怕至極的情形。祝你好運了，因為這種時候只有運氣能救你。

基督有些神祕地把一種罪界定為不可赦免的：「惟獨說話干犯聖靈的，今世來世總不得赦免。」（《馬太福音》第十二章第三十二節）。聖保羅是基督教的締造者之一，他曾經將三一神的第三位格與良知連在一起，為基督的那句話做出些許的闡釋：「我在基督裏說真話，並不謊言，有我良心被聖靈感動，給我作見證。」（《羅馬書》第九章第一節）。良知並不亞於與自我共用道德知識。欺詐需要的是冒著令良知極其重要的功能產生病態的危險，故意拒絕遵守良知的要求。要脫離那種腐化而不受損傷，是不可能的事。甚至從神經學來看也是如此。致癮藥物通常會對神經傳導物質多巴胺產生作用，以某些方式增加其效果。多巴胺基本上會產生與希望或可能性相關的愉悅感。此外，你的大腦結構導致當你做了某件事而感覺很舒服（因而產生多巴胺的快感），那麼，在這個行動中扮演某個角色的那個你會變得比較有力、比較占優勢，也比較能夠抑制你其他部分的功能。因此，持續使用某種致癮藥物就是助長用藥者心中的某個部分，這個部分可以被準確地概念化為一隻活生生的怪獸，牠所有的注意力和意圖全部都在於藥物的效果，牠只要這個東西，而且具備了整套哲理來強調這個東西為何必須被視為最具有重要性。

假設你正在虛弱地從成癮問題中復原，而生活上遇到某個問題，怨恨浮現了。你心想：「噢，真該死！」因為起初的事件導致再次使用藥物，也感覺到繼而出現的多巴胺作用。結果就是，規劃出「真該死」這個想法的小型迴路就變得更強大，勝過內心可能促動著拒絕使用藥物的部分。「真該死」是一種多層面的人生觀，意思是「值得不顧一切了」、「誰管我的死活，反正都沒用」、「不管我是否必須對愛我的人說謊，包括我的父母和妻兒，反正沒差了，我就是只要這種藥物。」這樣就積重難返了。

當你習慣性欺詐時，就是建造一種如同會讓成癮問題繼續下去的結構，特別是如果你的欺詐未被揭發的時候，就算時間非常短。謊言的順利成功會帶來酬賞，而如果風險很高卻沒有東窗事發，說謊成功的酬賞可能會很強烈，你大腦中構成這個欺詐系統的結構的神經機制發展又因而被強化。在持續成功的情況下（至少短期內如此），這個機制會變得愈來愈自動化，而且是很傲慢地表現出來，認為並不會被揭發。這個情形在不應為而為的犯罪中比較明顯，但是對於應為而不為的疏失之罪也同樣適用，而且會更危險，更微妙。這就是基於傲慢而認為自己的所知夠多，而無視於身邊以受苦形式出現的證據正愈積愈多，因為這些苦難太容易在原型上被歸咎於現實的結構，以及看似能力不足的上帝。

❖ 你應該在的位置

面對未來的潛在可能、將之轉化成當下的現實，這是我們個人能力所及的事。我們如何決定讓世界轉化成什麼狀態，就是我們在倫理上有意識的選擇所產生的後果。我們早上醒來，面對新的一天所有的可能性和恐怖驚駭。我們制定一條路線，做出各種或好或壞的決定。我們充分了解自己可能行惡，導致可怕的事物存在；我們也知道自己可以行善，就算不是偉大的事。真誠、負責、感恩、謙遜的結果就是做出正確的行為，讓我們最有機會行善。

面對生存的恐懼，正確的態度就是怨恨、欺詐、傲慢以外的作法，就是假定你、社會和世界具有足夠的存在理由。這就是對自己、對旁人、對存在的結構有信心，相信你有足夠的資源來對付存在的狀況，將自己的人生轉化成最佳狀態。或許你的人生可以具有崇高、莊嚴和內蘊的意義，這個充分的重要性讓你能夠忍受存在的負面元素，不會變得太過悲痛，以至於把身邊的每件事都變得如同地獄。

當然，我們都被存在的基本不確定性壓迫著。當然，自然界令我們筋疲力竭，有各種不公平又惱人的手段。當然，社會朝向專制嚴苛發展，人心則趨向罪惡。但這並不表示我們無法良善、社會不可能公平正義、自然界的部署絕對不會對我們有利。如果我們能多抑制自己的惡念一點，更負責任地對待並改造我們的制度習俗，不要那麼怨天尤人，情況會是如何呢？天曉得情況會有多好！假使我們都不被誘惑、不會主動或被動扭曲存在的結構，假使我們不因存在的變化無常而憤怒，卻能以感恩和誠實取而代之，世事會有何等的好轉？儘管自我、國家、自然界有一些元素展現出毀滅性的殘酷面目，而且促使我們敵對世界，如果我們都孜孜不倦地持續堅定目標，難道不是很有機會把那些元素牽制住？

別容許自己變成怨恨、欺詐或傲慢的人。

J. Fogrà

RULE ·12·

即使受苦也要心存感恩

❖ 向下可以是向上的特點

幾十年來，我一直在找尋確定感。這不單是一種創造性的思考，也是關乎思考然後試圖暗中顛覆並打破這些想法，繼而仔細考慮和保有僅存的想法。這是在辨識一條穿越沼澤般濕軟通道的路徑，搜尋渾濁的表面之下是否有可供安全立足的石塊。然而，即使我將受苦的無可避免和被惡意誇大的情形視為關於存在的真理、無可撼動，我卻更加深信，人類在心理上和實際上有能力勝過自己的苦難，也有能力抑制自己的惡念以及社會和自然世界中的惡。

人類有能力英勇對抗自己的苦難：在心理上勝過苦難，也在實際上帶來改善。這是心理治療最基本的兩大定律，不分哪個學派，並且也是古往今來的人類能夠成功和進步的奧祕之鑰。如果你勇於對抗生命的局限，就會得到某個心理上的效用，可以成為苦難的解方。可以這樣說，自發性地以黑暗的深淵作為關注的焦點，這項事實會在內心最深處向你表明你有能力承擔，毋需迴避存在的艱難和伴隨而來的責任。單單是勇敢的舉動，在最基本的心理層次就會帶來深刻的寬慰了。這表示你有耐受力和能力，可以處理這些深切、古老、有幾分獨立而且記錄著世上危險的生理及心理警報系統。

這份對抗的效用絕對不只在心理層面，雖然那同樣相當重要。對抗也是適當又務實的方法：面對苦難時，如果你的表現很偉大崇高（可惜這種字眼現在很少人使用），你便可以實際而有效地改善和矯正自己與別人的悲慘不幸。你可以使有形的世界、真實的世界變得更好，或至少不會變得更糟。歹毒惡念亦然，你可以將之限制在自己心裡，在開口說話之前，良知可能會（通常會）提醒你注意：「這不是真的。」良知可能會呈現為一個真實的聲音（當然是在內心），或是一種羞愧、內疚、軟弱或內心的別種不統一——你表現出的雙重心靈導致這種生理上的結果。因此，你有機會停止說出這些話。如果你無法說真話，至少可以不要故意說謊。[1]這就是限制惡念的一種作法，是你能夠掌握的。從此不再故意說謊，就是往正確方向跨出一大步。

我們可以約束自己的苦難，而且可以從心理上面對苦難。這令我們有勇氣。然後我們可以在實際上帶來改善，因為那就是我們照料自己、照料他人的時候所做的事，這幾乎不會受到限制。你可以真心又勝任地照料自己和家人，然後可以擴大到整個社群。有些人在這方面做得好得不得了，那些從事安寧照護工作的人就是最佳實例，他們不停努力照顧受苦和垂死之人，而且每天都要面對其中一些人的逝去，但他們每天早上還是能夠起床工作，面對一切的痛苦、悲劇和死亡，在幾乎不可能的處境下發揮實質的影響。基於這個理由，也因為這些實例，也就是說，看到有人豪爽有力地對抗生命中存在性的慘劇——我變得比較樂觀而不悲觀，我也相信樂觀基本上比悲觀更可靠。得出這樣的結論，而且領悟到這是堅定不移的，此事本身就是一個很好的例子，說明為何有必要先迎戰黑暗、然後才能看見光明，以及如何去做。樂觀而純真並非難事，但如果是天真幼稚，樂觀就很容易被侵蝕而推翻，被憤世嫉俗所取代。不過，盡可能窺視黑暗的最深處，將會顯露出一道不能熄滅的亮光，帶來深刻的驚奇和極大的慰藉。

感恩的態度也是這樣。我相信，面對自己得到的好處和沒有發生的壞事，你無法本著該有的感恩和欣慰，除非你對於存在的重量有某種深厚甚至驚天動地的感覺。你不可能恰如其分地感激自己擁有的一切，除非你對於世事可以多麼可怕有點概念，而且了解世事有可能變得多麼可怕，因為事實就是這麼容易如此。這是很值得了解的事，否則你會很想問：「我為何要注視黑暗？」但我們似乎確實會被吸引著注視黑暗，我們對邪惡著迷，我們很愛看連環殺手、精神變態、組織性犯罪大王、幫派分子、強暴犯、職業殺手、間諜的戲劇呈現。我們自願用探險小說或恐怖片來嚇自己、令自己反胃，這不只是一種淫穢的好奇心，而是對於人類存在的基本道德結構以及人類在善惡兩極間的懸而未決，產生某種程度的理解。這份理解的產生是必然的，會在我們的下方安放一個底、在我們上方安放一個頂，為我們的察覺、動機和行動提供定向，也會保護我們。如果你不了解邪惡，就是讓自己完全暴露在邪惡之前，很容易被邪惡的作用或意圖影響。假使你遇到歹毒的人，他們對你的控制程度就會與你不願意或沒辦法了解他們的程度旗鼓相當。因此，萬一黑暗真的出現，你不但要找尋亮光，也要注視黑暗以保護自己，這樣做真的很有用。

❖ 梅非斯特的精神

德國大文豪歌德對於德國文化的重要性，就相當於莎士比亞在英國文壇的角色，他有一齣舉世聞名的戲劇作品《浮士德》，講述的是主角浮士德將靈魂賣給魔鬼以換得知識的故事。[2] 梅非斯特就是歌德劇本中的魔鬼，敵對者撒但，他是一個神話人物，是個永遠與我們的正面意圖對抗（或許是對抗全部的正面意圖）的幽靈。你可以用心理學、形上學或宗教來了解這個人物。我們都知道自己內在會出現善良的意圖，也會一再教導自己要遵守，但我們經常會苦惱地發現，我們有應為而未為之事，還有不應為而為之事。每個人裡面都有某些東西會與我們自願表現出的慾望相反。這類東西其實很多，可以說是群魔亂舞、眾聲喧譁，甚至彼此矛盾。有許多黑暗而表達不清的動機和信仰體系，全部都呈現為各種部分人格（雖然都是一部分的本性，卻都具有人格的基本特點）。

這樣的了解並不尋常，是精神分析家的重大貢獻，這些專家首先強調的或許就是：人類都被幽靈棲息占據，這些幽靈不僅超出我們的控制，甚至也超出我們有意識的知識。這份理解引發幾個重大而令人無力招架的問題：如果你無法控制自己，那麼，是誰或什麼在控制你？如果你無法控制自己，「你」的中心性、統一性甚至實在性的概念便受到挑戰，而你的存在卻似乎是完全確定的。而那個不同於你的「誰」或「什麼」要做出什麼事？它的行為有何目的？我們都希望自己可以告訴自己該做什麼，然後就完全遵守，符合自己的意志。畢竟你就是你，你應該（差不多是根據定義）控制住你自己。但事情往往並不如此發生，而原因（一個或多個）相當詭祕難明。

當然，有時候，應為而不為會讓事情簡單多了。良好的行動有可能很難進行，通常也確實如此，而難處中還帶有危險，包括氣力枯竭的問題。惰性也是停滯的一個重大原因，它會提供某種立即的安全。但問題並非僅止於此。不只是因為你懶，而且你也很壞，你自己的評判就是這樣對外聲明的。這是個令人非常不快的領悟，但是若沒有這番領悟就沒有希望變好。你會因為自己的缺點而訓斥自己（或是你的良知會這樣做）。你對待自己時，彷彿你過去或現在至少有一部分是個不道德的行為者。這些也都令人深深不適，你可能會想避開自己的評判，但是簡單的辯解不可能讓你脫身。

如果你願意留心，你會看見敵對者的勢力在你裡面運作，試圖暗中顛覆你的最佳意圖。這股勢力的確切本質正是無盡思索的底材，包括哲學、文學、心理學，特別是宗教或神學。基督教對於偉大的邪惡角色（梅非斯特、撒但、路西法、惡魔本身）的概念，包括以深刻想像的擬人化來代表那種精神，但敵對者不僅存在於想像，而且肯定不只是在個人的想像裡，它也會透過一種至今仍被適切地描述為「著魔」的東西展現在惡毒行為的動機，以及這些行為本身。凡是做出格外不得體的行為，然後想到或說出類似「不知道是什麼東西把我控制住了」這種話的人，就是發現了這種著魔狀態的存在，即使無法或沒有清楚說明自己的發現。因此我們在完全氣餒時會這樣自問：「這種幽靈怎麼會存在？怎麼會是我們每個人裡面的一部分？」

答案似乎有一部分與一個強烈的感受有關，就是每個人都有自己凡夫俗子固有的限制，受制於自己、社會、自然界施加在我們身上的苦難而造成的怨憤，並產生某種自我輕賤或憎惡，這是我們自己的軟弱與不足所引起的（此處所指的還不是人生的必朽性，只是要指出我們固有而可怕的脆弱性），也因為我們的失敗顯然並不公平、無可預料又毫無道理可言。基於這一切令人失望的領悟，我們沒有理由認為你會對自己或是對存在本身覺得滿意或開心。這種不滿、不快樂很容易在惡性循環中自我強化並自我放大。你因為不快樂和怨憤而踏出敵對自己或敵對別人的每一步，都會產生更多令你羞愧的事，也有更多理由造成自動引導的對立和敵意。有將近五分之一的人在一生中會做出某件嚴重傷害自己身體的事。[3]這還不包括最嚴重的行為：自殺，或是比較常見的傾向：自殺意念。如果你對自己不滿，為何要謀求自己最大的利益？或許你裡面會浮現某些報復心；或許有某個東西分配假定是該有的苦難又能夠自圓其說，目的是要阻礙你的前進。如果你在概念上把你內在敵對自己的元素、敵對你的友誼的元素、敵對你丈夫或妻子的元素全部匯集起來，並統一成為單一人格，就會出現這名敵對者，這正是歌德戲劇裡的梅非斯特，也就是魔鬼本身，就是專門敵對的精靈，而這也是他對自己的描述：「我就是否定的精神。」[4]原因何在？因為世界上的一切都是那麼有限、那麼不完美，因而帶來如此多的麻煩和恐懼，所以將之殲滅不僅合情合理，而在倫理上也有其需要。至少有這樣的辯解。

這不僅是毫無生命的抽象概念，人類與這些概念進行著殊死戰。女人想到懷孕生子時會與這些概念拉扯，會這樣問自己：「我真的該把一個嬰兒帶進這種世界嗎？這樣是合乎道德的決定嗎？」信奉反生育主義[5]的人會斷然地為這兩個問題給出否定答案。幾年前，我與堪稱這個思想派別中最重要的提倡者南非哲學家大衛・貝納塔（David Benatar）辯論過[6]，我並非不了解他的立場，世界上滿是苦難，這是毫無疑問的事。幾年後，我跟另一位哲學家辯論，就是斯拉沃熱・齊澤克（slavoj Žižek），他對馬克思主義的偏好比他的宗教信念更廣為人知。在討論時，他說了一些在神學上頗有爭議的論點，我覺得非常有意思。在基督教傳統中，連上帝自己（以基督為形象）在承受十字架苦刑時，也對生命的意義和天父的美善感到絕望。基督在氣絕之前經歷受苦的最高點，他說了這幾個字：「以利，以利，拉馬撒巴各大尼」[7]，意思就是「我的上帝，我的上帝，為什麼離棄我？」（《馬太福音》第二十七章第四十六節）這樣的敘述強烈地暗示出一點，就是人生的重擔有可能變得如此異乎尋常的巨大，連上帝自己面對不公義、背叛、苦難和死亡等難以忍受的現實時，都可能失去信心。

我們很難想出更能引起凡人共鳴的故事了。如果上帝自己也在自願承擔的極度痛苦中經歷過懷疑，區區人類如何能夠不落入同樣的挫折？貝納塔這種反生育主義的立場有可能是惻隱之心所激發的，我完全看不出貝納塔有任何明顯的惡念，他似乎真心相信（他的態度令我聯想到歌德的梅非斯特）意識加上弱點和生命的有限性所導致的結果實在太悲慘、太可怕了，根本沒有合乎道德的理由可以讓生命延續下去。不過，梅非斯特的論點絕對有可能不值得信任，因為他就是撒但本尊，我們沒有理由認為他為自己對存在的敵對立場辯護的論點是正當的、甚至他自己是真心相信這種論點。或許貝納塔也一樣，他無疑也深受每一個人（當然包括我在內，即使我和他的立場相反）都有的弱點和缺陷之害，過去和現在都是如此。但我從那時到此刻都堅信，他這種自我否定的立場造成的結果實在太恐怖了，會直接導向太過強烈的反生命甚至反存在的虛無主義，呈現出來的結果只會誇大和放大存在的毀滅，而毀滅已經是這些假設很有惻隱之心的反生育主義者現在正著力的焦點（我並非在挖苦或諷刺這種惻隱之心的存在，但我認為是用錯地方了）。

貝納塔的假設是：人生滿是苦難，因此只要將新的意識生命帶進世界，無論如何，實際上就是一種罪惡，而人類最妥當的倫理行動就是停止這樣做，讓人類自發性滅絕。在我看來，這個觀點比你以為的更為普遍，雖然或許很少人長時間支持。每當你不得不屈服於生命中的災禍，每當夢想破滅或你親近的人受到重大的傷害，尤其是你的孩子或所愛的人，你很容易會這樣想：「假使這整個混亂局面戛然而止，或許還比較好。」

這正是在考慮自殺時會有的想法。這種想法會產生於各種最極端的版本中，包括連續殺人犯、高中槍擊案凶手，以及所有普通謀殺和集體屠殺的行為人。他們傾盡全力表現出敵對者的態度，他們是真的被惡鬼附身，超出了隱喻的程度。他們認定了不僅人生難以忍受、存在的歹毒惡意無可原諒，而且萬事萬物都該為了本身的存在之罪而被懲罰。如果我們想擁有對付邪惡存在的一絲希望、努力使邪惡減到最小，就必須了解這些種類的推動力。對於受苦和惡意有所感覺，正是令人類覺得痛苦的重要部分。我相信，反生育主義的立場若被廣泛採納，難免會漸漸朝這種苦澀與憤懣發展，一開始可能只是拒絕繁衍後代，但我相信不必多久，停止產生新生命的推動力就會被轉化成另一種類似的推動力：「發自惻隱之心」進而斷定有些生命實在太可怕了，將這些生命結束正是慈悲之舉，於是要摧毀既有的生命。例如，納粹時期很早就出現這種哲學，被判定為遭遇難以承受的傷害的人就會被安樂死，這樣做的目的則被視為「在道德上很仁慈」。這種思路會導致的問題是：這樣的「仁慈」要到哪裡為止呢？你的病弱、年老、智能受損、肢體障礙、不幸、沒有產能或政治立場不恰當要到什麼程度，把你處理掉就會成為一種道德命令？而且，一旦消滅生命或僅僅限制生命變成你的指路明燈，你怎麼知道你不會繼續沿著這條路走到地獄般的盡頭呢？

我覺得科倫拜高中屠殺案凶手寫下的幾行字句尤其闡明了這一點。這幾句話寫得潦草而隨便，語無倫次而自戀，但很明顯是以一種哲學為基礎：萬事萬物都活該為自身的存在之罪受苦。這個觀念的結果把這種苦難發揚光大，並擴展出去。其中一位凶手寫道，他自視為萬物的審判官，這名審判官認為生命不符資格，尤其是人類的生命形式，假如將全人類都滅絕會更好。這便解釋了他恐怖的願景。他和同夥開槍射殺他們在當地高中的同學，但這只是他們計畫執行的一小部分行動。他們在社區的各處布置了縱火設施，也一起幻想要殲滅整個城市。這些計畫只是向種族滅絕的終極願景跨出一步而已。

你不會懷抱著這種願景，除非你被某種非常類似敵對者幽靈的東西嚴重附身。那就是梅非斯特，他的基本觀點可以被闡釋為：「人生有各種限制與歹毒惡念，實在太可怕了，所以不存在會更好。」這就是努力與你為敵的幽靈的核心信條。這是一種可以論證的事實，它的出現也不令人意外，並且在一些危機時刻看似極為可信，雖然我相信它徹底錯誤。我認為它的部分錯誤在於，當它具體實現時，只會加劇原本公認的惡劣境況。如果你打定主意要讓情況變得更糟，事情就很可能能真的變得更糟。我看不出這要如何帶來改善，假使你最初的異議是來自對人類的存在處境本身有根本的恐懼。這並不像是一個有自覺又有一絲感恩的人會走上的道路，而且前後矛盾、在邏輯上站不住腳，因此這個論點基本上是華而不實，只會令聽到的人這樣想：「想必在幕後有些既沒有明說又不能明說的事情，雖然表面上很合理。」

敵對者的邏輯不通，並不表示要建構一個不可撼動的觀點與之抗衡是很簡單的事。以最直白的方式來說，辨認出那份異議和報復的願景是有幫助的，就如一幅畫裡的負空間（negative space）也很有幫助：藉由對比來界定正空間。善可以被概念化為惡的內容的相反，無論最初的陳述如何模糊，而世界上的惡通常比善更容易辨識。我長期試圖在與惡對抗的路徑上找出試金石，希望能讓大家辨識出善有可能是什麼。其中有一些非常實用，雖然有點艱難。例如，我一直建議觀眾和聽眾[8]，特別是此時因父母重病而扛著沈重負擔的人，在親人去世後有意識地承擔起重責大任，在悲痛難忍地準備喪禮和喪禮進行的時候，做一個最值得信賴的人，並且在翻天覆地的災禍期間和之後負責照顧家人。這樣做可以喚醒你的潛能，喚醒存在的力量本身——存在是可以在你的裡面展現出來的。人類自古以來始終在應付失落和死亡，我們都是那些能夠勉力應付的人的後代子孫，這種耐受力就在我們裡面，即使這項任務看似令人生畏。

如果你真心愛著某個人，當這個人不在了或生命漸漸消逝，你卻保有完好和健康，這在本質上可以像是嚴重的背叛。歸根結柢來看，以你這份愛真正的深度而言，那份能力意味著什麼？如果你能夠眼看著他們逝去，而且熬過這樣的失落，豈不是表示你們的連結很淺薄、是一時的，甚至是可取代的？如果你們是真實的連結，那不就應該把你摧毀嗎（有時候確實會）？但我們不可能希望每個難以避免的隕歿都導致每個受影響的人全部毀滅，否則我們都會沒命，比現況更加立即而快速得多。而且，垂死之人最後的心願絕對不是或不應該是讓他們所愛之人無盡受苦。我的印象是，垂死者會感覺內疚，因為他們當時完全一無是處，又會造成負擔；更因為他們憂心會帶給還活著的人哀傷和麻煩。因此我相信他們最熱切的心願就是在一段合理的哀悼服喪時間後，所愛之人能夠繼續向前走，過著幸福的生活。

因此，悲痛地喪失所愛之人然後完全崩潰，比較正確地說，應該是背叛了逝者，而不是一種致敬，因為崩潰令那起重大變故的影響加倍了。垂死之人要有自戀型的私心，才會希望所愛之人無窮無盡地哀傷下去。有力量面對死亡，對垂死之人和繼續活下去的人都會更好。有些家人會因為喪親之痛而需要照顧，還有一些家人由於年紀太大或健康不佳等問題無法好好料理後事，因此必須由某個堅強的人介入處理，行使令人不快的權威，讓死亡成為應該面對和克服的事。清楚了解你在這種情況下有道德義務要展現力量以面對逆境，也就是向自己，或許也向別人表明：在你裡面有足夠的莊嚴偉大與力量，可以直接面對最糟的情況，而且加以克服。這肯定是需要在喪禮上見到的。在死亡面前，沒有什麼可以說得明確的話語。人類太過短促的生命周圍是無盡的空虛，每個人面對這份空虛時都會無話可說，而在這種情況下的正直和勇氣真的會鼓舞人心並帶來支持。

我曾不只一次在演講中(包括現場演講、在Youtube或播客節目演講)提到,在親近而珍愛之人的喪禮上展現出力量,就是一種很有價值的目標。結果有不少人告訴我,這令他們在危急和絕望的時刻振作起來。他們在危機中刻意以值得信賴和堅強作為自己的目標,而且確實做到,讓周圍那些身心交瘁的人們有了可以倚靠的人,而且看見了面對真正難題時的典範。這樣至少會讓一個很糟的處境變得沒那麼可怕,此事價值非凡。如果你可以觀察到某個人從天災人禍、喪失親友、悲痛悽苦、落入絕望中站起來,你就是看到了鐵證:面對災難是有可能做出這種反應的。因此你可以加以仿傚,即使身在險惡的處境。面對悲劇時的勇氣和高尚情操,與在這種狀況下看似情有可原的毀滅性、崇尚虛無主義的憤世嫉俗表現正好相反。

再說一次,我很了解負面心態,我擁有好幾千小時的臨床經驗,也曾深度投入某些非常艱困的處境,陪伴一些我所傾聽和一同制定行動策略的人,並且在我私人的生活領域中也很有體會。不少人過著艱困的生活,你覺得人生太辛苦了(很可能確實如此,至少有些時候是)。然後你遇到某個人,你的生活比他好過太多了(無論你的困難有哪些),你壓根無法想像他們在目前的悲慘中要怎麼繼續活下去。然後你經常會發現,這些不幸的人知道另外有人過著非常困苦的日子,他們對那些人也有這種感受。連他們也經常因而覺得內疚,因為他們以為自己命運多舛,而他們終於知道還可以更加悲慘。

並不是因為苦難和背叛等災禍的嚴重性不足,才導致苦情悲痛無法成為真正的選項,而是那樣的選項毫無好處,只有很多明顯的傷害。那麼,還有別的選擇嗎?我在二〇一八年感恩節前夕開始認真思索這個法則的主題,當時我正在美國巡迴,感恩節假期可以說是美國最重要的共同慶典(也是加拿大的重要大事,大約比美國早一個月),尤其是在復活節在大體上逐漸消失之後，唯一的競爭對手就是聖誕節了，而聖誕節在某個意義上也是個感恩的假期，但重點是永恆救贖者在嚴冬的黑暗冰冷之中降臨，以此反映出盼望的誕生與再生。致上感謝就是苦澀悲痛之外的另類選項，或許是**唯一**的另類選項。我曾在美國住過七年，也有無數次其他機會在美國待過，而我對美國假期的觀察就是：感恩節在所有假期中特別顯著，而這在實際上和象徵意義上都是好事。基本上，一個國家最重要的慶祝節日是個明確「表達感謝」的節日，這對於國家基本的倫理道德是一種正面的注解，表示個體是在致力於讓自己的內心回歸到正確位置，而群體也支持並鼓勵這方面的努力。人生包含這麼多困難，為什麼要這樣做？就是因為你可以勇敢，可以警惕，可以清醒，可以專注，可以看見人生是多麼苛刻、可能會多麼苛刻，而且你可以看得很清楚。即便如此，你還是可以繼續保持感謝，因為這是面對人生和其中的艱難時堅忍無畏的態度。你的感謝並非因為你很天真無邪，而是因為你決心著手鼓勵自己、國家和世界最棒的成分。你以同樣的方式心懷感謝，不是因為苦難不存在，而是因為記得自己所擁有和可能還會得到的東西，就是英勇的表現，也因為以合宜的感謝態度看待存在和可能性，會讓你在面對存在的浮沈與無常時，站在一個最好的位置上。

對家人心存感恩，就要記得對家人更好。家人有可能隨時就不在了。對朋友心存感謝，就是提醒自己必須待之以禮，因為友誼本身就是有點不大可能存在的事物。對社會心存感恩，就是提醒自己：你受惠於前輩先人付出的極大心力，他們遺留了這整個神奇的框架，包括社會結構、儀式、文化、藝術、科技、電力、飲水和衛生設備，讓我們過著比他們更好的生活。

滿腹牢騷是很大又很真實的誘惑，需要由衷的道德勇氣才不會採取這條路徑，假如你不是，或不再是幼稚憨厚的人。與幼稚憨厚的存在狀態相連在一起的感激，是基於無知和少不更事，而這並不是美德。因此，如果你用心且頭腦清楚、可以看出世界的結構，牢騷和怨憤就會向你招手，彷彿那是個具有可行性的反應。然後你很可能會問自己：「何不走上那條暗黑的路徑？」再說一次，我認為這裡的解決辦法就是勇氣，有勇氣這樣決定：「不，那不是我的作法，即使我或許有理由被引誘朝著那個方向走，」然後下定決心：「即使我意識到的必朽性是一份重擔，我會努力為世界帶來美善。」

❖ 勇氣——但，仁愛的等級更高

我認為那樣的決定是歸屬於仁愛之下的勇氣。如果怨憤和悲苦以及隨之而生的憎恨，誘使我們傾向於折磨和摧毀所有受苦中的生命，那麼，或許積極的仁愛會以謀求改善為目標，而我覺得這是人生的基本決定，而且可以確定的是，這至少有決定性的部分是出於自發性意願的行動。尖酸刻薄、怒氣、怨憤、惡念的理由既強烈又充足，因此必須秉持信心放手一搏（即使沒有跡象清楚證明卻決定一種存在的模式，特別是在艱困之時），相信存在應該會因為你的目標和行動而得到鞏固與支持。這就是在深層意義上完成重要的事，儘管「以利，以利，拉馬撒巴各大尼」——這件事述說著：「儘管如此，無論如何，都要努力向前、向上。」這種看似不可能的道德志業正是我們每個人都必須投入的，如此才能讓世界正常運作，甚至免於墮落成地獄。

在那種不可能的任務（也就是決定實踐仁愛）的架構之內，勇氣會展現出來，使每個踏上英勇路徑、從事艱難而必要任務的人，在最惡劣的時刻也能夠為美善而努力。如果你決心展現愛與勇氣這兩種美德，有自覺地同時做到這兩項，你就是決定要努力讓一切變得更好，而非更糟，甚至對你自己而言就是如此，即使你知道由於自己不應為而為的過錯和應為而不為的疏失，你已經輸掉四分之三的局面。

你會努力使情勢對自己更有利，好像你自己就是你負責協助的對象。你會為家人和整個社群這樣做。你會奮力讓和諧展現在這些層面，就算你可以看見萬事萬物的子結構有瑕疵和破損，導致你的願景也受到損害。這就是正確又勇敢的前進之路。或許這就是感恩的定義、感謝的定義，我認為這與勇氣和愛是密不可分的。

你可能會問：「人類真的會這樣察覺和行動嗎？」你甚至會問：「人類有可能這樣嗎？」我所見過最令人動容的證據，就是在關係親密的人隕歿時的悲痛逾恆。即使你對生命本身既愛又恨，或許你對於逝去的這個人也有某種程度的愛恨交雜——這絕對很有可能，但你面對死亡時很可能的反應就是悲痛，這種反應並不完全是有意識的。悲痛是一種很奇特的經驗，會出其不意地攫住你，使你覺得震驚而困惑，完全不確定該怎麼反應。你應該要怎麼辦？如果是有意識的哀傷，是故意表現出該有的恰當反應，那就不是真實的，與真正由衷的悲痛自動將你攫住是不同的情形。如果你並不覺得自己在不知不覺間被控制住，也就是第二種情形，你可能會這樣想：「我並沒有感覺到應該要有的感覺。我沒有哭，沒有被悲傷淹沒，我的日常生活進行得太正常了。」（你在遙遠的地方收到親友去世的噩耗時，尤其可能是這種情形。）但是當你在做某些瑣事時，彷彿一切如常，悲痛卻像狂風巨浪般席捲而來，而且一再發生，完全不知道會維持多久。那是從內心深處湧出的感覺，將你整個人牢牢抓住而無法抵抗。

悲痛必然是愛的倒影，或許也是愛的終極證明。悲痛是一種無法控制的表現，表示你相信這名逝者的生命雖然有限而不完美卻有其價值，即使連生命本身都有其限制和不完美。否則我們為何感覺失落？否則你為何不由自主地覺得哀傷、覺得至親被奪走（而且源頭是自欺無法觸及之處）？你的哀悼是因為你所珍視的某個東西如今不復存在了，因此在你生命的最核心處，你已確定此人的生命很有價值，無論他或她曾帶給你（和他或她自己）什麼麻煩。以我自己的經驗而言，連一些很可怕的怪人去世時也會帶來這樣的感受。很少有人在生命中會鑄成災難級的大錯，以至於去世時完全沒有人覺得傷心。

我們為隕歿的人哀悼時，內心深處的一部分做出的結論就是他們的存在很有價值，無論過去曾經如何。或許這反映出一個更根本的結論：生命本身是值得擁有的，無論會是如何。因此，感恩就是在面對人生的禍患災難時，有意識且勇敢地試圖心存感謝的過程。或許這就是我們在假期或婚喪喜慶與家人團聚時試圖要做的事。這些團圓的場合經常是吵吵鬧鬧又令人彆扭的社交活動，我們會面臨弔詭又棘手的緊張關係。我們讓自己認識和親愛的人聚在身邊，我們很高興有他們的存在和靠近，但也希望他們可以變得更好。我們難免會對彼此失望，也對自己失望。

在任何家庭聚會中都有一股張力：你會感覺到溫暖，以及過往回憶和共同經驗形成的連結，但也有難免伴隨而來的悲傷遺憾。你會看到一些親戚處於毫無助益的停滯狀態，或是在對自己沒有好處的路徑上徘徊著。你也看到一些人日漸年邁，失去活力與健康（這個畫面會干擾和瓦解你對他們較為強壯和年輕時的記憶，因而造成此時和過去的雙重損失）。這份察覺太痛苦了。但儘管如此，最根本的結論卻是：「我們大家能聚在一起吃一頓飯、能夠見面和彼此交談，而且看見大家都來了，一起面對這個慶祝或難關，真是太好了。」每個人都希望「如果我們同心協力，或許就可把這件事妥善處理好」。於是你與親人團聚時就會做出與哀悼時相同的基本判斷：「無論發生什麼事，我們聚在一起、擁有彼此，這就是好事。」這真的很正面積極。

你和兒女的關係也是。在這幾十年當中，我對人生感到的悲傷會由於我女兒的情形而放大，因為她小時候、青少年時期和青年時期都有好幾年的時間罹患重病。孩子有驚人的潛力，能夠發展出令人欽佩又很有收穫而且日益增加的自主性和能力，但是他們三到五歲（甚至是十五歲到二十五歲）時的狀態也非常脆弱，而作父母的一旦對那種脆弱有過深刻的體驗，就會感覺脆弱永遠不會真正消失，正如照顧年幼兒女的經驗一樣。這些都是生兒育女所帶來的快樂的一部分，也是痛苦的一部分，而痛苦就在於完全可以確定這份脆弱將會被人利用或剝削。但我也認為，無論我可能採取什麼手段來根除我孩子的弱點，這些手段也會摧毀我感恩的理由。記得在我兒子三歲時，我很清晰地針對他來思考這件事，因為他超級可愛又好玩，但他才三歲，是個小小孩。他會崩潰大哭、他的頭會敲到桌子、他會從樓上滾下來，還會跟其他的孩子打架。或許他會在超市停車場玩，然後一不留神就忽然跑掉。在車滿為患的地方這樣做可不是明智之舉。孩子們渾身上下都有著無可否認的脆弱性，會引起你的注意、令你清楚意識到自己想要保護他們，同時也很渴望培養他們的自主性、推他們進入世界，因為這是你使他們強壯的方法，而這也是一種脆弱性，令你因為生命的脆弱而氣憤，並導致你咒罵將生命與脆弱連在一起的命運。

每當想到我的父母，我就會想起同樣的事。他們日漸老邁，以某個意義而言，人在漸漸變老的時候，你會看到他們具體變成他們真實的樣子。我父母都有一種果斷的性情，他們五十多歲時就是這樣，現在或許更為堅決。他們有他們的限制和優點（甚至後者經常是前者所不可或缺的）。他們現在八十多歲了，非常有個性。有時候，要應付別人和他們挑剔的個性會令人很受挫，你會這樣想：「假如他們不要這樣就好了。」我的意思並不是說，我對我父母這方面的感受比起我們對彼此的其他感覺更強烈。我完全不是在批評他們。此外，毫無疑問，他們（和其他人，有許多）對我也有同樣的感覺。但我們必須了解，正如對兒女一樣，這些個性特質、弱點和限制，都是你所愛之人重要的部分。

因此，你可以對人有愛，即使他們有限制；但你也是因為他們有限制而愛他們。這是非常值得了解的事，這樣做可以幫助你明白如何能夠維持感恩的心。雖然世界上非常黑暗，雖然每個人的靈魂裡都有黑暗的成分，但我們會在每個人身上看到現實性和可能性發生獨一無二的交融，這就是一種奇蹟。這個奇蹟可以真真實實展現在世界上，表現在我們奠基於信任與愛的關係上。這是你可以勇敢抱持感恩的原因，你會在這當中發現針對深淵和黑暗的一部分解藥。

即使受苦也要心存感恩。

終章

我在序曲曾提到，這本書大半內容是我待在醫院那幾個月所寫的。起初是我女兒米凱拉住院，我去探病或陪病；之後內人譚美住院，我探病和陪病的時間更長；最後——不得不然之時，我自己多次住院。序曲中已經記述這些個人的艱苦熬煉，不適合再多提什麼細節，一部分是因為新冠肺炎疫情造成的共同狀況令每個人的生活都悲慘得難以想像，因此在某種意義上，再提供家中或個人受苦遭難的詳細敘述，似乎相當多餘；另一部分是因為這本書並不是要談我女兒、內人或我自己的困境，而是以一般的心理學含義作為主旨。但我真正覺得必須敘述的要點，就是向所有在這段難熬時期支持我們的人表達感謝。於是，此處不可免俗地會再談到我們的各種疾病。

在公開方面，我們接收到從數千名熟知我工作的人所發出的善意祝願，有些是在公開場合見到譚美或我的時候當面表達的，有些是透過電子郵件或社群媒體，也有些人在我的YouTube影片上留言，這些都格外令人暖心振奮。我妹妹邦妮把一些從世界各地寫給譚美且特別貼心的訊息收集好、印出來，用明亮的色彩張貼在病房中很容易看到的牆壁上。之後也有一些寫給我的訊息，幫忙支撐住我內心經常搖擺不安的信念：我能夠，也應該勝過這些正在經歷的難關，而且你在閱讀或收聽的這本書會保有它的重要性，即使可怕的疫情正席捲全球。我們也是醫療照護的受惠者，接受的多半是極端的醫療，但經常都是樂觀、謹慎又稱職的照護。譚美的雙癌症手術由瑪格麗特公主癌症中心（Princess Margaret Cancer Center）的裴利斯醫師（Dr. Nathan Perlis）勇敢無畏地操刀，由於術後出現的併發症極為嚴重，再接受費城的賓州淋巴疾病中心（Penn Center for Lymphatic Disorders）主任易金醫師（Dr. Maxim Itkin）的治療。

在私底下，我和譚美個別也一起受惠於親友的持續支持，大家在我們經歷這些熬煉的期間中斷自己的生活，挪出好幾天、好幾星期或好幾個月陪伴我們，令我們由衷感激。我只希望假使角色對調，我會像他們這樣慷慨付出時間和關注，但我嚴重懷疑會是如此。我尤其必須感謝我的家人：我女兒米凱拉和女婿安德瑞；我兒子朱力安和兒媳吉蓮；我妹妹邦妮和妹夫吉姆；我弟弟喬爾和弟媳凱士琳；我的父母華特和貝佛莉；我內兄戴爾和他的妻子茉琳以及女兒塔莎；我的小姨子黛拉和她丈夫丹尼爾；此外還有我們的多位好友：偉恩（Wayne Meretsky）、梅莉安（Myriam Mongrain）、昆妮（Queenie Yu）、摩根和亞法（Morgan and Ava Abbott）、沃德（Wodek Szemberg）和艾絲特拉（Estera Bekier）、威爾（Wil Cunningham）和秀娜（Shona Tritt）、金姆（Jim Balsillie）和納芙（Neve Peric）、諾曼·多奇醫師賢伉儷（Dr. Norman and Karen Doidge）、格雷格和德莉納（Greg and Dr. Delinah Hurwitz）（格雷格也大力協助《生存的十二條法則》一書的編輯與修潤）、涂格森博士賢伉儷（Dr. Cory and Nadine Torgerson）、杜利博士賢伉儷（Sonia and Marshall Tully）、皮爾博士賢伉儷（Dr. Robert O. and Sandra Pihl）、希金斯博士（Dr. Daniel Higgins）與艾利絲李博士（Dr. Alice Lee）、梅默特·奧茲博士賢伉儷（Dr. Mehmet and Lisa Oz），以及布列克伍德賢伉儷（Dr. Stephen and Dr. Nicole Blackwood）。過去兩年當中，這些人對我和譚美的關心遠超過身為朋友的義務使然。此外也要感謝三位神父的服事，尤其是關心譚美：尼可萊神父（Father Eric Nicolai）、多蘭神父（Fred Dolan）、哈南神父（Walter

Hannam）。

我的家人安排我到莫斯科治療藥物引起的矛盾反應，以及之後出現的苯二氮平類藥物依賴，苯二氮平類抗焦慮藥物被假設為安全無害，但真的很危險。當時正值年節（二〇一九年聖誕節到二〇二〇年新年假期），多倫多的俄羅斯總領事米開洛夫（Kirill Sergeevich Mikhailov）卻安排得非常有效率，領事館職員幾天內就給我緊急簽證，許多人幫忙把這段非常複雜又牽涉多重層面的過程完成，包括克夫特賢伉儷（Kelly and Joe Craft）、維菲帝（Anish Dwivedi）、賈凡尼（Jamil Javani）、拉恩（Zach Lahn）、賀福森（Chris Halverson）、喬那（Jetropolitan Jonah）、波塔帕（V. Rev. Victor Potapov）和伊凡諾（Dimitir Ivanov）。在俄羅斯期間，余塞夫（Alexander Usov）確保我的安全，米凱拉和安德瑞夫婦也每天探訪我，減少我的孤立感，我的感謝難以言盡。俄羅斯醫療團隊包括國際成癮症醫療中心（IMC Addiction）的于薩波斯基（Roman Yuzapolski）同意照料我的病情，儘管各方面的專家都說這樣做太危險；還有團隊的成員行政主任史德諾（Herman Stepnov），治療師亞歷山德（Alexandr）在兩個星期當中不斷幫我翻譯，甚至無暇更衣梳洗。俄羅斯醫學科學院（Russian Academy of Medical Sciences）團隊在我的雙側肺炎尚未確診病因且有僵直和譫妄狀況時收治我，使我恢復步行移動的能力。副主任佩特法醫師（Dr. Marina Petrova）和復甦病房主任邁克醫師（Dr. Michael）尤其提供了重大的協助。尤麗娜（Uliana Efros）是我孫女思嘉的褓姆，她總是隨時協助我們，用八個月的時間陪我和米凱拉和安德瑞長途跋涉，從俄羅斯到佛羅里達州又到塞爾維亞，一路照顧思嘉，包括一個月的隔離。我也很感謝尤麗娜的女兒莉薩（Liza Romanova）在俄羅斯幫忙照顧思嘉，讓我的女兒女婿可以到醫院探望我。最後，我想感謝俄羅斯的米凱爾（Mikhail Avdeev），他一接到通知就提供醫療用品並翻譯醫學資訊，給我們大量的幫助。

後來在二〇二〇年六月，我獲准住進貝爾格勒的國際內科醫療診所（IM Clinic for Internal Medicine），這個機構專門執行苯二氮平類藥物的停藥，由波布克醫師（Dr. Igor Bolbukh）和他的團隊提供稱職又有愛心的治療。當我處在譫妄狀態時，波布克醫師已飛到莫斯科會診，還給了我好幾個月的公益醫療指南；我抵達塞爾維亞後，他使我進入更加穩定的狀態，之後就負責照顧我。國際內科醫療診所是弗若比耶醫師（Dr. Nikolai Vorobiev）創立的，工作人員非常有耐心而任勞任怨，這在新冠肺炎疫情和難免忽然伴隨而至的隔離期間是很難做到的壯舉。

在專業方面我也要讚許、表彰和感激一些人。謝謝我的經紀人，包括創新藝人經紀公司（Creative Artists Agency）的葛利克（Mollie Glick），以及庫克美德曼經紀公司（CookeMcDermid Canada）的哈汀（Sally Harding）和她的同事布蘭德雷（Suzanne Brandreth），還有加拿大庫克國際經紀公司（Cooke Agency International Canada）的倪瓦利（Hana El Niwairi）。也要感謝《生存的十二條法則》的眾編輯和出版者：加拿大企鵝藍燈書屋資深編輯派耶特（Craig Pyette），他殷勤地促進控制和提升品質；前任執行長馬丁（Brad Martin）；現任執行長柯川（Kristin Cochrane）；加拿大克諾夫藍燈書屋出版集團（Knopf Random House Canada Publishing Group）發行人柯林絲（Anne Collins）；副總裁兼副發行人兼行銷策略主任賽勒（Scott Sellers）；英國企鵝藍燈書屋編輯史帝克妮（Laura Stickney）和她的同事傳格樂（Penelope Vogler），以及執行長衛爾登（Tom Weldon）；還有國際企鵝藍燈書屋執行長多勒（Markus Dohle）。感謝本書的眾位編輯與出版者，包含上述人士與美國企鵝藍燈書屋（Penguine Random House US）人員，也包括公事包與哨兵出版社（Portfolio and Sentinel imprints）發行人查克翰（Andrian Zackheim）、編輯希爾莉（Helen Healey）。最後要感謝帕迪教授（Professor Bruce Pardy）和律師布朗（Jared Brown）積極支持我的構想，而且在當時，這樣做真的會危及專業聲譽和安全。

我和譚美在本書的蘊釀和起草階段巡迴全世界的一百六十個城市，而創新藝人經紀公司（Creative Artists Agency）的艾德布魯克（Justin Edbrooke）（加上史密斯〔Daniel Smith〕的協助）和李文（Ari Levin）（由施勒非〔Colette Silver〕協助），還有理想國演藝公司（Live Nation）的樂維特（Andrew Levitt），將行程安排得格外有效率又舒適。在澳大利亞和紐西蘭的行程是由澳洲ＴＥＧ達恩帝公司（TEG Dainty）的製作人德魯蒙（Brad Drummond）、旅程經理克利斯汀（Simon Christian）、保安人員尼可森（Scott Nicholson）協助。鍾森（Gunnlaugur Jónsson）和他的團隊極其熱情地款待我和譚美，也包括我母親和姨母來冰島陪伴我們的那些日子。歐康納（John O'Connell）擔任主要的行程經理，他非常專業又擅長解決問題，在旅程和安排的那幾個月當中總是帶來鼓舞和支持。

《魯賓報告》（*The Rubin Report*）的主持人戴夫．魯賓（Dave Rubin）與我們同行，為我的演講開場，並主持演講後的問答時間，增添些許必要的輕鬆幽默，否則演講內容可能會太嚴肅。羅傑柯文公關公司（Robers & Cowan）的格林沃（Rob Greenwald）協助確保有恰當的媒體報導。羅根（Joe Rogan）、夏比洛（Ben Shapiro）、莫瑞（Douglas Murray）、薩德（Gad Saad）、克羅德（Steven Crowder）展現了友誼並分享大量的媒體報導。拉恩（Zachary Lahn）屢次在有需要時出現，桑德弗（Jeff Sandefer）釋出了廣大的連結網絡。法爾第（Bill Vardy）、希格潘（Dennis Thigpen）、馬瑟爾（Duncan Maisels）、巴克特（Melanie Paquette）在北美洲幫我們駕駛露營車。我和譚美也要感謝ＳＪＯＣ建設公司（SJOC Construction）的設計師柯爾許（Shelley Kirsch）和團隊人員，在這些困難的時期完成我家的整修，我們只做了最少的監工。這三年當中發生了太多事情，我很肯定會漏提一些很重要的人，因此要誠心致歉。

最後，我要感謝你們閱讀或收聽我所寫的書《意義地圖》，以及《生存的十二條法則》和《秩序之上》，還有／或是收聽我的YouTube影片和播客節目。你們在過去這幾年中所展現的死忠和關注，使我和與我關係密切的人都深受震撼。但願閱讀或聆聽本書的人都順利度過這些艱困的時刻。願你被你所愛也愛你的人圍繞著。願你可以挺身面對當前處境的挑戰，也願我們都有幸在洪災過後把注意力放在重建世界。

402-x/2011000/chap/fam/fam02-eng.htm.
8. 或許第一年除外。M. J. Rosenfeld and K. Roesler, "Cohabitation Experience and Cohabitation's Association with Marital Dissolution," *Journal of Marriage and Family* 81 (2018): 42– 58.
9. 美國人口普查局，二〇一七。這些數字代表並未與生父、繼父或養父同住的兒童。Also see E. Leah, D. Jackson, and L. O'Brien, "Father Absence and Adolescent Development: A Review of the Literature," *Journal of Child Health Care* 10 (2006): 283– 95.

法則十一：別容許自己變成怨恨、欺詐或傲慢的人

1. J. L. Barrett, *Why Would Anyone Believe in God?* (Lanham, Md.: AltaMira Press, 2004).
2. P. Ekman, *Emotions Revealed*, 2nd ed. (New York: Holt Paperback, 2007).
3. A. Öhman and S. Mineka, "The Malicious Serpent: Snakes as a Prototypical Stimulus for an Evolved Module of Fear," *Current Directions in Psychological Science* 12 (2003): 5– 9.
4. J. Gray and N. McNaughton, *The Neuropsychology of Anxiety: An Enquiry into the Function of the Septo-Hippocampal System* (New York: Oxford University Press, 2000).
5. L. W. Swanson, "Cerebral Hemisphere Regulation of Motivated Behavior," *Brain Research* 886 (2000): 113– 64.
6. 這些概念的實證都出現在J. B. Hirsh et al., "Compassionate Liberals and Polite Conservatives: Associations of Agreeableness with Political Ideology and Moral Values," *Personality and Social Psychology Bulletin* 36 (December 2010): 655– 64.

法則十二：即使受苦也要心存感恩

1. 這一點的詳細探討可見於《生存的十二條法則》中的第八法則：說實話，或至少不要說謊。
2. 我已經在《意義地圖》和《生存的十二條法則》兩本書中探討過這齣戲劇。
3. J. J. Muehlenkamp et al., "International Prevalence of Adolescent Non- Suicidal Self-Injury and Deliberate Self-harm," *Child and Adolescent Psychiatry and Mental Health* 6 (2012): 10– 18.
4. J. W. Von Goethe, *Faust*, trans. George Madison Priest (1806).
5. D. Benatar, *Better Never to Have Been: The Harm of Coming into Existence* (New York: Oxford University Press, 2008). 中譯：《生而為人是何苦：出生在世的傷害》，游擊文化。
6. Jordan B. Peterson and David Benatar, *The Renegade Report*, January 9, 2018, podtail.com/en/podcast/the-renegade-report/jordan-b-peterson-david-benatar.
7. 耶穌被釘在十字架上時，引述了《詩篇》第二十二篇開頭的字句。
8. 我在《生存的十二條法則》的〈終章〉有簡短提到這一點。

Psychiatry 42 (2005): 113– 22.
5. D. J. Hufford, *The Terror that Comes in the Night: An Experience-centered Study of Supernatural Assault Traditions* (Philadelphia: University of Pennsylvania Press, 1989).
6. C. Browning, *Ordinary Men: Reserve Police Battalion 101 and the Final Solution in Poland* (New York: Harper Perennial, 1998).
7. I. Chang, *The Rape of Nanking* (New York: Basic Books, 1990).
8. H. Ellenberger, *The Discovery of the Unconscious: The History and Evolution of Dynamic Psychiatry* (New York: Basic Books, 1981).
9. H. Spiegel and D. Spiegel, *Trance and Treatment* (New York: Basic Books, 1978).
10. J. B. Peterson, *Maps of Meaning: The Architecture of Belief* (New York: Routledge, 1999).
11. M. Eliade, *A History of Religious Ideas*, trans. W. Trask, vols. 1– 3 (Chicago: University of Chicago Press, 1981).
12. 參見Strong所編的英王欽定版聖經希伯來文彙編，這本工具書將同一個希伯來文出處全部條列出來。（*Tohuw*這個字在十九段經文中出現過二十次。）
13. H. Zimmern, *The Ancient East,* vol. 3 of *The Babylonian and Hebrew Genesis*, trans. J. Hutchison (London: David Nutt, 1901).
14. E. Neumann, *The Great Mother: An Analysis of the Archetype*, trans. R. Manheim (New York: Pantheon Books, 1955); E. Neumann, *The Origins and History of Consciousness*, trans. R. F. C. Hull (Princeton, N.J.: Princeton University Press/ Bollingen, 1969).
15. D. E. Jones, *An Instinct for Dragons* (New York: Psychology Press, 2002).
16. 例如《詩篇》第七十四篇、《詩篇》第一〇四篇第二十四至二十六節、《以賽亞書》第二十七章第一節。

法則十：費心規劃加上努力執行，維繫婚姻中的浪漫

1. J. Gottman, *What Predicts Divorce? The Relationship Between Marital Processes and Marital Outcomes* (Hillsdale, Erlbaum, 1994).
2. C. G. Jung, *Mysterium Coniunctionis*, vol. 14 of *Collected Works of C. G. Jung*, trans. G. Adler and R. F. C. Hull (Princeton, N.J.: Princeton University Press, 1970), 407, doi:10.2307/ ctt5hhr0d.
3. M. Eliade, *Shamanism: Archaic Techniques of Ecstasy*, trans. W. R. Trask (Princeton, N.J.: Princeton University Press, 1951).
4. C. G. Jung, "The Philosophical Tree" in *Alchemical Studies*, vol. 13 of *The Collected Works of C. G. Jung*, trans. G. Adler and R. F. C. Hull (Princeton, N.J.: Princeton University Press, 1954/ 1967), 251– 349.
5. C. G. Jung, "Gnosticism as Dealing with the Feminine," in *The Gnostic Jung: Including Seven Sermons to the Dead*, ed. S. A. Hoeller (New York: Quest Books, 1982), 114– 18.
6. 其定義就是試圖懷孕卻無法在一年內如願。W. Himmel et al., "Voluntary Childlessness and Being Childfree," *British Journal of General Practice* 47 (1997): 111– 18.
7. Statistics Canada, "Common- Law Couples Are More Likely to Break Up," www150.statcan.gc.ca/n1/pub/11-

9. 例如在蘇聯，父母或祖父母被認為是「階級敵人」的人就會受到致命攻擊，因為他們有相對的經濟成功。See A. Solzhenitsyn, The Gulag Archipelago, abridged ed. (New York: Vintage, 1973/ 2018).
10. *Monty Python' s Flying Circus*, season 3, episode 2, "How to Play the Flute," October 26, 1972, BBC.

法則七：至少為一件事盡全力，看看結果如何

1. B. E. Leonard, "The Concept of Depression as a Dysfunction of the Immune System," *Current Immunology Reviews* 6 (2010): 205– 12; B. E. Cohen, D. Edmonson, and I. M. Kronish, "State of the Art Review: Depression, Stress, Anxiety and the Cardiovascular System," *American Journal of Hypertension* 28 (2015): 1295– 1302; P. Karling et al., "Hypothalamus- Pituitary- Adrenal Axis Hypersuppression Is Associated with Gastrointestinal Symptoms in Major Depression," *Journal of Neurogastroenterology and Motility* 22 (April 2016): 292– 303.
2. 約有百分之十五的幼童無法適當地抑制侵略行為。S. M. Cote et al., "The Development of Physical Aggression from Toddlerhood to Pre- Adolescence: A Nation Wide Longitudinal Study of Canadian Children," *Journal of Abnormal Child Psychology* 34 (2006): 71– 85.

法則八：設法盡量美化你家的一個房間

1. N. F. Stang, "Kant's Transcendental Idealism," Stanford Encyclopedia of Philosophy (Winter 2018), ed. E. N. Zalta, plato.stanford.edu/archives/win2018/entries/kanttranscendentalidealism.
2. E. Comoli et al., "Segregated Anatomical Input to Sub- Regions of the Rodent Superior Colliculus Associated with Approach and Defense," *Frontiers in Neuroanatomy* 6 (2012): 9, doi.org/10.3389/fnana.2012.00009.
3. D. C. Fowles, "Motivation Effects on Heart Rate and Electrodermal Activity: Implications for Research on Personality and Psychopathology," *Journal of Research in Personality* 17 (1983): 48– 71. Fowles其實是認為心跳是酬賞，而且躲避迫近的掠食者將可得到的安全正是這個酬賞。
4. E. Goldberg, and K. Podell, "Lateralization in the Frontal Lobes," in *Epilepsy and the Functional Anatomy of the Frontal Lobe*, vol. 66 of *Advances in Neurology*, eds. H. H. Jasper, S. Riggio, and P. S. Goldman- Rakic (Newark, Del.: Raven Press/ University of Delaware, 1995), 85– 96.
5. R. Sapolsky, Personal communication with the author, September 11, 2019. 我曾對幾批聽眾講述這個故事，卻誤將牛羚說成斑馬。這就是記憶的怪異奇想，其實是牛羚才對。

法則九：舊時記憶若仍令你煩亂不安，請仔細完整地寫下來

1. J. B. Peterson and M. Djikic, "You Can Neither Remember nor Forget What You Do Not Understand," *Religion and Public Life* 33 (2017): 85– 118.
2. P. L. Brooks and J. H. Peever, "Identification of the Transmitter and Receptor Mechanisms Responsible for REM Sleep Paralysis," *Journal of Neuroscience* 32 (2012): 9785– 95.
3. J. E. Mack, Abduction: *Human Encounters with Aliens* (New York: Scribner, 2007).
4. R. E. McNally and S. A. Clancy, "Sleep Paralysis, Sexual Abuse and Space Alien Abduction," *Transcultural*

四十四。W. Farrell, *Why Men Earn More* (New York: AMACOM Books, 2005), xviii.

2. J. Feldman, J. Miyamoto, and E. B. Loftus, "Are Actions Regretted More Than Inactions?," *Organizational Behavior and Human Decision Processes* 78 (1999): 232– 55.
3. 基督教將撒但描述為邪惡本身，這其實是塞特較晚近的發展。詳細內容見《意義地圖》。
4. J. B. Hirsh, D. Morisano, and J. B. Peterson, "Delay Discounting: Interactions Between Personality and Cognitive Ability," *Journal of Research in Personality* 42 (2018): 1646– 50.
5. J. Gray, *The Neuropsychology of Anxiety: An Enquiry into the Functions of the Septalhippocampal System* (New York: Oxford University Press, 1982).
6. N. M. White, "Reward or Reinforcement: What's the Difference?," *Neuroscience & Biobehavioral Reviews* 13 (1989): 181– 86.

法則五：別去做你厭惡的工作

1. W. G. Clark and W. A. Wright, eds., *Hamlet: Prince of Denmark* (Oxford: Clarendon Press, 1880), 1.3.78, 17.
2. For a critical review, see H. Pashler et al., "Learning Styles: Concepts and Evidence," *Psychological Science in the Public Interest* 9 (2008): 105– 99.
3. M. Papadatou- Pastou, M. Gritzali, and A. Barrable, "The Learning Styles Educational Neuromyth: Lack of Agreement Between Teachers' Judgments, Self-Assessment, and Students' Intelligence," article 105, *Frontiers in Education* 3 (2018).
4. V. Tejwani, "Observations: Public Speaking Anxiety in Graduate Medical Education— A Matter of interpersonal and Communication Skills?," *Journal of Graduate Medical Education* 8 (2016): 111.

法則六：拋棄意識型態

1. F. Nietzsche, *The Gay Science*, trans. W. Kaufmann, section 125 (New York: Vintage Books, 1880/ 1974), 181.
2. F. Nietzsche, *The Will to Power*, trans. W. Kaufmann and R. J. Hollingdale (New York: Vintage, 1880/ 2011).
3. F. Dostoevsky, *The Devils* (*The Possessed*), trans. D. Magarshack (New York: Penguin Classics, 1872/ 1954).
4. F. Nietzsche, *The Will to Power: An Attempted Transvaluation of All Values*, trans. A. M. Ludovici, vol. 14 of *The Complete Works of Friedrich Nietzsche*, ed. Oscar Levy (London: T. N. Foulis, 1914), 102– 3.
5. See J. Panksepp, *Affective Neuroscience* (New York: Oxford University Press, 1998).
6. D. J. de Solla Price在*Little Science, Big Science* (New York: Columbia University Press, 1963)書中指出「帕累托原理」有個非常有意思的版本：他說，一半的工作是由參與者人數的平方根所完成的，一半的價值也是這樣產生的。
7. T. A. Hirschel and M. R. Rank, "The Life Course Dynamics of Affluence," *PLoS One* 10, no. 1 (2015):e0116370, doi:10.1371/journal.pone.0116370. eCollection 2015.
8. F. Nietzsche, *On the Genealogy of Morals*, trans. W. Kaufman and R. J. Hollingdale, and Ecce Homo, trans. W. Kaufman, ed. W. Kaufman (New York: Vintage, 1989), 36– 39.

Ideology and Moral Values," *Personality and Social Psychology Bulletin* 36 (2010): 655– 64.
12. J. F. Fenlon, "Bible Encyclopedias, The Catholic Encyclopedia, Codex Bezae," Study Light.org, www.studylight.org/encyclopedias/tce/c/codex-bezae.html. See also *The Catholic Encyclopedia*, "Codex Bezae" (New York: Robert Appleton Company, 1913).

法則二：想像自己可以成為什麼樣的人，然後專一鎖定目標

1. 例如，近來發現新的經驗會開啟新的基因，然後編碼為新的蛋白質，繼而為身心建造新的結構。因此，新穎的要求似乎會活化生物上的開關，讓原本潛伏的思想和行為表現出來。相關評論請參見：D. J. Sweatt, "The Emerging Field of Neuroepigenetics," *Neuron* 80 (2013): 624– 32.
2. 取自傳統黑人靈歌《下去吧，摩西》，約在1850年。
3. C. G. Jung, *Psychology and Alchemy*, vol. 12 of Collected Works of C. G. Jung (Princeton, N.J.: Princeton University Press, 1968), 323.
4. 這整套觀念以及兩河流域創世神話，在我的第一本書《意義地圖》裡已有詳細討論。
5. Tablet 7:112, 7:115; A. Heidel, *The Babylonian Genesis* (Chicago: Chicago University Press/ Phoenix Books, 1965), 58.
6. I. H. Pidoplichko, *Upper Palaeolithic Dwellings of Mammoth Bones in the Ukraine: Kiev-Kirillovskii, Gontsy, Dobranichevka, Mezin and Mezhirich, trans. P. Allsworth- Jones* (Oxford, UK: J. and E. Hedges, 1998).
7. J. R. R. Tolkien, H. Carpenter, and C. Tolkien, *The Letters of J. R. R. Tolkien* (Boston: Houghton Mifflin, 1981), letter 25.
8. 要延伸探討這個象徵世界和各種相等事物，可參考《意義地圖》。
9. 我在《生存的十二條法則》的第二條「善待自己，就像善待任何你有責任幫助的人」非常詳細地探討了這一點。
10. 解除這個掠食者偵測系統，會產生戰或逃、懼怕或恐慌。《意義地圖》書中對於這個古老系統的一部分神經心理學做了詳細的介紹。

法則三：別把不想要的東西藏在煙霧彈裡

1. J. Habermas, *Discourse Ethics: Notes on a Program of Philosophical Justification, in Moral Consciousness and Communicative Action*, ed. J. Habermas, trans. C. Lenhardt and S. W. Nicholsen (Cambridge, Mass.: MIT Press, 1990).
2. 值得注意的是，根據聖經《創世記》開頭的記載，這些都是各種不同的意義，或*tohu wa bohu*，也就是上帝創造出秩序所本的混亂。Rabbi Dr. H. Freedman and M. Simon, eds., *The Midrash Rabbah: Genesis*, vol. 1 (London: Soncino Press, 1983), 15.

法則四：注意，機會就潛伏在責任被放棄的地方

1. 每週工作四十五小時而非四十小時的人（增加的工時是百分之十三），收入的金額平均多出百分之

尾注

序曲

1. 這是哲學家休謨（David Hume）相當出名的「歸納法的恥辱」。更進一步的內容請見：D. Humes and P. Millican, *An Enquiry Concerning Human Understanding*（New York: Oxford University Press, 1748/ 2008）。
2. J. B. Peterson, *12 Rules for Life: An Antidote to Chaos*（Toronto: Random House Canada, 2018），中譯《生存的十二條法則》，大家出版。

法則一：不可隨便詆毀社會體制或創意成就的價值

1. S. Hughes and T. Celikel, "Prominent Inhibitory Projections Guide Sensorimotor Communication: An Invertebrate Perspective," *BioEssays* 41 (2019): 190088.
2. L. W. Swanson "Cerebral Hemisphere Regulation of Motivated Behavior." *Brain Research* 886 (2000): 113– 64.
3. F. B. M. de Waal and M. Suchak, "Prosocial Primates: Selfish and Unselfish Motivations," *Philosophical Transactions of the Royal Society of London: Biological Science* 365 (2010): 2711– 22.
4. J. B. Peterson and J. Flanders, "Play and the Regulation of Aggression," in *Developmental Origins of Aggression*, eds. R. E. Tremblay, W. H. Hartup, and J. Archer (New York: Guilford Press, 2005), 133– 57.
5. J. Piaget, *Play, Dreams and Imitation in Childhood* (New York: W. W. Norton & Company, 1962).
6. F. de Waal, *Good Natured: The Origins of Right and Wrong in Humans and Other Animals* (Cambridge, Mass.: Harvard University Press, 1997).
7. K. S. Sakyi et al., "Childhood Friendships and Psychological Difficulties in Young Adulthood: An 18- Year Follow-Up Study," *European Child & Adolescent Psychiatry* 24 (2012): 815– 26.
8. Y. M. Almquist, "Childhood Friendships and Adult Health: Findings from the Aberdeen Children of the 1950s Cohort Study," *European Journal of Public Health* 22 (2012): 378– 83.
9. All of the adult data here is derived from M. Reblin and B. N. Uchino, "Social and Emotional Support and Its Implications for Health," *Current Opinions in Psychiatry* 21 (2009): 201– 2.
10. R. Burns, "To a Louse: On Seeing One on a Lady's Bonnet at Church," *The Collected Poems of Robert Burns* (Hertfordshire, UK: Wordsworth Poetry Library, 1786 / 1988), 138.
11. J. B. Hirsh et al., "Compassionate Liberals and Polite Conservatives: Associations of Agreeableness with Political

秩序之上
在不斷變動的世界找出隱藏邏輯（生存的另外十二條法則）
BEYOND ORDER: 12 More Rules For Life

作　　者　喬登・彼得森（Jordan B. Peterson）
譯　　者　劉思潔
責任編輯　賴逸娟
行銷企畫　陳詩韻
總 編 輯　賴淑玲
設　　計　鄭宇斌
排　　版　黃暐鵬

社　　長　郭重興
發 行 人　曾大福
出　　版　大家出版／遠足文化事業股份有限公司
發　　行　遠足文化事業股份有限公司
　　　　　231新北市新店區民權路108-2號9樓
電　　話　(02) 2218-1417
傳　　真　(02) 8667-1851
劃撥帳號　19504465　戶名・遠足文化事業股份有限公司
法律顧問　華洋法律事務所　蘇文生律師
定　　價　520元
初版一刷　2023年8月

I S B N　978-626-7283-30-1（精裝）
　　　　　978-626-7283-32-5（PDF）
　　　　　978-626-7283-33-2（EPub）

秩序之上：在不斷變動的世界找出隱藏邏輯（生存的另外十二條法則）／喬登・彼得森（Jordan B. Peterson）作；劉思潔譯.
－初版.－新北市：大家出版：
遠足文化事業股份有限公司發行，2023.08
面；公分
譯自：Beyond Order: 12 More Rules For Life
ISBN 978-626-7283-30-1（精裝）
1.CST: 生活指導　2.CST: 成功法
177.2　　112010164